名师名校名校长

凝聚名师共识
回应名师关怀
打造名师品牌
培育名师群体

张明远题

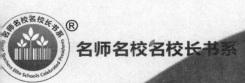

名师名校名校长书系

校园的"红"飘带

珠海市中小学
传承与发展革命传统文化
"学—悟—立"实践策略探究

储强胜◎著

天津出版传媒集团

天津人民出版社

图书在版编目（CIP）数据

校园的"红"飘带：珠海市中小学传承与发展革命传统文化"学–悟–立"实践策略探究 / 储强胜著. -- 天津：天津人民出版社，2022.12

（名师名校名校长书系）

ISBN 978-7-201-19122-5

Ⅰ.①校… Ⅱ.①储… Ⅲ.①革命传统教育—教学研究—中小学 Ⅳ.①G631.3

中国版本图书馆CIP数据核字（2022）第254981号

校园的"红"飘带：珠海市中小学传承与发展革命传统文化
"学—悟—立"实践策略探究
XIAOYUAN DE HONGPIAODAI：ZHUHAISHI ZHONGXIAOXUE CHUANCHENG YU
FAZHAN GEMING CHUANTONG WENHUA XUE WU LI SHIJIAN CELÜE TANJIU

出　　版	天津人民出版社
出 版 人	刘　庆
地　　址	天津市和平区西康路 35 号康岳大厦
邮政编码	300051
邮购电话	（022）23332435
电子信箱	reader@tjrmcbs.com
责任编辑	张潇文
装帧设计	言之凿
印　　刷	北京政采印刷服务有限公司
开　　本	787毫米×1092毫米　1/16
印　　张	17.5
字　　数	280千字
版次印次	2022 年 12 月第 1 版　2022 年 12 月第 1 次印刷
定　　价	58.00元

序言

　　为了深入学习贯彻习近平总书记关于教育的重要论述和全国教育大会精神，全面贯彻党的教育方针，在中小学课程教材系统全面落实革命传统、中华优秀传统文化教育的大背景下，珠海市结合教育部印发的《革命传统进中小学课程教材指南》《中华优秀传统文化进中小学课程教材指南》文件精神，在课程教材、教育教学等育人环节开展了研究和实践。

　　语文教材要传承中华优秀传统文化、革命文化，发展社会主义先进文化，弘扬民族精神。语文学科的特殊性就是要引导学生理解和运用祖国的语言文字，发展学生的听说读写能力和思维，促进学生德智体美劳全面发展。我市以落实革命文化教育研究为抓手，积极探究在课堂教学中如何重点落实在统编教材中反映理想信念、革命斗争精神、爱国主义情怀、艰苦奋斗传统等方面的文学作品，关于革命领袖的经典诗文，有关英雄模范的新闻、通讯、报告文学等典型文章。通过改革课堂教学，使学生理解作品中蕴含的中国共产党的坚定理想，百折不挠的奋斗精神，立党为公、忠诚为民的奉献精神等；通过综合性学习开展主题式、项目式学习活动，立足我市革命文化根脉，开展研学实践活动，引导学生向英雄模范、先进人物和各行各业的标兵学习，培育忠于祖国和人民的优秀品质。我们的一系列探索侧重挖掘研究的应用价值，主要体现在：第一，促进学生价值观培养、理想信念的塑造；第二，直面教育问题，重构教学样态，推动课堂改革；第三，立足珠海革命文化根脉，开展区域实践，开发红色经典文化研学课程。

　　我们研究的总体框架是"一体两翼"。

　　一体：课堂教学中落实统编教材革命文化的策略和实践路径。

　　两翼：一翼是通过综合性学习开展革命文化主题式学习实践活动；另一翼则是利用我市丰富的红色经典文化学习资源开展研学教育活动。

　　"一体两翼"化学为用,以文化人,引导学生走进革命文化经典,深刻体会革命精神,深入感受爱国主义精神,体认英雄模范的高尚品质,陶冶性情,坚定志向,树立正确的世界观、人生观和价值观。

　　我们研究的基本内容是"学—悟—立"三位一体的项目式学习。

　　一是将统编教材中反映理想信念、革命斗争精神、爱国主义情怀、艰苦奋斗传统等方面的文学作品,关于革命领袖的经典诗文,有关英雄模范的新闻、通讯、报告文学等典型文章梳理归纳为以下4大主题:"群星闪耀"(英雄模范、革命领袖的人物形象、浩然正气),"人生之舟"(名人的情操与志趣,修身正己,反映理想信念、思想光芒),"奋斗之旅"(体现艰苦奋斗的传统美德),"家国情怀"(反映革命斗争精神、爱国主义精神)。

　　二是以主题引领项目式学习,每一个项目式学习都遵循"学(课堂教学)—悟(综合性学习)—立(红色经典研学)"的三位一体原则。

　　"学"指利用课堂主阵地带领学生走近革命文化经典,认真研读统编教材中的优秀革命文化作品,使学生理解作品中蕴含的中国共产党的坚定理想和百折不挠的奋斗精神以及立党为公、忠诚为民的奉献精神等。为接下来即将开展的综合性主题学习奠定感情基调。

　　"悟"一指通过开展与主题相一致的综合性学习活动,引导学生深刻体会革命精神,深入感受爱国主义精神,体认英雄模范的高尚品质。二指由课内走向课外,积极利用我市丰富的红色经典文化学习资源,开发革命文化研学课程,引导学生走进生活,直面革命文化经典中的英雄群像。

　　"立"指在"学"和"悟"的基础上,通过前面的课内学习和课外实践,使学生将教材中的革命文化精神内化于心,陶冶性情,坚定志向,树立正确的世界观、人生观和价值观。

目 录

第一章　向青草更青处漫溯
　　——统编教材革命文化作品价值的认识和实践路径探索

第一节　初中语文教学中文化为本的价值判断与实践思考 …………… 2
第二节　初中语文革命文化作品教学的困境与优化探索 …………… 9
第三节　初中语文革命文化作品教学的内核与着力点
　　　　——打好中国底色，传承革命基因 …………… 17
第四节　"学—悟—立"：革命文学作品项目式教学实践路径初探 …… 22

第二章　撑一支长篙，寻梦？寻梦！
　　——统编初中语文教材革命文化作品"学—悟"学习模式的构建

第一节　"学"透教材，多角度涵泳革命精神 ………………………… 28
　　品黄河情韵，颂黄河精神 ……………………………………… 28
　　熠熠生辉的"精神"，才是照耀中国大地的"红星" …………… 34
　　学习"国际主义精神"：向一位伟大的国际主义战士致敬 …… 39
　　品读《梅岭三章》，感受革命乐观主义情怀 ………………… 46
　　红岩魂，爱国情 ………………………………………………… 53
　　《祖国啊，我亲爱的祖国》，一曲爱国主义的赞歌 ………… 60
　　"我的中国心" …………………………………………………… 68

第二节 "悟"行合一,多形式感受革命精神 ·················· 84

开展综合性学习活动,做好统编教材革命文化作品精神的传承 ······ 84

开展主题研学活动,做好革命文化作品精神在新时代的发展 ······ 103

第三章 满载一船星辉

——入心践行,立德修身;我手写我心,赓续精神血脉,传承红色基因

第一节 群星闪耀,致敬最可爱的人 ··················· 182

最可爱的人 ··················· 182

你留在风中摇曳的那抹红,在心中 ··················· 183

因为英雄,岁月静好 ··················· 185

太平盛世,如你所愿 ··················· 187

红星闪耀永远不灭 ··················· 189

缅怀革命先烈,传承红色精神 ··················· 190

永远的丰碑 ··················· 192

追不一样的"星" ··················· 194

苟利国家生死以,岂因祸福避趋之 ··················· 195

公忠不可忘,浩然正气存 ··················· 197

闪闪红星亦温柔 ··················· 199

细嚼的红茶 ··················· 200

理想之火,无畏冰封 ··················· 202

光外的英雄 ··················· 203

一路芳华,初心隽永 ··················· 206

第二节 人生之舟,看钢铁就是这样炼成的 ··················· 209

在烈火中成长 ··················· 209

向英雄们学习、致敬 ··················· 211

生如夏花 ··················· 212

铭记峥嵘岁月,弘扬先烈精神 ··················· 214

让信念的力量成为青春的底色 ··················· 215

万束光 ……………………………………………… 217

我以我血荐轩辕，且以丹心破长空 …………… 218

信念的力量 ……………………………………… 220

坚持与放弃 ……………………………………… 221

淬烈火而生，铸人生辉煌 ……………………… 223

志不求易者成，事不避难者成 ………………… 224

只有淬炼过的铁，才能铸造最锋利的剑 ……… 226

红色的顽强 ……………………………………… 227

以信仰铸就复兴 ………………………………… 229

光 ………………………………………………… 230

第三节　奋斗之旅，唯持之以恒方致初心 ……… 232

奋斗是最好的答案 ……………………………… 232

以准备点燃燎原之火 …………………………… 233

使黑暗者为光明 ………………………………… 235

热血浸方岩，精神永长存 ……………………… 236

铭记历史 ………………………………………… 238

第四节　家国情怀，赓革命精神　铸时代之魂 … 240

塑造美好人生，续中华民族之魂 ……………… 240

我们的使命，即将开始 ………………………… 241

圆革命先烈学习之梦，创国富民强中国之梦 … 242

于革命文化中看中国力量 ……………………… 244

传　承 …………………………………………… 246

传承那如火的光辉 ……………………………… 247

东方地平线上的红光 …………………………… 249

陪伴是最长情的告白 …………………………… 250

唤醒华夏的药 …………………………………… 252

以青春之我，成就青春之中国 ………………… 254

斧头劈翻旧世界，镰刀开出新乾坤 …………… 255

青春·革命·朝阳 ……………………………… 257

肩负时代使命，砥砺奋斗前行 ………………… 258

传承红岩精神,立志报效祖国 ……………………… 259

每个时代都有最可爱的人 ……………………… 262

破茧而出,浴火而生 ……………………… 263

血泊中的黎明之花 ……………………… 265

在可为时代,做有为青年 ……………………… 267

扣好人生的第一粒扣子 ……………………… 269

书写美的故事 ……………………… 271

第一章

向青草更青处漫溯

——统编教材革命文化作品价值的
认识和实践路径探索

第一节 初中语文教学中文化为本的价值判断与实践思考

　　《义务教育语文课程标准（2022年版）》（以下简称"2022年版课标"）指出：核心素养是文化自信和语言运用、思维能力、审美创造的综合体现。"文化自信"区别于《普通高中语文课程标准（2017年版）》中"文化传承与理解"的表述。显然义务教育阶段对学生文化层面的要求是较低层次的，但是"2022年版课标"却把文化自信放在了首位。这不仅仅是对新时代坚定"文化自信"的贯彻与落实，更重要的是突出了语文以文化人的内涵与语境。

一、坚持文化本位的价值判断

　　泰勒在《原始文化》中提出：文化，或文明就其广泛的民族学意义上来说，是包括全部的知识、信仰、艺术、道德、法律、风俗以及作为社会成员的人所掌握和接受的任何其他的才能和习惯的复合体。因此文化是民族的，是一个民族不同于另一个民族的精神特质。近代以来，中国一度落后于世界主流国家，这渐渐消解了中国人的文化自信。随着国家综合实力的增强，文化软实力相对滞后的社会现实要求我们要坚持文化自信。习近平同志在中国共产党第十九次全国代表大会上指出"没有高度的文化自信，没有文化的繁荣兴盛，就没有中华民族伟大复兴。必须始终坚定文化自信，不断激发全民族文化创新创造活力，更好构筑中国精神、中国价值、中国力量。"

（一）立足文化，文本的解读更富趣味

《〈世说新语〉二则》是七上语文教材中的第一篇文言文，因此在教学过程中充分调动学生学习文言文的兴趣就显得尤为重要。《咏雪》与《陈太丘与友期行》分别选自《言语》篇和《方正》篇，编者的选文目的不言而喻，是为了告知学生要机敏善变、为人方正。从情节的波折程度、人物表现力度来看，《陈太丘与友期行》都略好于《咏雪》，但是在实际教学过程中因为强行说教告知学生要如陈元方一样为人方正，导致了学生与此文产中隔膜。

受单元主题、文学价值、育人目标、趣味性等影响，教材选取了这两则故事，但《世说新语》共有1130则故事，若单从趣味性这一维度考虑，其中更有不少精彩的故事可供学生阅读。如《萦潘唾左》《看杀卫玠》《何平叔美姿仪》等故事用在课前的导入可以极大地激发学生学习课本、对《世说新语》进行选择性阅读的兴趣。借助文学作品吸引学生，进而增强学生对自己民族文化的理解与传承。

再如学习《观沧海》时，教师可以借助《世说新语》中的《望梅止渴》《床头捉刀》等故事来引入对曹操形象的阐释，兴趣之上可使学生对内容的理解更加深入。

（二）立足文化，文本的呈现更加多元

不同于西方的表音文字，汉字的本质特征是表意符号。汉字产生之初就被赋予了某种含义，象形、形声、会意、指事等造字方法就蕴含着先民对世界的理解与选择，千年之后的我们也可以透过汉字的演变去考察先民理解世界的方式，探索当时的生活方式与民俗制度等。

只有对文字有了深刻的理解，才能对文本有更深度地解读。知道春秋笔法继而才能对史书有正确的解读，才能读懂言外之意，看出象外之象。八年级上册语文教材第三单元学习描绘自然山水，分别收录了《三峡》《答谢中书书》《记承天寺夜游》《与朱元思书》四篇文言文。当四篇文言文放在一起比较的时候，《记承天寺夜游》的语言风格与其他三篇的差别不啻云泥。《记承天寺夜游》长短句兼用，而其他三篇语言呈现出鲜明的骈俪色彩，句式整饬、语言华美。除此之外，其主旨也有显著差异。苏轼的重点不在于写景而是借以

3

表达内心悠闲、欣喜、悲凉等矛盾的人生体验。其他三篇文章的作者郦道元、陶弘景、吴均都是南北朝时期的作家，他们的重点主要是描山摩水，展现自然的雄奇秀美，差别不可谓不大。究其原因：骈文在南北朝时期是主流文体，魏晋南北朝时期的文人创作多用骈体文。唐代韩愈倡导先秦两汉古文，力陈骈文空疏、藻饰的弊病。唐宋两代，古文风格成为"传道的主流"，魏晋南北朝时期描绘山水的风气也与当时玄学之风的兴盛有关。在了解这样的文化背景之后，学生可以更好地感知不同文本之间的语言风格与内容差异。

（三）立足文化，素养的根植更深厚

中华文化根植于中华儿女的血脉之中，行为交往、精神活动无一不体现着民族的文化，无一不是对民族文化的认同。

统编初中语文教材中渗透着中华优秀传统文化、革命文化、社会主义先进文化。《〈论语〉十二章》《〈孟子〉三章》等是中华优秀传统文化的重要载体，七下语文教材增加的《活板》描述的是古代科技文化的重要组成部分。《土地的誓言》《我爱这土地》《梅岭三章》等处处洋溢着革命精神。魏巍的代表作《谁是最可爱的人》长期入选中学语文教材，但是其一度也被移除。陈丽莉从现实意义与艺术角度，立足当下，大声疾呼"《谁是最可爱的人》应重新入选语文教材"。经典的红色文本背后是民众对革命文化的高度认同。《邓稼先》《一着惊海天——目击我国航母舰载战斗机首架次成功着舰》和高中语文教材中的《喜看稻菽千重浪———记首届国家最高科技奖获得者袁隆平》是反映社会主义先进文化的典型，这些文章反映时代风貌、歌颂时代心声，对中学生是非观念的塑造具有重大意义。统编教材书写社会主义先进文化能够在传承中创民族新风、在发展中育时代新人、在改革中聚国家力量、在崛起中展文化自信。

二、坚持文化本位的现实束缚

"2022年版课标"提出"体现中华优秀传统文化、革命文化、社会主义先进文化的作品，应占60%～70%。"这充分体现了文化在教材中的绝对地位，从主题来看，这对培养学生的文化自信是非常有利的，但实际的教学过程中以文

化为本位的理念仍存在不小的束缚。

（一）对文化的考察不易落实

相对于语言运用、思维能力、审美创造，文化自信更多的是一种价值目标，难以在考试中直接考察。语文考试基本上分为基础、阅读、写作三部分，语言、思维、审美或多或少都能够考察得到，但是文化自信更多是作为阅读材料或者题干来创设一个更加真实具体的情境，考试对文化的直接考察微乎其微。

"2022年版课标"中多次提到文化，但是在前四个学段无一例外都是通过识字与写字、阅读与鉴赏、表达与交流、梳理与探究来落实总目标。细看这四部分的内容时候，各个学段都没有提到怎么落实文化素养、把文化素养落实到何种程度。然而在最后却提到"在落实以上要求中，注重理解中华优秀传统文化蕴含的核心思想理念、中华人文精神和传统美德，表达自己作为中华民族一员的归属感和自豪感。"换言之，"2022年版课标"要求一线语文教师在教学活动中渗透中华优秀传统文化，渗透的路径仍是以实际的语用为核心追求，这也给了一线教师更大的弹性空间。

（二）评价与教学的错位

文化对于语文教育的重要性不言而喻，但是在实际的语文教学中，文化却是缺位的存在。《全日制中学语文教学大纲（草案）》指出了加强基础知识教学和基本技能训练的原则，自此语文教学进入了"双基"时代。1978年著名的"吕叔湘之问"提出之后，关于语文学习效率的问题得到了极大的改善，语文学科的工具属性日益突出，由此带来的弊端与偏颇让一部分有识之士开始呼吁语文学科"人文性"的回归。在"三维目标"中对"情感态度和价值观"的强调说明了语文学科对人文性的转化与落实。直到近几年来，新课标一直在对语文学科核心素养中语言、思维、审美、文化进行强调。这些都是现实对文化的重视。

在新课程标准的背景下，课程改革不断进行。不可否认，新的教学模式无论是对学生的学习还是对老师的教学都有不小的帮助和改变。但是相对于语言、思维等，对文化的考察难度非常大。以2021年广东省中考语文试题为例，课内文言文考察的全部都是字词释义和重点句子翻译，课外文言文也是考察对重点字词的理解、句读、信息提取。在考试指导下的教学模式使一大批老师在最基本的翻译上花费大量时间。调查显示：大约15%的教师、教研员认为文言文翻译所占的时间超过整堂课二分之一；超过60%的教师和教研员认为实词释义和归纳占用课堂三分之一以上的时间；30%以上的教师占用课堂三分之一及以上的时间花费在虚词释义与归纳上。不得不说，关注字词的确是"多快好省"地提高学生文言文能力的好方法。但是这样的授课模式会让活跃、自由的语文课堂陷入最为烦琐的章句的桎梏之中。

（三）教师课外阅读量不足的严峻现实

教育资源的紧张与升学的压力已经成为家长、老师最为关注与忧心的问题。家长为了让孩子进入好的高中、学校为了升学率，最终使学生超负荷地、被动地进行一轮又一轮的知识摄入。因此在考试的评价标准之下，家长、学生与老师的共同目标就是把分数提上去，一切与分数无关的事情都要让步。加之比较单一化的教师评价标准也加剧了这种情况。

温儒敏指出，解决语文教学"少慢差费"问题的重要途径就是"以读书为要"。这就要求不仅学生要有自由读书的兴趣，老师更要在阅读上投入大量的时间。只有阅读才能使教师不断汲取新鲜的知识，才能让语文课堂更加真实生动。也只有教师真正阅读才能培养对文字更加敏锐的感觉。然而现实却是不容乐观。温儒敏指出：很多语文老师读的多是职业书籍，其他书籍很少读，顶多读一些畅销杂志，大部分时间都是网上的"碎片阅读"。到头来教师阅读最多的书籍只剩下教材和教参。久而久之，不少老师做起了知识的"二传手"与"搬运工"，只是做到了"授业解惑"，"传道"的功能已经渐渐淡化。一线教师要做到真正阅读，带动更多学生进行阅读，继而通过阅读来发展语文核心素养，实现"道统"的赓续绵延，将"文以载道"真正落到实处。

三、坚持文化本位的实践思考

（一）立足文字，探索文化

程红兵老师指出文化赋予一切活动以生命和意义，文化的缺失就意味着生命的贬值和枯萎。由此观之，文化是一切教育行为的灵魂所在，但是文化的传播与传承很大程度上要依靠文字来实现。文字与文化不是对立的两种事物，而是相互渗透的共同体。从本质上来讲，文字的本质是符号，但是文字在产生之初就已经具备了传递信息的功能。与其他表音文字不同，汉字具有表意的功能，即使在数千年之后的现在，我们仍可以通过读古文字来了解先民的宇宙观、民俗活动与价值方式。

东汉的许慎在《说文解字》中将造字方法归结为象形、指事、会意、形声、转注、假借六种。例如《小石潭记》中的"隶而从者"中的"从"字是一个典型的会意字，像两个面朝着左边站立的人，一个跟着另外一个，所以就有了"跟从"的意思。如果从字源的角度探讨，学生就理解了"言听计从""无所适从""唯命是从"等一系列成语的意思。再如初中生在写以"礻""衤"为部首的汉字时经常混淆。《说文解字》中解释"衤"是"凡衣之属皆从衣"；将"礻"归为"示"部，解释为"示，神事也。凡示之属皆从示"。这就清晰地明确了"礻"是与祭祀有关，因此需要常怀恭敬之心；而"衤"则是与衣服有关。在明白这样的文化内涵之后，"祝""礼""祠""祈""神"等字归根结底是离不开"礻"的本意。这就是隐藏于文字背后的文化元素，在了解文化之后，又会大大反哺于文字教学，降低中小学生写错别字的概率。

（二）制作优质微课，介绍文化知识

浸润于中华传统文化中的年轻学生在没有经历文化冲击的前提下意识不到文化就在身边。因此，可以围绕中华优秀传统文化制作系统微课，如围绕学术思想、汉字文化、古人名字号、宗教信仰、民俗节气、古典文学、音乐与建筑、科技成就等内容制作微课；可以围绕革命文化，如以老一辈无产阶级革命家和革命圣地、革命文物等制作体现爱国情怀、英勇无畏的革命传统文化的微课；可以围绕社会主义现代化建设进程中体现社会主义核心价值观的典型事件和作品制作微课。

除此之外，不同学段的老师可以针对自己学段学生的心理特点与知识接受能力围绕不同的内容设计微课。比如围绕第四学段的学生可以设计与山水文化的相关微课，自然的山水不仅仅可以涤荡心灵，更成为迁客骚人的心灵寄托；如可以设计儒道思想对中国人思想影响的相关微课，学生在学习这些思想之后，能更好地明白士大夫内心的纠葛与矛盾；如可以设计"隐喻"的微课，这可以揭示中国文人独特的言语方式与表达思路；如可设计"意象"的微课，这可以帮助初中生更好地通过把握意象来理解作者的隐约流露出来的情感。

（三）立足学科特征，坚持语文特性

语文学科具有强大的开放性和包容性，能够比较好地发挥培根铸魂、启智增慧的作用。但是在以文化人的文化教学过程中，决不能忽视语文学科的本质，语文学科的本质特征是语言实践，这是语文学科与其他学科最核心与最本质的区别。教育要落实立德树人的根本任务，但是如果过于强调德育性质，那么语文学科和道德与法制学科的区别就不甚明显；如果一味强调历史知识与背景的勾连，那么语文学科与历史学科又会变得难分难舍。语文学科追求的是在真实的语用环境中，通过语言实践来培养学生的核心素养，实现学生文化、语言、思维、审美的全方位发展。

在《义务教育语文课程标准（2001年版）》提出语文学科是工具性与人文性的统一之前，语文学科的工具性曾长期占据主流话语位置，这与特定的时代背景有关系。不可否认，它对语文学科的实践性与其余其他学科做了有效的区分。文化本位的语文是秉承实践的，但是对语言文字的认同与使用更是不能忽视的，因此温小军指出在坚持语文课程实用目标与文化目标并重的前提下传承中华优秀传统文化，而不是仅仅主张文化本位。

第二节　初中语文革命文化作品教学的
困境与优化探索

纵观统编初中语文教科书，在其篇目总量相对稳定的情况下，增加了革命传统教育题材类课文的数量，足见其价值所在。然而，很多教师因为缺少对主题内容、文化内涵的深入解读，仍以陈旧的模式、单一的方法开展教学，这不但削减了学生的学习热情，而且忽视了他们对文本的认知空白与情感疏离。为了更好地发挥革命传统教育题材类课文的独特育人价值，教师需要站在教科书整体的视野中，把语文要素的达成作为内在驱动，多向融合，重视教学资源的二度开发，使革命传统教育的浸润持续贯穿于学生的言语实践之中。

一、统编初中语文革命传统教育教学的困境

（一）认知隔阂——缺乏体验难激趣

革命传统题材类课文所描述的时代与学生相距甚远。从创作背景上来说，此类课文大多创作于20世纪40～60年代，那时内忧外患，频生战火，人民食难果腹，与现在的和平年代截然不同。这种距离使学生与课文之间产生难以跨越的横沟。从课文内容上来说，课文中所讲述的事物与学生的生活体验大相径庭。例如《回延安》中的"红腰带""土炕"等事物学生从未见过，造成阅读障碍，难以产生对文本阅读的兴趣。

（二）情感疏离——品悟内涵难深入

革命传统题材类课文中不少情节与人物行为不符合学生现有的心理逻辑。

例如《邓稼先》中的邓稼先为国立志献身，但在学生内心深处仍觉得读书的意义是找到好工作，过上好生活。再如《老山界》中的红军战士为了革命丢了性命，而学生接受的当下价值观是"生命诚可贵"。学生在阅读中难以认同，从而产生情感疏离，便难以在品悟内涵中有所感触。

（三）篇幅分散——教学资源难归整

革命传统题材类课文围绕主题单元，层级分布，除此之外还有不少此类题材的文本资源分散在各册教材之中。阅读链接中安排了多篇红色经典阅读，还有不少诗文、楹联、成语、名言等分散在语文园地中，使整个教材织成了立体网状的学习系统。由于资源多而分散，教师课程意识淡薄，在教学中就容易孤立处理课文，缺乏从课文主学，到阅读链接助学，再到园地资源补充的优化整合，更忽略了课外资源的开发利用。

（四）文道割裂——单元双线难两全

统编教科书采取"双线组元"的课程编排体系，"双线"相互依存。然而在此类课文教学中容易造成三种倾向：一是双线缺失，教师在教学中，摒弃"语文要素"或"人文主题"其一，将语文课上成"要素课"或"思品课"；二是双线失衡，教师过于强调此类课文的思想情感，而忽视了对语言文字的品位，或过于偏重对语文要素的训练，偏离了此类课文应有的教育价值，顾此失彼；三是双线分离，教师在教学中，先语文要素后人文主题，或先人文主题后语文要素，两者相对独立，缺乏融合。

二、统编初中语文革命传统教育的价值

（一）抚今追昔，铭记中传承家国情怀

革命传统题材类作品以文学艺术特有的形式，铭记一段不容忘却的历史。因其诞生的历史背景，课文中渗透着"国家""民族""时代"等元素，聚焦"小我"弘扬"大我"，引导学生在火热的战争中读懂先驱者的操守与无畏。这与爱国主义、民族精神的价值取向相契合。

（二）历久弥新，守正中弘扬时代精神

从数量上来说，比对人教版教材，统编版教科书选编了多篇革命传统题

材类作品，数量上不减反增，重要程度可见一斑；从类型上来说，在单元主题的呼应下，教材还编入了数量不少的阅读链接，日积月累，开展综合性实践活动，与课文形成互文阅读，丰富了作品类型的多样性；从内容上来说，教材除了选编革命岁月中的的人和事，还增加了在当代科技迅速发展下，新时代呼唤的革命精神，如《太空一日》。作品从思想涤荡的年代走来，又融于当今时代。

（三）文意兼备，鉴赏中提升审美能力

首先，审"言语"之美。革命传统题材类作品语言具备强烈的感情色彩，学生能在欣赏言语内容美、形式美的基础上，运用语言文字表达美和创造美，其次，审"人物"之美。此类作品中塑造了一批个性鲜明的革命志士形象。他们有着异于常人的"意"和"志"，以自身深刻的人格魅力，引导学生在阅读过程中获得审美体验。最后，审"内涵"之美。在作家独有的风格和特殊的时代背景的加持下，革命传统题材类作品因其特有的思想内涵以及价值引领，助力学生在学习语言文字的同时，潜移默化地领悟革命文化中蕴含的丰富而深刻的内涵之美。

三、统编初中语文革命传统教学的实践策略

（一）隔阂到理解——搭建认知桥梁

认知隔阂，必然会影响学生对文本内容的理解和把握，使课堂学习游离表面，无法深入。因此，在教学时，笔者借已有旧知、现有插图、补给史料三种方法适时搭建认知桥梁，拉近学生与教材之间的距离。

1. 联旧文，唤醒已有经验

知识体系的建构不是单篇文章的学习就能达成，而需时时积累，才能回读有新。与旧文联结，用旧知带出新知，不仅拉近了学生与文本的距离，也帮助他们完善建构对这一类文章的认知。笔者在教学《回延安》一课时，联系以往教材，发现学生已接触过不少革命传统题材类课文，如《纪念白求恩》《黄河颂》等。于是笔者借由一张红色革命根据地地图串起以往学过的文章片段，在前行中回望，在回望中提升。

2. 用插图，还原历史场景

插图是统编教材中鲜活灵动的教学资源。它将抽象的文字通过学生能意会

感同的形式呈现出来，极大地调动了学生的视觉感知。以图为"景"可以认识事物，以图为"径"可以释词明意，以图为"境"可以营造氛围。在教学中，笔者发现学生对"窑洞""土炕"等有历史年代感的词语存在理解障碍，而课文的插图恰好呈现了当年革命圣地延安黄土沟壑、植被稀疏、窑洞林立的地理风貌，于是笔者巧妙改造插图，将生词融入其中。学生有了生动具体、真实可感的情境作为参照，障碍迎刃而解了。

3.查史料，铺垫学习起点

为了弥补革命传统题材类课文在学生生活、思想、情感上的缺失，背景资料的介入显得至关重要。翔实的史料奠定了学生语言文字品味之基，成为此类课文的学习起点。《回延安》在课前导读中提示：有不懂的内容，可以查找相关资料帮助理解。这也恰好呼应了"借助资料理解课文内容"这一语文要素的安排。笔者在课文教学前，引导学生查阅延安的革命历史及当时人们的生产生活情况，并在"宝塔山""杨家岭"等地点中选择两个，进行查阅、筛选、整理资料，铺垫学习起点。如此一来，学生在课堂中才能有效地置身于当时时代，去感知、理解、融合。

（二）疏离到浸润——关注品读感悟

革命传统教育激荡着强烈的情感，扬起鲜明的价值旗帜。教学时，笔者通过情感铺路，设计了层层递进的品读活动，带领学生直面文本语言文字，以"情"促"知"，以"情"促"感"。

1.抓语言特色，品"红色"意趣

革命传统题材类课文的语言颇具特色。写人叙事类，如《谁是最可爱的人》，其中的故事跌宕起伏，人物个性鲜明。教师需抓住此类文本语言的特点，引导学生品味情节，揣摩人物的"豪言壮行"。议论类，如《纪念白求恩》，教师需抓住议论文的语言特点，聚焦中心论点，引导学生从各个层次剖析分论点与中心论点的关系。在初三阶段，《沁园春·雪》《我爱这土地》等诗词类课文占比很大，教师需引导学生品读诗歌的韵律美、语言美、精神美。

《沁园春·雪》作为一首诗歌，离不开诵读，怎么引导学生发现诗歌的语言特色，读出韵味，读出情趣呢？笔者展开了如下教学：由诗歌的词语现象切入，让学生通过对比，发现诗歌"押韵"的语言特色，继而辐射全诗，从读好韵脚到读出节奏，读一层，完成一个任务，为接下来革命诗歌的情感体悟铺垫基石。

2. 创朗读情境，品"红色"意境

在教学革命传统题材类课文的过程中，如果只是漫无目的地读，学生很容易失去兴趣。朗读，需反复，也需多元；需设置梯度，也需巧思设计，才能"移情"给学生，使学生的心灵不断地受到涤荡、震撼。

在《回延安》一课的学习中，笔者引导学生经历了读韵律节奏、读诗歌大意、读精神内涵这一系列朗读活动之后，设计了"为你朗读"的任务情境。学生可以自由选择喜欢的朗读片段和对象：攻坚克难的科学家们、永不言败的航天人、众志成城的抗疫先锋……读给学生选择的朗读对象听。教师只是一个情绪的"点燃者"。学生在具体任务情境中运用朗读，将诗歌语言符号下蕴含着的"红色"意趣进行抒发，体悟到诗人胸中燃烧着的"红色"激情。

3. 紧扣文体特点，品"红色"结构

由于统编教科书在选文类型上独具匠心，涵盖多种文体。尤其是对于议论文等特殊文体，教师可以引导学生从篇章、结构、选材等方面进行探讨，充分发挥教科书的"例子"作用。《纪念白求恩》一文逻辑缜密，观点鲜明，教师可以结合课后练习第一题，引导学生了解课文围绕主要观点讲了哪些内容，再让学生思考它们与课题之间的关系，从而厘清课文的行文思路以及句段、篇章之间的逻辑关系。在层层探知课文的表达秘妙的同时，进一步领会"为人民服务"的思想内涵。

4. 穿插读写训练，品"红色"情怀

不管是我们熟知的伟人、英雄，还是小说、报告塑造的人物，他们的内心世界值得仔细品味，这是教学中深化革命精神的情感入口。在《谁是最可爱的人》中，志愿军战士在危难之时将生的希望留给朝鲜人民，全然不顾自己的安危，同志们会有怎样的内心波澜；在课外补充课文《灯光》中，对郝副营长点燃那本书照亮突破口的描写极为简单，教师可以在交流过程中引导学生勾连前文，结合郝副营长对国家安定的渴望，写下他在危急之时的内心想法。教师人物地从心理活动入手，采用读写融合的方式，能促使学生入情入境地在角色代入中丰富对文本的理解，让家国情怀无痕地渗透在教学过程中。

（三）分散到统整——整合教学资源

在革命传统题材类课文教学中，教师可以将课文作为一个起点，通过整合多方面教学资源，使历史事件和人物形象立体丰满起来，将阅读延伸至更广阔的世界。

1. 整合文本资源，尝试群文教学

"链"教材内部资源。教师可以将课文与教材内其他革命传统题材类作品（课文、成语、名言等）通过语文要素或情感主线链接在一起，推动对课文的理解和感悟。"增"教材外部资源。聚焦同一主题、单元目标或课文特点增设选文，形成联动阅读、结构化阅读。

例如在《回延安》教学中，笔者链接了课外的诗歌《延安，我把你追寻》，由此链接延安对劳动人民的意义，增厚学生对"延安精神"的感悟。与此同时，笔者增设了枣园历史大事记时间轴、歌曲《南泥湾》的歌词以及创作背景与课文形成互文，引导学生学会阅读革命题材类作品，体验不同形式文本带来的冲击和思考。

2. 整合媒体资源，联系时事新闻

"家事国事天下事事事关心"，适当运用媒体资源，联系时事不仅能调节课堂氛围，还能启发学生把见闻、想法融入文本中进行再解读，增强社会责任感。

3. 整合乡土资源，实地调查体验

革命传统题材类课文教学相对其他课文更要注重学习形式的丰富性与多样性。教师可以充分整合乡土资源，借助语文实践活动，如红色人物专访、实地参观纪念馆等方式，多维度地挖掘革命历史事件与革命人物故事，将文字阅读延向生活，将革命精神融入生活。

笔者在《黄河颂》课后，设计了"珠海红色研学之旅"实践活动。这一活动延续了课文的情境，学生在制作研学卡的过程中，对单元要素又进行了巩固深化，有"知"的输入，又有"行"的体验，达到了革命传统教育的知行合一。

（四）割裂到融合——实现文道统一

教学时，笔者尝试从教材编排角度出发，寻找革命传统题材类课文的语文要素和人文主题的契合点，既借语文要素的训练，感悟革命传统教育的人文主题，又借革命传统教育的人文主题的熏陶，助推语文要素的落实，实现文道统一。

1. 依托"两题"，使"双线缺失"走向"双线兼备"

笔者发现，统编教科书在革命传统题材课文编排中，通过阅读提示、课后题、作业本提供本单元语文要素与人文主题学习路径相统一的学习内容，分解了学习要点。教师只要依托"两题"，梳理出本课需落实的"双线"核心任务，充分发挥其导学导教功能，便能避免双线缺失。

笔者在教学《回延安》一课时，对"两题"进行了罗列与整合，发现阅读提示T1与练习册本T3（2）均指向人文主题——家国情怀，即理解"延安精神"以及感受"延安精神"的继承与发扬；而阅读提示T2和练习册T3（1）则指向语文要素——关注主要人物和事件，并铺垫了"查找相关资料帮助理解"这一要素，引导学生通过查找"地点"背后的历史事件，推动人文主题的渗透。如此解读，只要把握这两个核心任务，双线便不会有所缺失。

2. 设计活动，使"双线分离"走向"双线融合"

革命传统题材类课文因其特殊性，教师即便有"双线"意识，也容易走入先要素训练，后空洞说教的误区。因此，教师要有意识地设计"双线融合"的学习活动，促进"人文"和"语用"相辅相成。

笔者在教学中，设计了如下"追寻足迹，红色研学"的学习活动：为学生提供丰富的补充资料，有新闻报道、百度百科、时间轴，还有歌曲《南泥湾》的创作背景。学生在"红色研学"的情境激趣下，既尝试运用"关注主要人物和事件"的阅读方法把握历史事件，也逐步感悟事件背后的革命精神内涵。

　　总而言之，革命传统题材类课文虽在认知、情感上离学生较远，但只要立足学情，充分搭建认知桥梁，关注品读感悟，处理好语言文字训练目标与思想教育目标的关系，处理好课内资源的落实与课外资源的延展。学生便能真正走进火热的革命年代，读懂伟人的博大情怀，学习英雄的伟大品格，使"语文素养"与"精神情感"同步增长。难文"浅"教，难文"趣"教，化难为简，难文也有春天！

第三节　初中语文革命文化作品教学的内核与着力点

——打好中国底色，传承革命基因

在一百年的非凡奋斗历程中，涌现了一大批视死如归的革命烈士、一大批顽强奋斗的英雄人物、一大批忘我奉献的先进模范，形成了一系列伟大精神，构筑起了中国共产党人的精神谱系，为我们立党兴党强党提供了丰厚滋养。要教育引导全党大力发扬红色传统、传承红色基因，赓续共产党人精神血脉，始终保持革命者的大无畏奋斗精神，鼓起迈进新征程、奋进新时代的精气神。

在统编中小学语文教材中，革命文化题材的相关内容占20%以上。语文课对学生吸引力大、感染力强，可直击学生内心，是思想道德教育的有力载体，对继承和弘扬中华民族优秀革命传统文化，增强民族凝聚力和创造力，发挥着不可替代的作用。打好中国底色，传承革命基因，是中小学语文革命文化作品教学的内核与着力点，如何结合统编教材中革命文化题材类文本在教学实践中落实语文教学，既是语文课程育人的重点，更是语文教师需要正确把握的要点。

一、以声传情，讲好革命故事

（一）坚持国家、民族情感传递与语文素养相结合

据不完全统计，统编中小学语文教材中革命文化题材类作品有70多篇（段），涉及国家标志象征意识，"革命领袖""革命烈士""英雄模

范""志士仁人""平凡人物"等对象,以及"家国情怀""责任与担当""伟大志向""红色岁月""理想信念"等文本主题。

革命文化作品中的人物形象或是学生的同龄人,与学生有共同的情感交流;或是家喻户晓的革命先烈,如毛泽东、周恩来、朱德、李大钊等,具有强大的榜样感召力。选文主题多样,有故事、散文、诗词、书信等学生便于接受的文体,如用陕北故事以小见大地表现毛泽东同志的爱民之情,用掷地有声的"为中华之崛起而读书"尽显少年周恩来的报国之志,以回忆录的形式呈现陈独秀之子陈延年的英勇就义等。教材避免陷于抽象说教之嫌,呈现出栩栩如生的先烈、模范等人物形象,对学生具有积极的影响、浸染、鼓舞作用。

(二)尊重史实,尊重作家的情感表达和教材的编写意图

在革命文化作品教学时,教师不能任意做多元化解读、臆断发挥,而应尊重史实,尊重作家的情感表达和教材的编写意图。教师应正确诠释文本,避免曲解、误解文本主旨,指引学生在传统与现代的交织点上交汇,引导学生在革命文化、红色精神中汲取正能量。

鉴于年代久远、受时空限制,我们可能对革命文化作品的理解并不深刻,拿到文本时,我们基本明白文本想要表达的意图,但若再深入探究,可能就会有难度了。因此,语文教师自身要加强学习,要让学生学懂,教师自己先要学懂,只有如此才能出浅入深、化育成人。

二、文道统一,传承红色基因

《义务教育语文课程标准(2011年版)》在"实施建议"中强调:"培养学生正确的思想观念、科学的思维方式、高尚的道德情操、健康的审美情趣和积极的人生态度,是与帮助他们掌握学习方法、提高语文能力的过程融为一体的。"在革命文化作品的教学过程中,教师应依据语文学科的特点,注重耳濡目染、潜移默化的作用。

(一)在感知形象中有效落实语文要素

进行革命文化作品教学时,教师应有明确的语文学习目标,应立足文本的语言文字和表达特点,引领学生走进文本,有效落实语文要素。在内容阐述、揣摩语言文字的过程中让学生感受人物形象、品质、性格，实现情感的陶冶和思想的浸染。

教师可以借助与革命传统教育文本相关的影音等资料，适时将学生引导到文本真实的历史情境下进行红色传统教育。如在教授《谁是最可爱的人》一课时，教师可以插播《中国人民志愿军战歌》的视频歌曲，"雄赳赳，气昂昂，跨过鸭绿江，保和平，卫祖国，就是保家乡，中国好儿女，齐心团结紧，抗美援朝，打败美帝野心狼。"这首歌音乐节奏感极强，一开课就能很好地激发学生的兴趣，歌词中中国人民志愿军乐观的革命主义豪情，更是能深深感染着学生。又如，在教授《土地的誓言》一课时，教师在进行文本背景介绍时，先讲讲"九一八"事变后，日军占领东北三省，东北人民漂泊他乡，无家可归的历史，再插播歌曲《松花江上》，让学生在沉重的音乐旋律里感受东北人民渴望回到家乡，对家乡的那份挚痛的热爱，然后学生朗读课文的情感才能被激发出来，才能更有利于学生理解课文。

（二）在理解体会中获得语文素养进阶

教师利用语文教材，适当进行革命传统教育的综合性学习的内容。"革命故事演讲比赛"，演讲者通过独特的声音，讲述扣人心弦的故事，打动听众。"爱国革命诗词朗诵比赛"，朗诵时，学生穿上红军的服装，齐声诵读革命诗词，穿越时空，感受革命者的情怀。通过红色主题教育，激励启发学生知晓无数革命先烈为了民族解放和人民幸福，浴血奋战，前仆后继的精神，值得我们缅怀和学习。

还可以组织编写剧本，排练话剧等活动，让学生在自导自演的话剧、课本剧中，扮演不同的角色，身临其境地感受李大钊、刘胡兰、董存瑞，还有飞夺泸定桥的红四团等革命先烈，他们在革命事业的道路上谱写的壮烈篇章。让学生从多角度理解文本，提高文学鉴赏能力，也逐步实现文本的再创造。

（三）在整体建构中提高思维能力水平

在学习结构的安排上，革命文化作品的编排充分表现了学习的整体性。从横向来看，编排的单元各主题板块之间形成以语文素养为核心的学习整体；纵向比较，随着学段升高，选文比例随之增加，对主旨和人物形象的认知也更为全面、深入。教学时，教师应领会教材编排意图，体现整体教学，达成深度学习。

一是统筹单元整合教学。比如，七年级下册"家国情怀"主题单元有四篇课文《黄河》《老山界》《谁是最可爱的人》《土地的誓言》和一篇乐府诗歌《木兰诗》。

家国情怀，是人类一种共有的朴素情感，它意味着热爱祖国的大好河山，热爱家乡的土地、人民，愿为保家卫国奉献出自己的一切，它是国家和民族的凝聚力。

在学习精读的基础上，注重涵泳品味，尽量把自己"浸泡"在作品的氛围之中，调动起体验与想象。把握课文的抒情方式，体会作品的情境，感受作者的情怀，并学习做批注，记下自己的点滴体会。

整个主题略读与精读相得益彰，文本与链接无缝衔接，古文与白话文浑然一体，红色经典文化与传统经典文化一脉相承，这样的编排可谓是别具炉锤。

教师应以大单元整合教学的方式，将相关的文本以专题的形式向学生整体呈现，做到群文阅读，充分发挥教材与教学的叠加效用，拓宽学生的认知视角。

二是纵向联系推进教学。在教学过程中，教师要引领学生联系之前学过的相关内容，让学生在多向关联中达到意义的多重建构，不断获得学习的顶峰体验，丰富学生对革命经典人物和革命精神的认知。譬如，与毛泽东相关的文本有《沁园春·雪》《纪念白求恩》《消息二则》等，其中《消息二则》展现了解放战争后期，人民解放军取得渡江战役胜利的历史画卷。《七律·长征》课文与《菩萨蛮·大柏地》阅读链接，从不同视角、不同侧面反映领袖人物，产生整体效应。设计教学时，教师应重视回顾旧知，通过将不同内涵、不同主旨的勾连比较，让学生既可深深感受到领袖气吞山河的伟人风采，也能细细品味到领袖有血有肉的凡人情怀，还能感受到领袖作为诗人的非凡气质，在学生面前展现一个活生生立体的人、有情有义的人、令人信服与敬仰的大写的人，在学生心目中立体勾勒出毛泽东丰满的人物形象。

三、尊重学习规律，关联生活实践

中小学阶段是人生最美好、最纯真的时期，教师应顺应青少年的天性本色，紧密联系学生的生活实际，科学择取学生熟知的学习资源，尊重中小学生的好奇心和求知欲，充分激发每个学生的学习热情，最大限度地让他们积极参与学习的全过程。

（一）关联实际，搭建支架

尽管教材注重了学生视角，学生对革命文化作品本身的阅读也不难，但若理解文本的精神实质，并且把"革命基因"根植于学生心里，并不容易。对此，教师应适时提供缩短时空距离的支架搭建的手段，积极创设有关的教学情境，引领学生进行感官体验。

（二）拓展延伸，主题实践

革命文化作品熔铸于中国共产党领导人民在革命、建设、改革中创造的红色经典文化，可追溯至中国共产党的初创，飞跃百年，沧海桑田，选材多样，主旨丰富。初中语文教学，在达成语文学习目标的同时，更适合用综合性活动或项目学习的方式进行前延、后伸、拓展，开展主题实践学习，这也是统编教材提倡和建议的。

如七年级下册中的《邓稼先》有这样一道课后题："小组合作，搜集并整理我国'两弹一星'科学家的资料。任选其中一位科学家，由小组推选一名代表向全班同学介绍。"

就此题，教师至少应有这样几点理解：一是课文《邓稼先》的拓展延伸学习；二是年代的跨度，结合课文是杨振宁1993年发表的历史背景；三是优秀科学家列举，大多为新中国的建设者，其中还有改革开放40周年杰出贡献人物，这是对整套教材体现的红色文化中"建设"与"改革"的充实，这个"点"务必注重并落实到位。

当然，主题实践学习的方式不局限于此。活动的设计与组织，切不可偏离教材，避免陷于贴标签、说空话、喊口号之误区，而是要突出文字与文化的意韵、鲜明的红色、少年的志趣，使学生便于理解，使红色精神根植于学生的心中。

第四节 "学—悟—立"：革命文学作品
项目式教学实践路径初探

革命传统文学教育题材类课文是统编初中语文教科书（以下简称"统编教科书"）的重要组成部分，2022年版的新课程标准更把它作为以文化人的课程内容、主体和载体形式，革命传统文学承载着化人、育人、铸魂的功能。

但这类课文的教学面临着三大困境：一是文本时空有距离，学生学习时容易产生距离感；二是人物形象太遥远，常让学生觉得遥不可及；三是教学方式习惯化，不少教师依然采用传统的教学方式教授此类课文，容易让学生感到无趣。

那应该怎样开展传统革命课程教学呢？《义务教育语文课程标准（2022年版）》在课程理念部分指出："义务教育语文课程结构遵循学生身心发展规律和核心素养形成的内在逻辑，以生活为基础，以语文实践活动为主线，以学习主题为引领，以学习任务为载体，整合学习内容、情境、方法和资源等要素，设计语文学习任务群。"项目式教学主张学生通过一定时长的小组合作方式，解决一个在真实世界中复杂的、具有挑战性的问题，或完成一项源自真实世界经验且需要深度思考的任务，在解决问题或完成任务的过程中精心设计项目作品。项目式教学符合新课标的要求，有助于突破这类课文的教学困境。因此，项目式传统革命课程教学系统的构建与尝试势在必行。其构建系统主要包括以下部分：

一、分析教学内容，确立项目主题

项目式教学的启航应该是先通过对所教的革命传统教育题材类课文进行分析，确立项目的主题。其中，主题的确立应遵循以下两个标准：第一，以国家育人需要与学科核心素养要求为导向，以立德树人的根本任务为本，以传统革命文学以文化人的价值功能为要。第二，以项目式教学的学习任务群为依托，结合教材的单篇目标、单元目标，每个学习任务群的学习目标内容和不同学习任务群之间的联系进行设计，确定项目主题，整体规划项目内容。例如统编初中八年级下册《回延安》一课主要写作者以"回延安"的过程为线索，表现了作者思念母亲延安的一片赤子之心，同时引领学生对"延安精神"进行深入理解。本单元的教学主题则是感受风俗人情，那么本课的项目主题可以定为"赤子的追寻"。

二、依据现实情况，分析项目背景

项目式教学必须以学生的能力训练指向为着眼点，在着眼于学生将来的发展时，也不能忽视学生现在及以往的学习情况，把握学生对教材内容的了解情况、兴趣程度、跨学科学习情况与现实的情境资源等。初二学生通过已学的内容（七年级下册诗歌《黄河颂》、历史学科的中国解放战争）和搜索、阅读相关资料，了解"回延安"的事件发生背景并不难。但是，对于学生来说主要难在以下两点：一难在对陕北民歌信天游的把握，二难在对"延安精神"的深入理解。

三、依据项目主题，开发项目资源

项目式教学，需要学生针对特定的学习项目，最大限度地选择并充分利用各种学习资料，在完成项目任务的过程中掌握更加完整且具体的知识，包括尽可能丰富的口头材料、书面文字材料和视觉材料，整合教学内容，拓展与主题一致的相关革命文学，合理运用信息技术及网络资源深入了解革命人物及其精神，充分开发运用跨学科资料、当地红色资源等。

《回延安》一文能够挖掘的资源包括：

（1）文字资源：

课内篇目：埃德加·斯诺《红星照耀中国》、贺敬之《桂林山水歌》；课外拓展篇目：曹靖华《小米的回忆》、吴伯箫《记一辆纺车》。

（2）视听资源：纪录片《我们，从延安走来》。

（3）网络资源：学生通过线下搜索有关贺敬之及"延安精神"内涵的资料。

（4）跨学科资源：历史学科的近代史相关背景学习，道德与法治九年级上册第三单元《文明与家园》的第5课《凝聚价值追求》中有关于"延安精神"的讲解。

（5）当地红色资源：林伟民与中国早期工人运动史迹陈列馆，珠海"红色三杰"相关资料。

四、设计项目任务，科学分步实施——学、悟、立

（一）"学"

"学"指利用课堂主阵地带领学生走近革命文化经典，认真研读统编教材中优秀革命文化作品，使学生理解作品中蕴含的中国共产党的坚定理想，百折不挠的奋斗精神，立党为公、忠诚为民的奉献精神等。例如《回延安》一课，通过"朗读诗歌，初探情感基调""概括要点，梳理情感线索""聚焦'延安'，体悟情感内核""聚集'信天游'，品味语言风格""师生共读，传递赤子之情怀"，感受贺敬之的赤子情怀。

（二）"悟"

"悟"指通过群文阅读、课外资源延伸探究、开展与主题相一致的综合性学习活动、创设真实的学习情境、开展相关的课外活动与研学实践，引导学生深刻体会革命精神、深入感受人物情感，体认高尚品质。例如在课堂学习《回延安》后，笔者组织学生通过校读书节活动"青春诗会"创新设计节目《红星再耀珠海》，学生通过想象设计珠海"红色三杰"苏兆征、杨匏安、林伟民三人来到现代珠海时的情景，进行诗歌创新与排演节目，感受母亲珠海的现代魅力，更好地从课内走向课外，联系身边红色资源深入理解革命人的赤子情怀、革命热情。下面是学生的节目稿部分内容：

（学生一、学生二）好一个省港大罢工苏兆征，南海怒潮将反帝反殖民的钟声敲响。

（学生三）好一个乡村先生杨匏安，如椽大笔给茫茫黑夜带来一片曙光。

（学生四）好一个海岛之子林伟民，工人运动为中国革命造就核心力量。

（四人齐）伟大生命换来人民幸福国家富强，伟大精神天地日月永恒万世传扬。【动作】

（学生五）改革如春风暖心膛，社会主义道路大步走，经济特区屡创奇迹。【动作】

（学生六）珠海英贤，殚精竭虑，先行先试，不舍昼夜。清藩篱，通口岸，引外资，联商贸，兴科技，强实业。【动作】

（学生七）母亲珠海换新衣，迎世界于沿海，树新标于南粤。轰轰烈烈，壮志豪情，高举红旗，大步前进！【动作】

（三）"立"

"立"是一种典型的"做中学"的教与学模式，通过任务驱动把教学目标和项目活动联系起来，学生通过不同层次的活动、不同任务的要求、不同作品的制作，如读书笔记、文学作品、小组研讨的成果、体验性表演活动和个人的反思日志将零散的认识和体验聚焦再聚焦，从而深入感悟革命传统文学中蕴含的精神品质，并不断将其内化为自己的追求、人生观、价值观，从而达到"铸魂"目的。

例如在学完《回延安》一课后，引导学生仿写课文的内容和形式，进行诗歌创作，以表达自己对珠海母亲的赤子情怀。下面是作品展示：

颂珠海

千万条腿来千万只眼

也不够我走来也不够我看！

青山碧海市中园，

四季花香鸟语宣。

头顶蓝天接炽艳，

脚踩翠壤簇嫣红。

更喜暮夜千里明，

万家灯火乐开颜。

珠海景色竟芳艳！

新时代强国之路，

共筑美好中国梦，

这是我们的使命，

这是我们的义务，

让我们为美好的明天努力奋斗！

五、设计评价方案，诊断素养水平

项目式教学评价的过程即学生学习的过程，应围绕文化自信（对中华传统文化生命力的坚定信心）、思维能力（崇尚求真创新）、语言运用（热爱国家通用的语言文字）、审美创造（涵养高雅情趣）等开展学习活动，在具体的学习情境和项目活动中，应全面考查学生核心素养的发展情况，反馈学生的"铸魂"目标的达成情况，着眼于核心素养的整体发展。另外，还应倡导项目评价主体的多元化。评价要注重展示学生自我发展的过程。例如《回延安》一课中"师生共读，传递赤子之情怀"环节，教师评价、学生观众评价、学生自我评价都包含其中，再如"青春诗会"中《红星再耀珠海》的展演，通过直播方式，邀请家长参与评价，反馈观看感受。

选用恰当的评价方式。根据实际需要，在项目式教学的过程中，整合诊断性评价、形成性评价、终结性评价等多种评价方式，考查学生核心素养的发展情况，通过在各种"立"环节中形成的材料了解学生在项目活动中表现出的个性品质和精神态度，我们可以把它们建立成一个完整的学习档案，全面记录学生"铸魂""立德树人"的发展的轨迹，成为评价的方式之一。

总之，在革命传统教育题材类课文中融入项目式教学可以使教与学更有效，明确的项目式教学使教学过程更有条理，"学—悟—立"三位一体的学习项目提高了学生的学习积极性和自主学习能力，有助于师生共同感受中华民族独特的精神内涵。

第二章

撑一支长篙，寻梦？寻梦！

——统编初中语文教材革命文化作品
"学—悟"学习模式的构建

第一节 "学"透教材，多角度涵泳革命精神

品黄河情韵，颂黄河精神
——《黄河颂》

一、教材与教学内容分析

《黄河颂》为人教（部编）版七年级语文下册第二单元的第一篇讲读课文，是《黄河大合唱》的第二乐章。这个单元的课文都是表现爱国主题的文学作品，一样的感情，不一样的表达，都富有动人心弦的力量。

《黄河大合唱》是著名诗人光未然（张光年）为配合音乐家冼星海创作的大型民族交响乐而写的组诗。《黄河颂》在体裁上是一首颂诗，着眼于"歌颂"，它的旋律激昂，气势磅礴，充满了强烈的冲击力和震撼力，展示了黄河桀骜不驯的血性和中华民族的英雄气概。它潜藏着一定的民族文化内涵，读起来慷慨激昂，是促进初一年级学生接受诗歌教育、领略新诗艺术的好材料，更是促进他们接受爱国主义教育、强化爱国热情的好题材。这是一首思想大于艺术，情感多于形象的广场诗歌，所以重要的是激发学生内心的情感，而不是对内容结构的条分缕析。此外，它篇幅适中，语言铿锵有力，很适合朗读，在细致进行文本分析的基础上，我决定选用"朗读课型"。

因此调动学生情感是上好本课的首要条件，引导学生整体把握歌词主体部分是深入理解课文的关键，带领学生反复深情朗诵诗歌是重点。在教授这首诗的时候，将音乐与语文教学相融合，教学时利用多媒体，通过直接

诉诸视觉、听觉的画面和音乐来激发学生胸中的澎湃激昂的民族感情，深深地打动学生的心灵。然后以读启悟，品读诗歌，感受黄河的气势，学习黄河的精神。

二、教学理念

1. 本教学案例以若干个主问题为线索串联起整堂课：题目"黄河颂"中哪个字是关键点？朗诵词部分体现出黄河哪些特点？歌词部分从哪些方面赞美了黄河的英雄气魄？"黄河的精神"是什么？结合时代背景，你认为作者描绘黄河一往无前、无坚不摧的特点，歌颂它伟大坚强的精神，是要表达什么情感？通过学生的思考探究，层层深入，逐步品味诗歌的内涵。

2. 本教学案例是以学生为主体的教学。通过由浅入深的几次朗诵：让我们进入演播厅——吟黄河韵，让我们畅游智慧泉——品黄河魂，让我们登上大舞台——颂黄河情，充分调动学生的课堂参与度。根据不同的诗歌内容，配上不同的背景音乐，有的雄壮，有的深沉，还有的激昂，结合多种朗诵形式，让学生一步步深刻体会诗歌的情感并表达展现出来，真正成为课堂的主人。

整堂课关注的都是学生的进步和发展。不是教师在唱独角戏，教师只是一个引领串联的作用。此外，本堂课着眼于学生的全面发展，而不是某一方面或某一学科的发展。既有语文知识的传授，也有音乐素养的提高，还有爱国情操的培养，充分体现了美育的目的。

3. 本课是以探究性学习为主要方法，在研讨主要问题时，以圈点批注法为指引，品味诗歌的精彩语句，并探究诗歌内涵和情感，充分发挥学生的能动性，使学生主动探究，而不是教师填鸭式的传授。

三、教学目标

1. 知识与能力目标

（1）识记诗中生字、生词，读准字音，识记词作者和曲作者。

（2）用普通话正确流畅、充满感情地朗读课文，整体把握歌词主体部分。

2. 过程与方法目标

（1）利用多媒体辅助教学，了解时代背景，激发爱国热情，打动学生心灵。

（2）结合音乐知识，抓住诗歌的节奏与感情，分组合作、探究，反复朗读，并背诵诗歌。

3. 情感、态度与价值观目标

体会诗歌中蕴含的浓烈的爱国热情，弘扬中华优秀传统文化、革命传统文化，培养爱国情怀。

四、教学重难点

1. 教学重点

（1）正确流畅、充满感情地朗读课文。

（2）培养学生对文学作品的欣赏能力。

2. 教学难点

（1）反复诵读，感悟诗歌的思想感情。

（2）在理解诗歌象征手法的基础上，感受中华民族顽强的奋斗精神与不屈的意志。

五、学生特征分析

本堂课的学生是初一年级的学生，本堂课对于他们来说是新授课，而且在此之前，他们对于现代诗的学习并不多。并且本诗需要在充分了解抗日战争的历史背景下，才能更准确、更深入地把握其情感要点。因此本堂课的教授要有充分的朗读指导，包括背景介绍和朗读技巧指导，同时问题设计不能太深奥，而是要由浅入深，使得不同程度的学生都能够接受。并且为了让学生可以更直观地感知到诗歌的情感，朗诵配乐的选择非常关键，要能够契合诗歌内容，又能快速地激发学生的情感，引起共鸣。加上多媒体的辅助，则更有利于课程的开展。

六、教学过程

（一）新课导入

背景介绍：

（1）古往今来，黄河以其雄壮的气势，奔腾在中国大地上，滋养着一代又一代的中华儿女。歌颂黄河就是歌颂我们伟大的中华民族……你听！

（播放《保卫黄河》歌曲片段）

（2）这是我们耳熟能详的一首歌曲《保卫黄河》。在抗日战争时期，黄河两岸活跃着广大军民，万山丛中、青纱帐里，到处都有敌后游击队英勇的斗争。黄河发出了怒吼，华夏儿女正在为保卫黄河、保卫祖国而战。这首歌曲出自何处呢？

（介绍《黄河大合唱》及其八个乐章）

学生活动：学生聆听《保卫黄河》歌曲片段。

设计意图：以激昂的音乐带领学生快速进入诗歌氛围中。

（二）让我们进入演播厅——吟黄河韵

《黄河大合唱》的作曲者冼星海称赞它："充满美，充满写实、愤恨、悲壮的情绪，使一般没有渡过黄河的人和到过黄河的人都有一种同感，在歌词本身已尽量描写出数千年来伟大黄河的历史了。"这是一段怎样的历史呢？

（介绍《黄河颂》创作背景）

学生活动：学生通过教师的介绍了解《黄河颂》的创作背景。

设计意图：了解写作背景，帮助学生理解诗歌内涵。

（三）让我们畅游智慧泉——品黄河魂

教师配乐示范朗读，并进行朗读指导：

（1）读准字音，注意停顿、重音、语速、语调的处理。

（2）感情处理：饱含国难当头的悲壮情怀，要读出热血沸腾、壮怀激越的情感。

（3）朗诵词与歌词之间停顿较长，以示区别。

（4）"啊，黄河！"重复三次，三个"啊"要读得深沉，声音延长，"黄河"要读得高昂，表明在歌颂。

（5）最后的两句"像你一样的伟大坚强！"充满了战斗的决心，要读得铿锵有力。

学生活动：

（1）学生听老师示范朗读，边听边关注几个方面，进行旁批：字音、节奏、感情。

（2）学生根据老师的朗读指导，进行配乐朗读。

设计意图：以背景音乐烘托，凸显情感，帮助学生感知诗歌情感，朗诵情绪到位。

（四）让我们登上大舞台——颂黄河情

（1）老师带领学生进行知识回顾——做批注，并运用做批注的方法进行问题探究。

①题目"黄河颂"中哪个字是关键点？

②朗诵词部分体现出黄河的哪些特点？

③歌词部分从哪些方面赞美了黄河的英雄气魄？

（2）教师带领学生探究诗歌的精神内涵并做小结。

小结：作者借歌颂黄河来歌颂中华民族的灿烂文化，歌颂中华民族的伟大精神，歌颂中华儿女的勤劳勇敢、伟大坚强，从而激发整个民族以英勇的气概和坚定的决心来保卫黄河、保卫中国。

学生活动：学生通过小组合作的方式，交流批注，进行问题探究，注意结合历史背景，得出结论后派代表分享。

设计意图：通过学生小组合作的形式和做批注的方式，充分发挥学生的课堂主体性，让学生自主探究，更能深入理解诗歌的主旨和情感。

（五）诉心中愿

演读诗歌，升华情感：

（1）教师进行朗读指导，师生配乐深情演读《黄河颂》。

（2）二次升华：带着心中涌动着滚烫的赤子之情，师生一起演绎《黄河

大合唱》第三乐章《黄河之水天上来》。（师生配乐深情演读《黄河之水上来》）

学生活动：学生按要求演读诗歌《黄河颂》和《黄河之水天上来》。

要求：

（1）分角色朗诵诗歌。

（2）注意节奏和重音处理。

（3）饱含国难当头的悲壮情怀，要读出热血沸腾、壮怀激越的情感。

设计意图：以不同风格的背景音乐匹配不同的诗歌，更有助于情感的表达，使得朗诵效果更佳，达到最后的情感升华。

七、布置作业

1. 课后再次有感情地朗诵《黄河颂》，熟读成诵。

2. 拓展阅读：《黄河大合唱》中的其他篇目。

3. 搜集并积累与黄河有关的古诗句。

学生活动：在教师的总结中进一步加深对诗歌的理解，达到情感的升华。

设计意图：通过总结和作业，拓展课堂知识，进一步加深对"黄河精神"的理解，培养爱国情怀。

八、教学反思

通过本堂课的教授，学生较熟练地掌握了朗诵诗歌的方法技巧，并通过反复深情地诵读，结合《黄河大合唱》的音乐知识和音乐的感染，品味了诗歌的内容，充分感受到了各种浓烈而深沉的爱国之情，以及对"黄河精神"的赞颂，全面提高了语文素养，弘扬中华优秀传统文化、革命传统文化，培养爱国情怀。

本课与以往仅仅是条分缕析诗歌内容的教学方式不同，而是充分地调动学生的积极性，将语文与音乐紧密结合，让学生通过各种形式地朗诵，以及贯穿整个课堂的音乐渲染，将学生带入到诗歌的情境中，仿佛回到了峥嵘岁月，爱国热情油然而生，充分展现了大语文的实践，以及美育的真谛。

但是由于受到场地和时间的限制，在本堂课中能真正与教师互动的学生人数有限，作为一首气势澎湃的爱国诗歌，如果能有更多的学生一起参与，效果将会更好。因此，假如能在课后增加一个拓展活动，如"百人齐诵《黄河颂》"活动，将会把课堂上的学习效果进一步拓展、升华。

同时本诗本身就是一首歌曲，在课前或课后可以让学生学唱歌曲，加深对诗歌的理解，达到情感的共鸣。

熠熠生辉的"精神"，才是照耀中国大地的"红星"
——《红星照耀中国》

一、教学目标

1. 了解作品的书名和主要内容，激发学生阅读整本书的兴趣。
2. 选读书中报道人物的任意章节，了解人物故事，初步感受红军精神。

二、教学重难点

选读人物故事，感受红军精神。

三、教学方法

范例法，点拨法，猜读法，速读法。

四、教学过程

（一）情景导入

2019年10月1日国庆阅兵增设了一个庄严的仪式，习近平主席在党旗、国旗、军旗前行注目礼。

师：没有共产党的英明领导就无法实现中国梦，党旗就像一颗红星，引领中国人民走向胜利，有了红星的照耀，才有了我们今天的美好中国。你们知道早期中国共产党领袖有哪些吗？

　　生：毛泽东、周恩来……

　　师：当时有一位美国人，他是最早记录中国共产党领袖风采的人，他记录下来形成了一部经典的新闻纪实作品《红星照耀中国》。

（二）《红星照耀中国》是一部经典的新闻纪实作品

　　这个书名是什么意思？

　　师：红军的帽子带有一枚红色的五角星。之后，红星由红军扩展，逐渐成为共产党的象征。这部书名《红星照耀中国》，即共产主义之光照耀中国。

　　师：把这些领袖比作一颗颗红星，毛泽东就是一颗最大的红星。当时南京国民政府蒋介石视毛泽东为他眼中最大的克星，并且悬赏二十五万银圆要他的首级，可是毛泽东却毫不介意地和旁的行人走在一起。

　　活动一：请快速翻书，找出其他领导人和红军首级价格的语段，一起分享一下

　　师：国民党作为统治者具备绝对的优势，通过不断对红军将领进行通缉悬赏，试图造成一种政治和心理上的震慑。其实，效果适得其反。毛泽东等红军领导人不仅坦然处之，而且激发了他们的革命热情。

　　★历史再次证明，真正决定战争胜负的不在金钱，而在民心所向。（品精神）

　　就是这么一颗颗红星般的人物，一直照耀着中国，我们一起来看看斯诺笔下的人物！

　　活动二：抢答题、猜人物

　　（1）他是个瘦个子，中等身材，细小而坚韧的骨骼，又大又深的眼睛富于热情，尽管有长而黑的胡子，外表上仍不脱孩子气。——周恩来

　　师：重点关注"眼睛富于热情"，那是对革命的热情。

　　（2）在一圈浓厚光泽的头发底下，他拿一双强而有力的眼睛射着我，一个恶作剧的笑容展开在他那红铜色的脸上，他那时已经取下了眼镜，一眼就可以看出他那一套中山装是假装的，又可以看出他绝不是一个坐着办案的官僚，却是一个在室外行动的人物。——邓发

师：重点关注"一套中山装是假装的"，明确邓发当时的身份，红军特务队首领。

（3）他是一个面容消瘦，看上去很像林肯的人物，个子高出一般的中国人，背有些驼，一头浓密的黑发留得很长，双眼炯炯有神，鼻梁很高，颧骨突出，是一个非常精明的知识分子的面孔。——毛泽东

师：关注"很像林肯的人物"，斯诺的国籍是美国，林肯是美国的总统，而他直接形容毛泽东为"很像林肯的人物"，奠定了毛泽东的地位之高。

（4）他曾抱怨说"这些人花在唱歌的时间实在太多了！现在不是唱歌的时候。"他是一名电气工程师，他的英语和德语都很好，是个电力专家，所写的工程教科书在中国普遍采用。——朱作其

师：明确朱作其的学识渊博而且对革命的专注。

（5）他们总是愉快而乐观，不管整天行军的疲乏，一碰到人问他们好不好就回答"好"。他们耐心、勤劳、聪明、努力学习，因此看到他们，就会使你感到中国不是没有希望的，就会感到任何国家有了青少年就不会没有希望。——红小鬼

师：明确红小鬼的乐观品质。

（6）白发老翁，不是老朽昏聩的标本。步履矫健，双目炯炯，他的一双健腿在长征途上曾经帮他渡过大河，爬过高山。——徐特立

师：明确"白发老翁"，徐特立年过半百却依然选择红军道路。

（7）率直爽朗、愉快爱笑、富有才智、善于驰骋，吃苦耐劳。他的谈话举止里有一种开门见山、直截了当、不转弯抹角的作风，他每天晚上平均只睡四五个小时。他从来都是不急不忙的，但总是很忙碌。他很喜欢孩子，他的身后常常有一群孩子跟着。——彭德怀

师：彭德怀爱笑、爱民、爱兵、爱孩子。

★个性鲜明、真实可感的人物形象（析个性）

活动三：分享会

斯诺采访对象有四类人物：领导、红军、农民工人和知识分子，请分享你们小组的人物，说说具有什么精神品质？

领导：爱党、朴实、爱民

红军：不畏艰险、乐观、坚韧不拔

农民工人：吃苦耐劳、勤俭节约

知识分子：知识渊博

★这些美好的品质，如繁星一般闪烁在中国的上空，而这些熠熠生辉的"精神"，才是照耀中国大地的"红星"，才是一个组织的灵魂！（享共性）

四、教学反思

《红星照耀中国》是初二上学期重点名著篇目之一，在上这节课前教师花了整整两周时间来整理手上有关《红星照耀中国》的资料，务必把自己阅读这部名著的感受一起呈现在这节课上。

（一）导入

《红星照耀中国》的导入选择用70周年大阅兵时党旗、国旗、军旗的排列顺序来进行设问，因为在场的每一位学生都对70周年大阅兵印象深刻，这正好能衬托出没有党的英明领导就没办法实现中国梦，引出本堂课第一活动的主题——共产党，党旗就像一颗红星，引领中国人民走向胜利，有了红星的照耀，才有了我们今天的美好中国。并同时引出作者和这部新闻纪实作品《红星照耀中国》的书名解释，再次确定共产主义之光照耀中国。

（二）悬赏价格，深入主题

在设计活动这一环节时，教师希望学生能在轻松的环境下重温《红星照耀中国》的精彩人物描写片段，斯诺用语幽默，而且因为题材是新闻纪实作品，真实性增加了本书的可读性。所以让学生寻找伟人首级价格，既有趣味性也带有对比性，增添了课堂活跃性。通过在原著中寻找，确定了当时红军的胜利不是偶然，是民心所向，是历史的必然。由此引起学生的深思，充满趣味地寻找名著内容，让学生回归文本并深入主题探究与思考，既能增加学生的知识，又能引发他们的兴趣。

（三）三个活动环环相扣

斯诺采访的对象众多，很多都是灵魂人物，但受时间和场景的限制，作品中的人物形象并不能一一展现给学生，因此将其分成四类，他们分别是知识分子、红军、农民工人和领导。由品精神到析个性，最后是享共性，从个性到整体的递进层次来展开讲解，这样学生会更容易掌握，思路也会更清晰明朗。特别是第二个活动：抢答题、猜人物。学生通过老师用语言引导来猜人物，更能检测学生对名著里的人物熟悉程度，掀起高潮部分。

第三个活动是分享会，真正意义上把课堂还给学生，由学生自主完成，将自己对书本中的人物的理解通过小组整合最后展示出来，其余小组的成员也不是闲着的，他们通过人物展示，记录下他们感兴趣的人物事例和精神品质，最后把四类人物的精神品质概括进自己的笔记本，完成课堂知识点的整合。

最后，各小组分享的四类人物的精神品质，再加上第一活动的主题—共产党这一颗红星，刚好画出一面五星红旗，明确这些美好的品质，如繁星一般闪烁在中国的上空，而这些熠熠生辉的"精神"，才是照耀中国大地的"红星"，才是一个组织的灵魂这一主题，再次把课堂推向高潮。

通过这堂课我感觉能把学生学习名著的热情度提高了，他们的兴趣也调动起来了，而运用课本剧形式更能让学生对名著的故事情节、人物形象理解更为深刻，这堂课的品读、赏析、讨论、思考等多方面让学生从不同年代、历史背景角度下探讨故事情节背景，通过名著让他们了解到了一个未知的中国革命，也对这段历史有了一个深刻的理解和认知。让学生认识到《红星照耀中国》这本书不仅是中国革命的成长史更是对当时的人民、当时的社会一种全新的描述。

学习"国际主义精神"：向一位伟大的国际主义战士致敬

一、课标分析

1. 课标摘录

《义务教育语文课程标准（2011年版）》中对本节课的相关要求如下：

（1）养成默读习惯，有一定速度，阅读一般的现代文，每分钟不少于500字。

（2）在通读课文的基础上，理清思路，理解、分析主要内容，体味和推敲重要词句在语言环境中的意义和作用。

（3）欣赏文学作品，有自己的情感体验，初步领悟作品的内涵，从中获得对自然、社会、人生的有益启示。对作品中感人的情境和形象，能说出自己的体验；品味作品中富于表现力的语言。

2. 课标分解

（1）学生学什么：关于"在通读课文的基础上，理清思路，理解、分析主要内容"。所谓"理清思路""分析主要内容"，是指学生能够在通读课文的基础上，学会通过划分段落层次、抓关键语句等方法，理清作者的思路，并能用简洁的语言概括故事内容。关于"对作品中感人的情境和形象，能说出自己的体验；品味作品中富于表现力的语言"，是指学生能够勾画评价白求恩的精神的语句，概括白求恩的高贵品质。

（2）学生学到什么程度：关于"养成默读习惯，有一定速度，阅读一般的现代文，每分钟不少于500字。"，是指学生能够快速默读课文，归纳各段的内容，整体把握文意。

（3）学生怎么学：关于"欣赏文学作品，有自己的情感体验，初步领悟作品的内涵，从中获得对自然、社会、人生的有益启示。"在本文表现为，通过了解白求恩的事迹，概括白求恩的品质，并且学习其伟大的精神。

（4）教材分析：《纪念白求恩》是统编教材七年级上册第四单元第一篇文章。从双线组元的角度来看，具体到人文主题：第四单元的人文主题是"人生之舟"，这个单元都是关于人生的课文，体裁丰富，形式多样。有的是对美好人生的礼赞，有的是对人生的憧憬和感悟，还有的是对人生经验的总结和回顾。选择这些课文，试图引导学生初步思考人生问题，学会规划人生，珍惜生命。具体到语文要素：本单元继续学习默读的方法，在课本上勾画出关键语句，并在喜欢的或有疑惑的地方做标注。在整体把握文意的基础上，学会通过划分段落层次、抓关键语句等方法，理清作者思路。

《纪念白求恩》是毛泽东同志写的一篇纪念性文章。作者对白求恩同志的逝世表示沉痛悼念，高度赞扬了白求恩的国际主义精神，号召全党学习白求恩毫无自私自利之心的共产主义精神。全文以说理为主，兼叙述和抒情，是纪念性文章的典范之作。

因此学习本文可结合单元要求，重点是理清思路，了解白求恩的精神，学习本文对比的写法。

（5）学情分析：授课之前，对全班学生进行了学前检测，了解学情。

二、学前检测

1.解释下列词语的含义：

殉职：

拈轻怕重：

麻木不仁：

见异思迁：

2.简述白求恩经历及事迹。

3.本文着重赞扬了白求恩的几种精神？这几种精神的顺序可以颠倒吗？

根据测试结果，分析学情：

（1）已知点：本文的教学对象是七年级学生，95%的学生能够借助课下注释及工具书解决疑难字词，疏通文义，能够根据生活积累和上下文理解词句。

根据课下注释，对白求恩有所了解。

（2）障碍点：但对于学生来说，对于白求恩的了解仅限于课本下的注释，对四种精神概括不全，四种精神之间的内在逻辑分不清楚。

（3）突破措施：教师可基于学生的发现和感受，抓住本文的关键语句和对比的写作手法设计教学活动，引领学生探究文本，由浅入深，体会文章说理的逻辑性，理清思路，概括人物品质。

三、教学目标

1. 通过默读课文，准确地概括每段段意，理清文章写作思路，把握段落之间的关联。

2. 通过抓关键语句，分析学习对比手法介绍人物的方法，概括学习白求恩的高尚品质。

四、教学重难点

1. 教学重点

（1）通过默读课文，准确地概括每段段意，理清文章写作思路，把握段落之间的关联。

（2）通过抓关键语句，分析学习对比手法介绍人物的方法，概括学习白求恩的高尚品质。

2. 教学难点

通过抓关键语句，分析学习运用对比手法介绍人物的方法，概括学习白求恩的高尚品质。

五、教学过程

（一）创设情境，导入新课

导入：播放电影片段——白求恩在战场上的一间破庙里给战士做手术。

教师表述：白求恩，加拿大的胸外科医生，为了支援中国的解放事业，他不远万里来到中国。战场上硝烟滚滚，弹片纷飞，他说"手术台就是我的阵地！"在他艰苦而简陋的阵地上，在一年多的时间里，他挽救了许多抗日将士的生命。遗憾的是，因抢救伤员感染病毒，他把自己的生命永远地留在了中国的土地上，他，走了。"秋风吹着细雨，延水奏着哀曲"，哀伤弥漫在整个抗日根据地，连我们的最高领袖毛主席也含着哀痛写下《纪念白求恩》一文来悼念他。

设计意图：渲染气氛，吸引学生兴趣，初步认识白求恩。

（二）环节一：概括段意，理清思路

评价任务1：快速默读课文，勾画每段的关键语句，用简洁的语言概括每段的段意。（针对目标1）

活动一：默读课文，勾画赞扬白求恩精神的语句，概括每段的段意，在每段旁边做批注。

学生自主学习后，四人一组讨论归纳，并展示。

第一段的重点句是："一个外国人，毫无利己的动机，把中国人民的解放事业当作他自己的事业，这是什么精神？这是国际主义的精神，这是共产主义的精神，每一个中国共产党员都要学习这种精神。"

要点：赞扬白求恩同志的国际主义精神。

第二段的重点是："白求恩同志毫不利己专门利人的精神，表现在他对工作的极端的负责任，对同志对人民的极端的热忱。"

要点：赞扬白求恩同志毫不利己专门利人的精神。

第三段重点句是："白求恩同志是个医生，他以医疗为职业，对技术精益求精。"

要点：赞扬白求恩同志对技术精益求精的精神。

第四段重点句是："我们大家要学习他毫无自私自利之心的精神。"

要点：号召全党学习白求恩同志毫无自私自利之心的精神。

思考：各段内容要点之间的联系是怎样的？

教师点拨：这四个要点都是共产主义精神的具体表现。文章从四个方面阐述了白求恩同志的共产主义精神，真正的共产主义者的精神，并号召全党向他学习这种共产主义精神。

设计意图：培养学生的默读能力以及抓住关键信息的能力。

（三）环节二：精读重点语段，分析对比手法

评价任务2：仔细默读2、3自然段，勾画相应的语句，填写课后探究二的表格，体会对比手法的表达作用。（针对目标2）

活动二：深入品读课文，探究对比方法

默读第2段和第3段，分别用红色水笔和蓝色水笔勾画出白求恩同志和不少人的不同表现，填写课后习题二的表格，并分析运用对比手法的好处。

（学生先自主学习，然后小组讨论展示）

点拨：

表2–1–1

	对工作的态度	不少的人
白求恩	极端负责任	不负责任，拈轻怕重，喜欢自吹
对同志人民的态度	极端的热忱	冷冷清清，漠不关心，麻木不仁
对工作的要求	精益求精	鄙薄技术工作以为不足道、以为无出路，见异思迁

明确：通过两相对比，不仅映衬出白求恩的品质更加高贵，而且帮助某些同志认识到自己的缺点、错误，从而更好地向白求恩学习，克服自己的缺点、错误，搞好革命事业，证明白求恩同志毫不利己专门利人的共产主义精神的确是每一个共产党员学习的榜样。

运用对比手法的好处：突出了崇高的共产主义精神，强调了向白求恩学习的必要性，明确了不少人应该克服的缺点和今后努力的方向。

（四）环节三：朗读结尾段，学习白求恩的精神

评价任务3：诵读结尾段，找出高度评价白求恩的语句，仿写句子，学习白求恩的精神。（针对目标2）

活动三：诵读结尾段，学习白求恩的精神

1. 大声朗读这一段，并将这段划分为两个层次，并说说这两个层次之间是如何过渡的？

2. 勾画出这段中对白求恩高度评价的句子，做赏析式批注。

3. 仿写最后一句。

（学生自主学习后展示）

活动要点：

1. 引导学生分析第四段层次：分为两层，先叙后议。并且任选前面的一段分析文章如何做到叙议结合。

2. 指导学生朗读并背诵"我们大家要学习他毫无自私自利之心的精神。……一个有益于人民的人。"并分析这句连用五个"一个"的表达效果。

3. 仿写："一个人能力有大小，但只要有这点精神，……一个有益于人民的人。"

设计意图：训练学生在文章中寻找重要内容的能力、概括能力。

（五）活动四：拓展延伸，学习楷模人格

2019年12月，《纪念白求恩》发表80周年迎新年主题座谈会在京举办。座谈会上，与会代表认为白求恩是不忘初心、忠贞信仰、牢记使命的典范，大家要以习近平新时代中国特色社会主义思想为指导，对毛泽东提出的"国际主义、共产主义"高度认识，理解和践行初心使命，强调新时代弘扬白求恩精神的重大意义和价值。

今年是白求恩逝世83周年，现在我们身边有没有这样的人？

作为一名中学生，我们如何在现实生活中学习并践行白求恩医生的精神品质？请以小组为单位讨论，一起来开一场"《纪念白求恩》发表83周年座谈会"，发表你的见解。

学生分享观点。

归纳：学习白求恩精神，纪念白求恩，传扬白求恩精神，永不过时。远离战火硝烟的我们，仍应牢记战争的惨烈，珍惜宝贵的和平。让我们记住"白求恩"这个名字，记住那些曾经援助过中国人民进行14年艰苦卓绝抗战的所有国际友人。

设计意图：锻炼学生独立思考的能力，再通过讨论训练学生阅读赏析的能力。

（六）课堂小结

课堂小结：同学们，有一种爱它可以超越国界而成为永恒；有一种情它可以超越生死而惊天地泣鬼神；有一种精神它可以流芳百世，熠熠生辉！让我们永远铭记这位伟大的国际主义战士名字——白求恩，永远学习他的国际主义精神、毫不利己专门利人的精神、对技术精益求精的精神、毫无自私自利之心的精神。

让我们再次齐诵最后两句，下课。

主题阅读：课外选择阅读朱德的《纪念白求恩同志》、宋庆龄的《我们时代的英雄》、聂荣臻的《"要拿我当一挺机关枪使用"——怀念白求恩同志》，并结合课内所学内容，写一篇不少于400字的读后感。

设计意图：学有所获，检验学生学习成果。

板书设计：

第一部分：

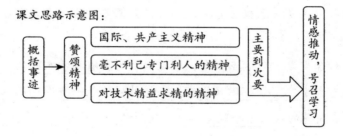

课文思路示意图：

第二部分：表达悼念之情，再次号召全党向白求恩学习。

设计意图：巩固训练，加深记忆。

附：特色朗读

（读出赞美、敬仰之情）

纪念白求恩

作者：毛泽东

（男）白求恩同志是加拿大共产党员，五十多岁了，为了帮助中国的抗日战争，受加拿大共产党和美国共产党的派遣，不远万里，来到中国。去年春上到延安，后来到五台山工作，不幸以身殉职。一个外国人，毫无利己的动机，把中国人民的解放事业当作他自己的事业，（先单后合重复）这是什么精神？这是国际主义的精神，这是共产主义的精神。

（男）白求恩同志毫不利己专门利人的精神，表现在他对工作的极端的负责任，对同志对人民的极端的热忱。

（女）不少的人对工作不负责任，拈轻怕重，把重担子推给人家，自己挑轻的。一事当前，先替自己打算，然后再替别人打算。出了一点力就觉得了不起，喜欢自吹，生怕人家不知道。对同志对人民不是满腔热忱，而是冷冷清清，漠不关心，麻木不仁。（女合大家合）这种人其实不是共产党员，至少不能算一个纯粹的共产党员。

（男）白求恩同志是个医生，他以医疗为职业，对技术精益求精；在整个八路军医务系统中，他的医术是很高明的。

（男）这对于一班见异思迁的人，对于一班鄙薄技术工作以为不足道、以为无出路的人，也是一个极好的教训。我们大家要学习他毫无自私自利之心的精神。

（先单后合重复）从这点出发，就可以变为大有利于人民的人。（女合）一个人能力有大小，（合）但只要有这点精神，就是一个高尚的人，一个纯粹的人，一个有道德的人，一个脱离了低级趣味的人，一个有益于人民的人。

（这组排比短语一气呵成，语势贯通，以此结尾，富有力量。）

品读《梅岭三章》，感受革命乐观主义情怀

一、课程背景

教育部制定并印发的《革命传统进中小学课程教材指南》指导了中小学课程教材系统、全面落实革命传统文化教育。

初中阶段教学要围绕政治觉悟提高和品德锤炼进行，注重选择各个历史时期重大历史事件、伟大成就、代表性人物及其感人事迹，使学生感悟百折不挠的奋斗精神、忠诚为民的奉献精神，了解中国共产党领导中华民族从站起来、富起来到强起来的历程，懂得没有共产党就没有新中国的道理，做到知史爱党、知史爱国、知史爱军，努力用实际行动把红色基因传承下去，形成奋发进取的精神面貌。

语文是落实革命传统文化教育的重要课程，在传承和弘扬革命传统文化中发挥重要作用。语文学科注重以文化人，引导学生深刻体会革命精神、深入感受爱国主义精神，体认英雄模范的高尚品质，陶冶性情、坚定志向，树立正确的世界观、人生观和价值观。其主要载体为革命英雄人物的代表性作品及反映他们生平事迹的传记、故事、文学作品；反映党领导人民革命、建设、改革伟大历程和重要事件的作品；有关革命传统人物、事件、节日、纪念日活动等方面的新闻、通讯、报告、演讲、访谈等；阐发革命精神的优秀论文与杂文；与选文内容相关的革命圣地、革命旧址和文物的插图等。

二、教学内容分析

九年级上下册的第一个单元均以完成诗歌教学为目标，力求通过学习，继续培养学生阅读诗歌的能力。

《梅岭三章》是中国共产党人陈毅在被国民党四十六师围困时创作的七言绝句组诗作品。

陈毅虽然处在危难之际，但献身革命的决心和对革命必胜的信心却矢志不移。他的革命乐观主义精神，成为中华民族的宝贵精神财富，激励着一代又一代华夏后人为中华民族的伟大复兴艰苦创业，勇往直前，成为爱国主义教育和革命传统文化教育的生动教材。

三、学生特征分析

九年级学生已经具备大量诗词诵读积累，对诗歌文体特征有较好的把握，对诗歌内容能较好地理解。但因阅读视野有限，及鉴赏水平较低，对诗歌丰富的意蕴内涵的理解会简单化、浅层化,对诗歌的语言、意象等的分析缺少方法。基于此,教师需要补充相关阅读资料,指导学生鉴赏诗歌的方法,培养学生阅读、鉴赏诗歌的能力。

四、教学目标

1. 结合注释自主阅读小序和诗歌,理解诗歌的内容。

2. 有感情地反复诵读诗歌,体会诗人炽烈的情感和豪壮的情怀。

3. 关注诗歌中的意象,品味诗句的艺术感染力,体会全诗的意蕴内涵。

五、教学重难点

1. 教学重点

(1)结合注释自主阅读小序和诗歌,理解诗歌的内容。

(2)有感情地反复诵读诗歌,体会诗人炽烈的情感和豪壮的情怀。

2. 教学难点

关注诗歌中的意象,品味诗句的艺术感染力,体会全诗的意蕴内涵。

六、教学过程

前置学习任务:

1. 结合注释自主阅读小序和诗歌,理解诗歌的内容,标注、批注疑难点。

2. 有感情地反复诵读诗歌,把握诗歌的韵律和节奏。

3. 收集资料,了解陈毅同志的战斗经历。

课堂教学活动:

(一)课堂导入

在闻名遐迩的广东南雄梅关古驿道的中段旁,立着一块陈毅元帅的《梅岭三章》手迹诗碑。诗碑始建于1997年,高约1.50米,宽2米,厚0.35米。座基高约0.50米,宽约2.50米,以白色花岗石砌筑。碑身为汉白玉结构,其字体镌刻处,采用镏金熨帖。陈毅诗碑与梅关碑林连为一体,构成梅关古驿道一处重要的人文景观。

2003年8月底，陈毅的次子、时任解放军原总装备部科技委委员的陈丹淮少将视察梅岭时，看到了父亲的《梅岭三章》手迹诗碑，倍感亲切，与随同人员一起当场吟咏。

（二）说故事，激发情感

1. 阅读小序及资料链接，用自己的话讲述陈毅元帅在梅关的战斗经历。

提示：略。

要素：时间、地点、事件；表达效果：吸引听众兴趣。

2. 诗前小序写了哪些内容？有何作用？

屏显：生死关头的告白！

（三）诵读诗歌，感悟情感

1.《梅岭三章》是一名革命者在生死关头的告白，感情基调如何？

2. 听范读，揣摩诗歌感情基调。

屏显：

提示：画出引起触动的词、句；注意重音、停连、节奏等。

（四）品读诗歌，理解情感

屏显：诗者，志之所之也，在心为志，发言为诗，情动于中而形于言。

———《毛诗序》

品读诗歌方法：

意象

炼字 ——→ 情、志

手法

1. 新中国成立后，陈毅对《梅岭三章》原诗稿进行了修改。将陈毅当年的《梅岭三章》诗稿与新中国成立后公开发表的，即我们从课本里读到的《梅岭三章》做对比，请你说说这些修改表达效果有何不同？

梅岭三章	梅岭三章（原稿）
陈毅	
一	一
断头今日意如何？创业艰难百战多。	绝命今日意若何，创业艰难百战多。

此去泉台招旧部，旌旗十万斩阎罗。	此去泉台招旧部，十万旌旗斩阎罗。
二	二
南国烽烟正十年，此头须向国门悬。	南国烽烟正十年，此头须向国门悬。
后死诸君多努力，捷报飞来当纸钱。	后死诸君多努力，捷报飞来当纸钱。
三	三
投身革命即为家，血雨腥风应有涯。	廿年革命即为家，血雨腥风应有涯。
取义成仁今日事，人间遍种自由花。	取义成仁今日事，人间遍种革命花。

2.请从意象、炼字、手法等角度，品读第二首诗。

3."《梅岭三章》三首诗形式上独立成篇，内容上却紧密呼应，互相关联，构成一个整体。"请说说你对这句话的理解。

（五）拓展阅读，深化情感

自由朗读下面的作品，感悟作者的理想信念和伟大人格。

新四军军歌

词：陈毅，新四军军部集体修订　曲：何士德

光荣北伐武昌城下，	扬子江头淮河之滨，
血染着我们的姓名。	任我们纵横的驰骋。
孤军奋斗罗霄山上，	深入敌后百战百胜，
继承了先烈的殊勋。	汹涌着杀敌的呼声。
千百次抗争，风雪饥寒；	要英勇冲锋，歼灭敌寇；
千万里转战，穷山野营。	要大声呐喊，唤起人民。
获得丰富的斗争经验，	发扬革命的优良传统，
锻炼艰苦的牺牲精神。	创造现代的革命新军。
为了社会幸福，	为了社会幸福，
为了民族生存，	为了民族生存，
一贯坚持我们的斗争，	巩固团结坚决的斗争。
八省健儿汇成一道抗日的铁流，	抗战建国高举独立自由的旗帜，
八省健儿汇成一道抗日的铁流，	抗战建国高举独立自由的旗帜，

东进，东进！我们是铁的新四军！　　前进，前进！我们是铁的新四军！

东进，东进！我们是铁的新四军！　　前进，前进！我们是铁的新四军！

东进，东进！我们是铁的新四军！　　前进，前进！我们是铁的新四军！

青　松

陈　毅

大雪压青松，青松挺且直。

要知松高洁，待到雪化时。

赠陈毅同志

郭沫若

一柱南天百战身，将军本色是诗人。

凯歌淮海中原定，团结亚非正义伸。

赢得光荣归祖国，敷扬文教为人民。

修篁最爱莫干好，数曲新词猿鸟亲。

注："凯歌淮海中原定"说的是淮海战役，当时陈毅元帅等人带着将士们不畏艰难，打下了这场硬仗。后一句则是写陈毅元帅后来在外事活动上的贡献，1955年他参加了亚非会议。

修篁：篁huáng，修竹、长竹。"数曲新词猿鸟亲"，在古代文人笔下，猿和鸟都是常见的意象。杜甫的《登高》曾写："风急天高猿啸哀，渚清沙白鸟飞回"，李白也曾写过"两岸猿声啼不住"。在这里表达的是，陈毅元帅的诗词写得好，连猿和鸟都为其动容。

（六）写感想，传承精神

以"传承红色基因"为主题，写一段话表达你的感想，要求立意深刻，有真情实感。

板书设计：

梅岭三章   信念

陈毅

意志   人   精神

三、课后学习任务

1. 以"传承红色基因"为主题写一篇国旗下演讲稿，不少于500字，要求立意深刻，有真情实感。

2. 自由朗诵下列诗歌，理解作者的理想信念和伟大人格。

七律·长征

毛泽东

红军不怕远征难，万水千山只等闲。

五岭逶迤腾细浪，乌蒙磅礴走泥丸。

金沙水拍云崖暖，大渡桥横铁索寒。

更喜岷山千里雪，三军过后尽开颜。

大江歌罢掉头东

周恩来

大江歌罢掉头东，邃密群科济世穷。

面壁十年图破壁，难酬蹈海亦英雄。

自题小像

鲁迅

灵台无计逃神矢，风雨如磐暗故园。

寄意寒星荃不察，我以我血荐轩辕。

红岩魂，爱国情

——打造《红岩》革命纪念馆的项目化学习设计

一、项目简介

  《红岩》是初中语文部编版教材的七年级下册自主推荐阅读之一，这本书着重表现了许云峰、江雪琴等共产党人在解放战争时期视死如归的大无畏英雄气概。革命文化和爱国情怀贯穿于七年级下册第二单元《黄河颂》《老山界》《谁是最可爱的人》《土地的誓言》《木兰诗》和综合性学习"天下国家"，与小说《红岩》中展现的视死如归的革命人物精神相契合。本次项目设计旨在用丰富的活动让学生走进名著中的革命故事、英雄故事，引导学生感受红色经典中的力量，表达对革命英雄的敬意。因此项目围绕"为打造《红岩》革命纪念馆出谋划策"为话题，创造真实情境，让学生设计纪念馆的四个方面：外观陈列设计、人物宣传区、剧情演绎区、诗文讴歌区。

二、项目设计方案

（一）驱动性问题

请同学们为"如何打造《红岩》革命纪念馆？"话题出谋划策。

（二）项目学习目标

（1）用简洁的语言概括《红岩》的主旨。

（2）梳理小说的情节，分析人物形象，用传记方式写人物小传。

（3）选择小说片段，学生写剧本进行合作演绎，感受人物魅力。

（4）通过朗诵诗文的方式，致敬我国伟大的革命者，向他们表达崇高的敬意。

（三）项目安排

本项目包括前期的名著阅读通读指导，设计时长为4周。

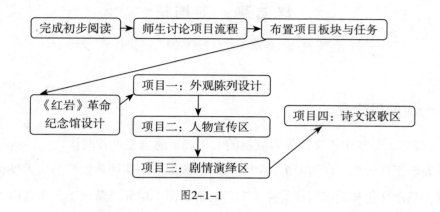

图2-1-1

三、项目实施过程

（一）阅读指导

学生在阅读小说的过程中，教师给予相关章节的阅读任务，培养学生筛选信息、概括信息、评价鉴赏的能力。

表2-1-2

阅读范围	阅读任务	能力培养
第一章至第三章	请摘录第一到第三章中出现的主要三个人物的姓名、职业和描写语句，并猜测谁可能成为叛徒，谁可能是特工。	培养学生筛选信息能力和引发学生对小说的阅读兴趣。
第四章至第六章	查阅1948年的历史事件，了解当时国共两党的关系。 旁批江姐和徐鹏飞的形象特点。	查阅时代背景，结合时代背景理解人物特点。
第七章至第九章	1.圈画描写甫志高的语段，联系前六章内容分析甫志高是做什么工作的？他为什么会叛变？ 2.国民党逮捕了多名共产党员，哪一个人物的英勇行为给你留下了深刻印象？为什么？	通过品味关键词语、重要段落，品析人物形象，提高评价鉴赏能力。

续 表

阅读范围	阅读任务	能力培养
第十章至 第十二章	1.试着朗读里面出现的诗歌，写出你对诗歌的理解和感受。 2.你怎么看待徐鹏飞和毛人凤等国民党特务成员？	通过朗读体会革命者的精神品质，概括特务的人物特点，锻炼学生理解能力和评价能力。
第十三章至 第十五章	1.龙光华为了保护水源而牺牲了生命，你怎么看？ 2.江姐被捕后遭到敌人的残忍迫害，请你为江姐写一小段话，表达你对她的敬佩并鼓励她坚持走下去。	借助一定的语言形式，表达内心的情感。
第十六章至 第十八章	监狱外有一批年轻人也积极投入战斗中，如成瑶和刘思扬等，他们有什么特点？作者设计这样的人物有什么作用？	通过品味关键词语、重要段落，品析人物形象，提高学生理解文本的能力。
第十九章至 第二十章	请你给小萝卜头写一段100字的颁奖词。	运用颁奖词的表达方式，锻炼学生口头表达和概括能力。
第二十一章至 第二十四章	华子良是小说中的重要人物，承担着与组织联系和越狱突围的重要任务。请你想象一下他与齐晓轩、成岗见面后的心理活动。	深入文本，提高学生理解文本的能力。
第二十五章至 第二十七章	新中国成立后，特务们采取了哪些疯狂行动？革命者面对他们又是怎样表现的？请对比特务们和革命者的表现，谈自己的看法。	对比分析，更能让学生感受到革命者的精神品质。
第二十八章至 第三十章	请简述白公馆的越狱过程。 读完《红岩》后，哪个任务让你最感动？请结合相关情节，写300字的感想。	整理人物材料，提炼关键信息，培养学生评价能力。

（二）入项活动

学生利用周末时间前往杨匏安陈列馆，进行拍照和参观，了解展馆的布局、墙壁的内容陈列、设计要素等，写一段200字的文字（包括展馆的布局特点和自己观后感）。

（三）项目活动

项目一：外观陈列设计

任务一：请阅读《红岩》，给革命纪念馆设计馆名，并说明理由。（要

求：能突出《红岩》的精神特征，2~4字左右即可）

任务二：请根据你对《红岩》文本的理解，给《红岩》革命纪念馆设计门口的对联，并说明理由。

任务三：《红岩》革命纪念馆的进门处需要陈列5个雕塑，请你说说应该有哪些人物的雕塑以及具体原型，说明理由。

每个任务都由小组内分享交流，选出推荐的组员设计的馆名、对联和雕塑。然后请设计者上台讲解。其他小组进行评价和打分，统计分数后，教师进行点评。

附：

《红岩》革命纪念馆外观陈列设计竞标会小组评价表见表2-1-3。

表2-1-3

类别	评分标准	分值	小组1	小组2	小组3	小组4	小组5	小组6	小组7
馆名设计	符合原著内容	5							
	体现红色精神	5							
	简洁有创意	5							
馆名总分									
对联撰写	符合原著内容	5							
	体现红色精神	5							
	有意蕴且对称	5							
对联总分									
雕塑推荐	有原型	5							
	有事件概括	5							
	有形象分析	5							
雕塑总分									

项目二：人物宣传区

根据上节课推荐的5个人物雕塑，分别设计以下几个任务：

任务一：先画《红岩》的情节思维导图，用简洁的语言概述情节内容，最终化为300字的名著简介。小组推荐一篇最优秀的情节概述贴在革命纪念馆的门前的宣传栏处。

任务二：每个小组分别负责一位雕塑人物的故事介绍和人物分析，选择配图，把内容做成PPT在全班进行汇报。同时PPT需要包括400字的人物小传，用于人物宣传区的英雄墙展示。最后，每个小组评价打分，选出最优秀的人物分析组。

附：

人物宣传区小组评价表见表2-1-4。

表2-1-4

评分标准	分值	小组1	小组2	小组3	小组4	小组5
有具体故事	10					
有具体语句分析	10					
有适合人物的配图	10					
有对人物的看法分析	10					
语言表达清晰流畅	10					
总分	50					

项目三：剧情演绎区

为了更能感受革命人物精神的魅力，革命馆设置了剧情演绎区。

任务一：学生周末观看由《红岩》改编过后的电影《在烈火中永生》，对比原著和电影的情节、人物的不同处，写200字以上的观后感。

任务二：两个小组一起合作，自拟合作组的组名，选择《红岩》中的一个片段，时长在10分钟以内，写剧本进行表演，课堂上进行展示，班内点评，推选"最红表演"小组录制视频在展馆播放。

附：

"最红表演"小组评分标准见表2-1-5。

表2-1-5

序号	节目名称	符合名著内容15分	体现人物精神20分	表演形式15分（节目的编排富有创意和个性、服装独特、道具准备充分）	表演艺术40分（表演娴熟自如、动作规范、脱稿、与其他角色配合默契）	台词符合革命时代10分	总分100分
1							
2							
3							
4							

项目四：诗文讴歌区

《红岩》中的革命者用鲜血染红了脚下的土地，他们高昂着头颅，视死如归。无论是在原著里的诗歌还是名著外的革命人物，他们都曾为了我们伟大的祖国付出了一切，革命纪念馆定时安排诗文朗诵活动，需要朗诵我国革命者曾经留下的诗歌和文章，感受革命者的不屈斗志和崇高气节，通过朗读表达对革命者的深深敬意。

任务一：班级推举两名主持人，负责诗文朗诵活动的串联词。

任务二：每个小组自主选择朗诵革命者写过的诗文，并且选择相应的配乐，做PPT展示诗文内容，并且在朗诵后谈谈对诗文的理解。其他小组对其朗诵展示进行评价，选择三名优秀小组的朗诵视频在革命纪念馆的诗文讴歌区中播放。

任务三：诗文讴歌区的墙壁贴有一个留言板，同学们可以写一到两句话或者设计一段话表达对我国革命者的敬意。

附：

诗文朗诵小组评价表见表2-1-6。

表2-1-6

组名	肢体表情10分	节奏重音10分	情感到位10分	形式新颖5分	配乐恰当5分	PPT内容5分	解读到位得体15分	时间恰当5分	脱稿5分	总分70分
1										
2										
3										
4										
5										
6										

四、项目成效与反思

本项目化学习强调学生高阶学习的发生和核心素养的提升，学生采用自主合作探究的模式深入阅读名著，以真实情境为背景，以极具成就感的任务为目标，实现了口语交际能力、阅读审美体验、实践能力的进阶。项目化学习较好地激发了学生的学习兴趣，使学生沉浸于阅读，提高表达能力，提高创新能力。项目四部分，学生在网上搜索我国革命者写作的诗歌和文章，配上音乐，声情并茂，在课堂上的演绎让聆听的人们都深受感染，产生共鸣。

但也存在着不足之处，项目实施过程中有部分组的思维导图出现目的不明确的情况，可能是教师引导不够到位；剧本创作虽然强调了舞台效果和画面感，但由于学生剧本创作和表演经验都较缺乏，最后镜头展现的效果欠佳。今后定将对此项目进行不断完善，更新迭代，使之可在校内推广运用。

《祖国啊，我亲爱的祖国》，一曲爱国主义的赞歌

一、单元内容解析

（一）单元目标

1. 学习诗歌，关注诗歌的文体特征，有感情地朗诵诗歌，把握诗歌的韵律和节奏。

2. 把握诗歌中的意象，对其内涵和艺术表现力进行赏析。

3. 体会诗人的情感，理解诗中蕴含的哲理，得到精神的感染和美的熏陶。

（二）课时安排

九年级上下册的第一单均以完成诗歌教学为目标。本单元中的《祖国啊，我亲爱的祖国》《短诗五首》《海燕》是现代诗；《梅岭三章》是沿用旧体诗的格式进行创作的，诗人心中充满献身革命的豪情和革命必胜的信念，可谓"旧体写新意"。本单元力求通过四篇课文的学习，继续培养学生阅读诗歌的能力。

在这一单元的授课中，《祖国啊，我亲爱的祖国》教学时长为2课时，《梅岭三章》教学时长为1课时，《短诗五首》教学时长为2课时，《海燕》教学时长为2课时，故此完成本单元教学任务共需7课时。

（三）本单元内容结构图表

表2-1-7

		讲读课	自读课	写作
第四单元	人文素养	《祖国啊，我亲爱的祖国》：感悟祖国历经苦难而不断拼搏的形象，体悟诗人那一代人的历史责任感与赤子之情，体悟"我"与祖国不可分割的血肉联系。《海燕》：体会出无产阶级革命先驱英勇无畏的革命乐观主义精神是作者的初衷，领会"海燕"精神的内涵。	《梅岭三章》：理解体会诗歌所饱含地为革命献身的大无畏精神。《短诗五首》：结合诗歌写作背景，理解诗歌的主旨与情感。	《学习扩写》通过模仿借鉴优秀作品，养成读写结合的好习惯。

续 表

		讲读课	自读课	写作
第四单元	语文要素	《祖国啊，我亲爱的祖国》：学习通过品读意象的方法阅读诗歌，运用"知人论世"的方法探究诗中"我"的形象。《海燕》：体会环境描写渲染气氛烘托形象的作用，把握散文诗的优美意境，培养学生阅读鉴赏诗歌的能力。	《梅岭三章》：品析诗歌的凝练、含蓄的词句，学习多种修辞手法的表达作用。《短诗五首》：分析诗歌的语言，感受诗歌的意境美和画面感。	《学习扩写》：学习扩写的一般技巧，理解不同体裁的文章在扩写时有不同的求。

二、课文教学设计——《祖国啊，我亲爱的祖国》（第1课时）

（一）课文教学内容及解析

1. 内容

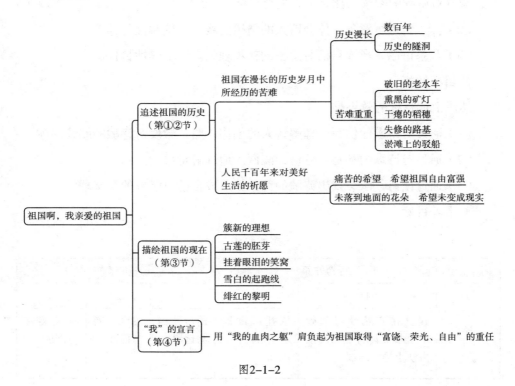

图2-1-2

2. 内容解析

《祖国啊，我亲爱的祖国》是朦胧诗派的代表作品，是一首爱国之歌。诗歌具有鲜明的时代特征，选取了极具个性的意象，从祖国的落后出发，从不同的角度揭示了"我"与祖国不可分割的血肉联系，书写了自己和那一代青年的迷惘与希望，表达了诗人及那一代人的历史责任感与赤子之情。在本诗中，诗人用一系列琐碎的意象来表达个人情感，这给学生的解读增加了困难，因而教师要引导学生运用联想、想象的方式走进诗歌情境，通过小组讨论来解决疑难问题。同时，学生距离诗人的时代较为久远，没有经历过诗人的心路历程，需要以"知人论世"的方法，促进学生的情感体悟。

（二）课文学习目标及解析

1. 学习目标

（1）体悟诗人对祖国的热爱，初步感受诗歌的创作，理解诗人的创作心路，激发对诗歌的阅读兴趣。（人文性目标）

（2）深入地理解意象，体会诗人的情感曲线。（鉴赏性目标）

（3）联系诗歌，形成自己对意象的初步理解。（工具性目标）

2. 目标解析

达成上述目标的效果是：

（1）通过对诗歌的仿写，理解诗人的创作心路，激发对诗歌的阅读兴趣。

（2）通过对诗歌的补写、分析，能深入地理解意象。

（3）通过读诗，学会找出诗歌的意象，形成自己对意象的初步理解。

3. 素养目标

表2-1-8

内容方面	行为方面		核心素养		
	1	2	1	2	3
导	建立在主题预习基础上，从文体特点与阅读方法上导入新课	依托阅读提示开展师生探究	语言建构与运用	思维发展与提升	审美鉴赏与创造

续 表

内容方面	行为方面		核心素养		
	1	2	1	2	3
悟	通过解读诗歌，了解意象。有感情地诵读诗歌	建立导学支架，便于探究	语言建构与运用	思维发展与提升	审美鉴赏与创造
练	迁移艺术表现手法	读、赏、写结合	语言建构与运用	思维发展与提升	审美鉴赏与创造
改	师生反思，及时纠正	及时纠错，查漏补缺	语言建构与运用	思维发展与提升	审美鉴赏与创造

（三）教学重难点

1. 教学重点：理解诗歌中新颖的意象所表现出的凝重的情感。

2. 教学难点：把握诗中蕴涵和象征的社会内容。

（四）教学问题诊断分析

问题1：如何避免诗歌鉴赏课变成意象分析课？

应对策略：以读促学，对诗歌进行解读、建构、补充和拓展。

问题2：如何让学生在学习诗歌中感悟爱国情感？

应对策略：在教师指导下进行自读和交流探索，引导学生思考、感悟爱国情感，可以尝试补写创作诗歌，以期达到情感的汇聚与激发。

（五）教学过程

第一课时《祖国啊，我亲爱的祖国》

学习目标：

1. 体悟诗人对祖国的热爱，初步感受诗歌的创作，理解诗人的创作心路，激发对诗歌的阅读兴趣。（人文性目标）

2. 深入地理解意象，体会诗人的情感曲线。（鉴赏性目标）

3. 联系诗歌，形成自己对意象的初步理解。（工具性目标）

课前学习任务单：

1. 解决字词，读熟诗歌。

2. 补白诗歌的小标题。

3. 小组思考并讨论，从红、白、黑、绿、棕五种色卡中，任选其中四张作为每一节诗歌的感情基调，全诗批注，要求在诗歌的精妙处、质疑处进行批注，并互相交流。

教学准备：

1. 制作预习清单、制作色卡。

2. 进行学习小组的分组。

教学过程：

教学过程概述见表2-1-9。

表2-1-9

教学环节	教师活动	学生活动	技术、资源（含平台与工具）	设计意图
导：联想与结构	1.观看《我眼中的祖国》，感受中国从旧时代的贫穷、落后走向富强的变化，交流观后感。 2.反馈预习问题。	朗读	PPT	创设情境，导入激趣，让学生初步对诗歌的主题有所思考；让学生明确学习目标，以问题引领学习。
环节一：朗读诗歌	点拨朗读技巧。	朗读	PPT	以读促学，让学生初步感知诗歌。
悟：活动与体验（环节二：读诗歌研）	1.活动：粘贴色卡，感知情感曲线（从红、白、黑、绿、棕五种色卡中，任选其中四张作为每一节诗歌的感情基调，小组代表上台粘贴色卡）	小组研讨，派代表粘贴色卡	PPT、自制色卡	通过色卡的粘贴，在黑板上能够直观地形成从暗色到亮色的共识，这就是诗人的情感曲线。在学生的先学的基础上，通过批注来深入到诗歌的字里行间、深入到诗人的内心。
	2.请该组同学进行解读，其他同学补充、质疑。	小组研讨、进行个性化解读	白板	让学生自由发挥想象力，进行个性化解读，进而感知作者情感。
	3.引出朦胧诗的概念及特点。	齐读、识记、做笔记	PPT	复习旧知，明确概念。

教学环节	教师活动	学生活动	技术、资源（含平台与工具）	设计意图
用：本质与变式（环节三：领悟文本内蕴）	1.点拨读诗方法："知人论世"，简述作者以及创作背景。2.设疑，组织小组讨论：结合这样的时代背景，大家觉得哪个色卡更符合作者当时的创作意图呢？3.点拨读诗方法：明意象，诵诗歌，解决预习问题。4.以读促学，引导学生个性化朗读，做朗读指导。	小组研讨、齐读、做笔记、朗读	PPT、白板	让学生学会读诗方法：知人论世、解读意象、以读促学。
改：迁移与运用（环节四：小试牛刀）	1.课堂练笔，教师示范点拨：以"我是＿＿，＿＿"的句式仿写一组意象来表达对祖国的拳拳赤子之心。2.师生互评作品。	课堂练笔、交流互评	白板、平板、PPT	如今距离舒婷写作这篇诗歌已过去43年了。我们的祖国发生了翻天覆地的变化，现在的学生没有经历过舒婷那个时代的苦难、挣扎，但他们一定对这个崭新的时代有着新的体会。要求学生选择他们熟悉的意象来表达对祖国的情感，以写促学。
拓展延伸	推荐学生课外阅读朦胧诗派的优秀作品	思考	PPT	部编教材强调由单篇文章阅读向更多同类作品阅读的拓展，以及由课内向课外延伸的过程。通过课外的阅读，能更好地学习朦胧诗派的作品，帮助学生学习诗歌的写作方法

续 表

教学环节	教师活动	学生活动	技术、资源（含平台与工具）	设计意图
课堂总结	课堂小结	思考	PPT	让学生对教学重难点进行回顾和总结。
作业	布置作业： 1.基础性作业： 假如你有幸对舒婷进行采访，请用一段文字向她描述你眼中的中国。 2.拓展性作业： 课下阅读舒婷的《致橡树》，体会其中的意象特点		PPT	以作业来巩固课堂知识，布置分层作业，兼顾不同程度的学生

板书设计：

```
祖国啊，我亲爱的祖国
舒婷（当代女诗人）
           内容                     感情              语调
第一小节：贫困、落后的祖国        深沉、悲痛        舒缓、低沉
第二小节：痛苦、追求的祖国        痛苦、希望        舒缓
第三小节：新生、希望的祖国        希望、欣喜        高昂
第四小节：养育、献身的祖国        深情、强烈        高亢
表达对祖国的挚爱与历史责任感
```

评：教学反思 成效评价

（六）评价

《祖国啊，我亲爱的祖国》是一首朦胧诗，也是一首深情的爱国诗歌。诗人舒婷将个体的"我"熔铸在祖国的大形象中，表达了强烈的爱国之情和历史责任感。全诗四节，共有四个意象群，涌动着摆脱困境、挣脱束缚、走

向新生的激情。诗歌先抑后扬，呈现出一种由舒缓到急促、由低沉到高亢的语言节奏，读起来使人荡气回肠。怎样教学这首诗歌？根据这首诗的特点，我把教学的重点放在朗读上。因为朗读，不仅是感悟课文内容的重要手段，也是体现学生语文学习能力的重要特征。重视朗读，能充分激活学生的内心世界，引发个性张扬，享受阅读教学的无限乐趣，使"热爱祖国语言文字和中华优秀文化的理想感情"得到不断积淀与升华，从而使语文学习变得生气勃勃和灵件跳动，因此教学中注重引导学生在读中品，品后读，读品结合。教学设计上注意了以下几点：

第一，注重朗读，在本课教学过程中，我努力创设宽松的学习环境，让学生用心去读，用心去感受，以读带品。以读带品是本课的所采用的重要的学习方法，通过教师范读、学生跟读、个人读、自由读、集体读等不同方式的朗读，促使学生抓住诗中形象，理解诗歌感情，领悟诗歌内涵。

第二，在教育教学过程中我引领学生从品析诗歌的意象入手来感知诗人情感的变化，从而梳理出诗人的情感脉络，体会情感美的两个方面：一是情感由深沉、悲痛到激昂、热烈的变化美；二是对祖国生死相依、荣辱与共的赤诚美。所以在分析情感的过程中，学生自然而然地就体会到了意象的新颖与准确。

第三，充分激发学生的联想和想象思维，领会诗人移注在形象上的主观情感，体会舒婷的诗在委婉曲折中表达心声的特点。学生以小组为单位合作探究，然后交流，教师适时点拨，从而使学生理解这首诗表达的思想感情，理解诗人强烈的爱国之情和历史责任感。

第四，课堂环节的设计合理，整堂课我设计为聆听诗意、品读诗意、感受诗意、延展诗意四个环节，各环节层层深入，环环相扣，联系紧密。

"我的中国心"

——统编教材七下第二单元整体教学设计

教学基本信息见表2-1-10。

表2-1-10

课题	家国情怀主题作品阅读——七下第二单元
单元人文主题（教材）	家国情怀
单元素养目标（教材）	继续学习精读，注重涵泳品味，尽量把自己"浸泡"在作品的氛围之中，调动体验与想象。要把握课文的抒情方式，体会作品的情境，感受作者的情怀。还要学习做批注，记下自己的点滴体会。
承载的学生发展核心素养和学科核心素养要点	承载的学生发展核心素养要点：人文底蕴。（人文积淀和审美情趣） 承载的学科核心素养要点：语言应用（积累与整合、语言与语理、语境与交流），审美创造（体验与感悟、理解与鉴赏、表现与创新），文化自信。（人文积淀）
大概念	内容领域的概念：家国情怀的多重表现。 语言学习领域的概念：爱国主义作品的抒情性。
核心任务	国庆节即将到来，班级举办了"我的中国心"爱国诗歌创作朗诵会，请你与小组成员一起创作诗歌并参加诵读表演，要求： （1）把握课文的基本内容和作者感情，把课文改写成为诗歌，运用至少3种直接或间接的抒情方式，表达爱国主义感情。 （2）为诗歌配上合适的背景图片及音乐，结合七年级上册学过的朗诵技巧，有感情地朗诵诗歌。

一、学习目标

（一）语言目标

1. 通过反复朗读，以声传情，理解作品中的家国情怀。（语言建构与运用，文化传承与理解）

2. 品读、批注重点词语和精彩段落，体会作者的思想感情。（审美鉴赏与

创造）

3. 理解直接和间接的抒情方式，体会其作用，并学会在诗歌创作中恰当运用抒情方式。（审美鉴赏与创造）

4. 调动自己的情感体验与想象，把自己"浸泡"在作品的氛围之中。（审美鉴赏与创造）

（二）思维目标

1. 归纳、概括出本单元文章中直接抒情与间接抒情的各种方法，并将其迁移到诗歌创作中，训练学生的聚合思维和概括能力，提升了创造性思维能力。（分类、创见等认知策略）

2. 借助批注来揣摩关键语句或段落的含义，体会作者的思想感情。（推理、抽象、分析等认知策略）

3. 通过调动自己的情感体验与想象，体会作品中的家国情怀，并能说出自己的体验和想象。

（三）价值目标

通过朗诵、批注、涵泳品味、诗歌创作，感受不同时代的人民热爱祖国、热爱家乡、愿意为保家卫国奉献自己的一切的思想感情，打破爱国主义文学作品与当代中学生的隔膜，唤起当代中学生的家国情怀，并用各种方式表达自己的爱国热情。（文化传承与理解）

二、大概念、核心任务、驱动性问题

（一）大概念

以抒情来体现爱国主义精神。

（二）核心任务

与班级同学一起，举办一场"我的中国心"爱国诗歌朗诵会，要求：

（1）把握课文的基本内容和作者感情，把课文改写成诗歌，运用至少3种直接或间接的抒情方式，表达爱国主义感情。

（2）为诗歌配上合适的背景图片及音乐，结合七年级上册学过的朗诵技巧，有感情地朗诵诗歌。

（三）驱动性问题

2021年是中国共产党成立100周年，赓续百年初心，担当育人使命，是响应时代号召之举。在现实生活中，由于年代相隔久远、爱国教育的缺失和不良网络文化的影响，许多同学对爱国作品理解不深刻，对爱国话题兴趣不高，对待爱国相关活动存在形式化的倾向，作为00后的你，该如何表达我们的爱国心？我们一起举办"我的中国心"爱国诗歌朗诵会，来表达我们的爱国热情吧！

三、项目整体设计

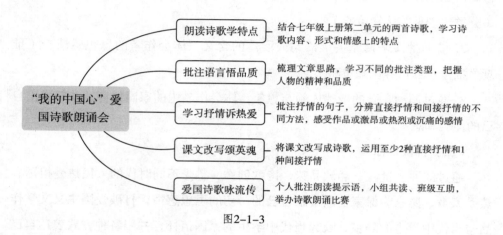

图2-1-3

四、项目评价

图2-1-4

（一）项目过程性评价

1. 项目化学习习惯与态度评价

表2-1-11

评价指标			评价等级			
一级指标	二级指标		自评	小组评	家长评	教师评
我会参与	★★★积极参与学习活动，如朗诵、批注、写作等，积极举手发言，积极参与讨论与交流。	★★能参与学习活动，如朗诵、批注、写作等，能举手发言，会参与讨论与交流。	★有参与学习活动，如朗诵、批注、写作等，少有发言，较少参与讨论与交流。	☆☆☆	☆☆☆	☆☆☆	☆☆☆
我会合作	★★★参与了策划、创作、排练、诵读表演的全过程；在团队中与成员合作良好，在小组内起到领导作用，认真倾听，组员采纳了至少3条以上我的建议；对小组贡献大。	★★参与了策划、创作、排练、诵读表演等至少2项活动，排练时请假次数低于2次；协作推动小组工作，能倾听，为小组提供过一条以上的建议；对最终成果有一定贡献。	★部分参与了上述活动，没有提过建议或者提了建议没被采纳。	☆☆☆	☆☆☆	☆☆☆	☆☆☆
我会探究	★★★有强烈的求知欲，不断提出与主题有关的问题，并努力寻找答案。	★★能提出与主题有关的问题，希望找到答案，能在遇到困难时与同伴讨论寻求解决方案。	★能提出问题，有时问题偏离主题，对问题不做进一步思考。	☆☆☆	☆☆☆	☆☆☆	☆☆☆

续 表

评价指标			评价等级			
一级指标	二级指标		自评	小组评	家长评	教师评
我会思考	★★★能按照任务要求认真阅读文章，准确批注文段，并从不同角度概括、分析作用，思考深入。	★★能按照任务要求阅读文章，能分类批注文段，能分析作用，思考有一定深度，有时会偏离主题。	★能按照任务要求浏览文章，能批注文段，不能概括、分析作用，思考浮于表面。	☆☆☆	☆☆☆	☆☆☆	☆☆☆
我会创新	★★★自如运用所学，根据情境进行有创意的表达；学习中有明显的创新意识，且观点有一定的合理性。	★★能迁移写作手法，写作较为顺利，偶尔有创意地表达；学习中有一定的创新意识。	★只能刻板地运用所学的写作手法；在学习中开始培养创新意识。	☆☆☆	☆☆☆	☆☆☆	☆☆☆

2. 项目学习过程性评价

（附在每个任务之后）

（二）最终评价等级

（1）个性评价单及得分情况雷达图。

表2-1-12

个人基本信息	
任务一评价	
任务二评价	
任务三评价	
任务四评价	
任务五评价	
综合评价（雷达图）	

（2）依据项目分数得到相应称号及卡通形象。

五、项目实施

任务一：朗读诗歌学特点

任务目标：朗读诗歌，通过品味诗歌语言，联系诗歌背景，把握诗歌形象特点，借助表格，梳理诗歌中的意象及表达的情感。

学习资源：《黄河颂》《祖国啊，我亲爱的祖国》《我爱这土地》《大堰河——我的保姆》

核心问题：

1.诗歌在内容和形式上的特点是什么？

2.爱国主义诗歌用什么方式抒情？

活动安排：

活动一：知人论世，了解作者创作风格及文章写作背景。

表2-1-13

作品	作者经历、创作风格及代表作	文章写作背景	背景与作品主题的关系
《黄河颂》			
《祖国啊，我亲爱的祖国》			
《我爱这土地》			
《大堰河——我的保姆》			

活动二：朗诵诗歌，用一两个词概括初读感受，再从用韵、句式、修辞等方面对诗歌进行比读。

表2-1-14

作品	初读感受	结构	用韵	句式	修辞	感情基调
《黄河颂》	气势磅礴、热情	望黄河—颂黄河—学黄河	隔二三句押韵，押"an""ang"韵	以短句为主，兼以长句。句式整齐，回环往复。	拟人、排比、反复、呼告	热血沸腾、壮怀激越

续 表

作品	初读感受	结构	用韵	句式	修辞	感情基调
《祖国啊，我亲爱的祖国》						
《我爱这土地》						
《大堰河——我的保姆》						

活动三：细读诗歌，找出意象，概括其特点，并结合背景、旁批和关键词分析其蕴含的情感。

表2-1-15

作品	意象	意象特点	情感	情感最丰富的诗句	该诗句的妙处
《黄河颂》	黄河	伟大坚强、气势磅礴、勇不可当、源远流长	赞美中华民族同仇敌忾、伟大坚强的精神。		
《祖国啊，我亲爱的祖国》					
《我爱这土地》					
《大堰河——我的保姆》					

活动评价：

评价任务一：朗读诗歌学特点。（15分）

表2-1-16

评价内容	评价标准	评价等级
知人论世（5分）	能自主借助网络和其他资料，搜索作者及其作品相关资料，并根据背景推测出作品可能表达的主题。	完全达到4~5分 部分达到2~3分 较少达到0~1分
诗歌形式（5分）	能有感情地朗读诗歌，并从用韵、句式、修辞等方面对诗歌进行比读。	完全达到4~5分 部分达到2~3分 较少达到0~1分

续　表

评价内容	评价标准	评价等级
诗歌情感（5分）	能发掘诗歌意象，分析意象的特点及表达的感情；能找出情感丰富的诗句，并能从字、词、句等角度分析诗句的妙处。	完全达到4～5分 部分达到2～3分 较少达到0～1分

评价任务二：批注语言悟品质

任务目标：细心揣摩课文的精彩段落和关键语句，学会做批注，了解作品内容、主题及写作特色。

学习资源：七下第二单元课文

核心问题：

1. 如何在阅读时做批注？批注有哪些类型？文章的可批注之处在哪里？

2. 请根据指定学习点对第二单元文章进行批注。

活动安排：

活动一：研读《黄河颂》的五处批注，梳理批注的相关知识。

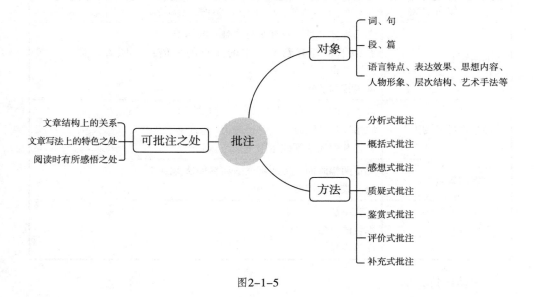

图2-1-5

活动二：初读第二单元其他课文，仿照《黄河颂》批注方式，对每篇文章进行初读的概括式批注、感想式批注、质疑式批注。

表2-1-17

作品	概括式批注	感想式批注	质疑式批注
《老山界》	文章记叙红军长征过程中翻越老山界的经过,展现了具有坚强的革命意志、征服了重重艰险的红军战士。	"不要落后做乌龟呀!"如此艰险的环境,如此陡峭的山路,如此严密的包围,还有伤病的负担,战士们仍然能打趣逗笑,他们积极乐观的精神真值得我们学习!	"她带着些惊惶的神情说。"为什么会"惊惶"呢?
《谁是最可爱的人》			
《土地的誓言》			
《木兰诗》			

活动三:精读第二单元课文,根据指定学习点对课文运用至少3种方式的批注,如对段落、词语或结构进行分析式批注,对句子进行鉴赏式批注,对开头、结尾等重要句子进行评价式批注等。

表2-1-18

作品	学习点
《老山界》	老山界之"难"及红军克"难"的句子 看似平常却有着不平常的深意的词语:"照着习惯""叹息""奇观" 环境描写的句子
《谁是最可爱的人》	战士们的"最可爱"之处(人物描写) 段落安排的匠心 直述和引述的穿插运用
《土地的誓言》	文章两幅画面:美丽富饶图和春华秋实图 故乡景物的铺叙
《木兰诗》	互文手法 木兰的形象 详略安排

活动评价:

评价任务二:批注语言悟品质。(15分)

表2-1-19

评价内容	评价标准	评价等级
批注知识梳理（5分）	能找出《黄河颂》批注的不同角度；小组合作，能根据阅读体验和提示，梳理出批注的对象、方式及文章可批注之处。	梳理完全4～5分 梳理部分2～3分 较少梳理0～1分
初读批注（5分）	能通读全文，用简洁的语言和相应的符号把自己的概括、感想、疑难问题标注在文章的空白处。	达到3种4～5分 达到2种2～3分 较少达到0～1分
精读批注（5分）	能精读文章，完成相应的学习点，不仅能勾画出相关句子，而且能用简洁的语言进行分析式、鉴赏式、评价式批注。	达到3种4～5分 达到2种2～3分 较少达到0～1分

评价任务三：学习抒情诉热爱

任务目标：批注抒情句子，概括直接抒情和间接抒情的方式，体会其作用，理解作者强烈的爱国情怀。

学习资源：七年级下册第二单元课文

核心问题：

1.课文中的抒情句子有哪些？有什么作用？

2.归纳概括直接抒情和间接抒情的不同方式。

活动安排：

活动一：仿照《黄河颂》，用表格梳理每篇课文中的抒情方式。

表2-1-20

作品	抒情方式	例句	抒情效果
《黄河颂》	运用呼告直接抒情 运用感叹直接抒情 运用感情强烈的词语直接抒情 运用排比、反复等句式直接抒情 运用人称转换直接抒情	"啊！朋友！"	引起读者强烈的共鸣。
《老山界》	用景物描写进行烘托渲染（间接抒情） 用比喻将感情具体化、形象化（间接抒情）		

续 表

作品	抒情方式	例句	抒情效果
《谁是最可爱的人》	运用呼告直接抒情 运用感叹直接抒情 运用感情强烈的词语直接抒情 运用排比、反复等句式直接抒情 运用人称转换直接抒情 运用比喻、对比等修辞直接抒情		
《土地的誓言》	运用呼告直接抒情 运用感叹直接抒情 运用感情强烈的词语直接抒情 运用排比、反复等句式直接抒情 运用人称转换直接抒情 运用比喻等修辞直接抒情 选取有代表性的形象予以暗示（间接抒情）		
《木兰诗》	运用复沓、对偶、排比、互文、顶真等句式、修辞直接抒情 结尾运用比喻间接抒情		

活动二：用表格的方式比较每篇课文的抒情手法，运用表格概括它们之间共性和差异。

表2-1-21

	直接抒情						间接抒情		
	呼告	感叹、排比、反复等句式	感情强烈的词语	人称转换	比喻、铺陈等手法	复沓、对偶、排比、互文、顶真等修辞	选取有代表性的形象予以暗示（间接抒情）	用景物描写进行烘托渲染（间接抒情）	用比喻将感情具体化、形象化（间接抒情）
《黄河颂》	√	√	√	√	√				
《老山界》								√	√
《谁是最可爱的人》	√	√	√	√	√				
《土地的誓言》	√	√	√	√	√		√	√	√
《木兰诗》		√				√		√	√

活动评价：

评价任务三：学习抒情诉热爱。（15分）

表2-1-22

评价内容	评价标准	评价等级
梳理抒情方式（10分）	能找出5篇课文中使用的不同抒情方法；能批注出使用了抒情方法的句子，并分析其作用。	梳理完全7~10分 梳理部分4~6分 较少梳理0~3分
比较抒情方式（5分）	能概括出直接抒情和间接抒情的不同方式；能运用表格对比抒情方式的共性和差异。	概括准确4~5分 部分准确2~3分 无法判断0~1分

评价任务四：课文改写颂英魂

任务目标：运用直接和间接抒情，把课文改写成诗歌，表现战士们的精神品质，歌颂他们的爱国主义精神。

学习资源：七下第二单元课文

核心问题：

课文最让你感动的画面是哪里（有哪些）？作者想表达什么情感？如何运用不同的抒情方式来表达？

活动安排：

活动一：梳理课文最让自己感动的画面，选择合适的意象，确定要表达的情感，运用不同抒情方式进行表达。

表2-1-23

课文	最感动的画面	意象	情感	直接抒情	间接抒情
《老山界》	火把连接星光	星星	赞美	运用感叹：真是生平未见的奇观啊！ 运用对比：向上看，火把连接着星光；向下看，火把映照着希望。	运用比喻：大笔一挥，造物者在山路上写了个"之"字。

续 表

课文	最感动的画面	意象	情感	直接抒情	间接抒情
《谁是最可爱的人》	松骨峰战斗	火	悲愤	运用排比： 漫山遍野的红啊， 汽油弹的火焰烧红了阵地， 悲愤的火焰染红了双眼， 勇士们的血流红了山岗。 运用对偶： 飞机、大炮的狂轰滥炸， 轰不垮你们的钢铁意志， 炸不毁你们用意志铸就的血肉长城。	
《土地的誓言》	美丽富饶图	故乡景物	热爱、怀念	运用排比、反复、呼告、人称转换： 当我躺在土地上的时候， 当我仰望天上的星星，手里握着一把泥土的时候， 当我回想起儿时的往事的时候， 我想起那参天碧绿的白桦林， 标直漂亮的白桦树在原野上呻吟； 我看见奔流似的马群， 深夜嗥鸣的蒙古狗， 我听见皮鞭滚落在山涧里的脆响， …… 我的家乡啊， 为了你，我愿付出一切。	

活动二：小组内朗读自己改写的诗歌，结合诗歌用韵、句式和修辞上的特点提出建议，继续修改诗歌。

活动评价：

评价任务四：课文改写颂英魂。（15分）

表2-1-24

评价内容	评价标准	评价等级
课文改写成诗歌（10分）	能找出最让自己感动的画面，选择合适的意象来表达情感，能运用至少三种抒情方式（2种直接抒情和1种间接抒情）。	完全达到7~10分 部分达到4~6分 较少达到0~3分
评价及修订（5分）	能认真倾听小组成员改写的诗歌，并给出建议；能从用韵、句式和修辞等角度对诗歌进行修改。	完全达到4~5分 部分达到2~3分 较少达到0~1分

任务五：爱国诗歌咏流传

任务目标：能用符号设计朗诵脚本，并制定朗诵比赛方案及标准。

学习资源：七年级下册第二单元课文

核心问题：

1. 制定班级朗诵比赛的方案。

2. 制定诗歌朗诵比赛的评价标准。

3. 回忆七年级上册，朗读技巧有哪些？朗读时要注意什么？为自己的作品设计朗读脚本，并选择合适的配乐及配图。小组互助共读，根据评价标准再次修改朗读设计，再次练习。

活动安排：

活动一：制定班级朗诵比赛的方案。

表2-1-25

活动主题	
活动时间及地点	
活动内容及规则	
活动准备	
主持人及节目串词	
评委	
奖励方案	

活动二：小组讨论，制定诗歌朗诵比赛评分表。

表2-1-26

评分等级	A（8~10分）	B（5~7分）	C（0~4分）
朗诵内容（40分）	主题鲜明，表现家国情怀，立意深刻	主题较为鲜明，表现家国情怀，立意较深刻	主题不够鲜明
	感情真实，富有感染力	感情较为真实，有一定感染力	感情较欠缺，缺乏感染力
	配乐与诗歌内容配合紧密，能烘托渲染情感	配乐与诗歌内容配合较紧密，有一定烘托作用	配乐与诗歌内容无关
	图文并茂，图片与内容契合，色彩分明	图文基本契合，色彩比较合理	图文不契合，色彩不分明
语言表达（30分）	口齿清晰，表达自然流畅	口齿较为清晰，表达比较流畅	口齿不太清晰，表达不够流畅
	语速恰当，声音洪亮，节奏优美	语速较恰当，声音较洪亮，节奏较鲜明	语速过快或过慢，声音较小，没有节奏
	语音准确，脱稿朗诵	语音较准确，半脱稿朗诵	语音基本准确，没有脱稿朗诵
仪表风范（20分）	姿态、动作、表情能准确、鲜明、形象地表达朗诵的内容和情感	姿态、动作、表情较准确、鲜明、形象地表达朗诵的内容和情感	没有或较少姿态、动作、表情；未能表达朗诵的内容和情感
	服装符合朗诵主题，仪表自然大方	服装整洁，仪表自然	服装不整洁，仪表不得体
时间控制（10分）	时间控制恰当合理	时间控制不够合理	时间过长或过短
总计			
你的建议			

活动三：依照示例（表2-1-27），为自己的作品设计朗读脚本，用符号标注语气、节奏、轻重音、快慢和感情，并选择合适的配乐及配图。小组互助共读，根据评价标准再次修改朗读设计，再次练习。

表2-1-27

朗诵篇目	原文摘录	朗诵设计
《黄河颂》	我站在高山之巅，望黄河滚滚，奔向东南。 惊涛澎湃，掀起万丈狂澜； 浊流宛转，结成九曲连环； 从昆仑山下/奔向黄海之边， 把中原大地/劈成南北两面。	第一句总领下文，因此停顿要稍长。该句及其后面的四个分句中，"滚滚""奔""澎湃""掀""劈"要重读，且后面的四个分句应该越读越激昂，以表现黄河一往无前、不可阻挡的磅礴气势。

活动评价：

评价任务五：爱国诗歌咏流传。（15分）

表2-1-28

评价内容	评价标准	评价等级
爱国诗歌朗诵会方案制定（5分）	能设想比较完善的方案，做好人员安排及赛前准备，并邀请评委。	完全设想4～5分 部分设想2～3分 较少设想0～1分
诗歌评价标准制定（5分）	能从不同角度制定适宜的诗歌评价标准。	角度全面4～5分 部分角度2-3分 较少角度0～1分
诗歌朗读设计（5分）	能为自己的作品设计朗读脚本，用符号标注语气、节奏、轻重音、快慢和感情，并选择合适的配乐及配图；小组互助共读，能根据评价标准再次修改设计。	设计恰当，合作良好4～5分 设计较恰当，合作较良好2～3分 设计不恰当，合作不良好0～1分

第二节 "悟"行合一，多形式感受革命精神

开展综合性学习活动，做好统编教材革命文化作品精神的传承

学习钢铁意志，传承革命精神
——《钢铁是怎样炼成的》综合性学习主题活动设计

一、新课标要求

（一）文化自信

核心素养内涵之一是文化自信。文化自信是指学生认同中华文化，对中华文化的生命力有坚定信心。通过语文学习，热爱国家通用语言文字，热爱中华文化，继承和弘扬中华优秀传统文化、革命文化、社会主义先进文化，关注和参与当代文化生活，初步了解和借鉴人类文明优秀成果，具有比较开阔的文化视野和一定的文化底蕴。

（二）革命文化

"主题与载体形式"部分指出革命文化围绕伟大建党精神，确定革命文化内容主题，注重反映理想信念、爱国情怀、艰苦奋斗、无私奉献、顽强斗争和英勇无畏等革命传统。主要载体为老一辈无产阶级革命家和革命英雄人物的代表性作品及反映他们生平事迹的传记、故事等作品，反映党领导人民革命的伟大历程和重要事件的作品，有关革命传统人物、事件、节日、纪念日活动等方

面的作品，阐发革命精神的作品，革命圣地、革命旧址和革命文物等。

（三）拓展型学习任务群——整本书阅读

本学习任务群旨在引导学生在语文实践活动中，根据阅读目的和兴趣选择合适的图书，制订阅读计划，综合运用多种方法阅读整本书；借助多种方式分享阅读心得，交流研讨阅读中的问题，积累整本书阅读经验，养成良好阅读习惯，提高整体认知能力，丰富精神世界。

第四学段（7~9年级）的要求是：阅读革命文学作品，体会、评析革命领袖、革命英雄的爱国精神和人格魅力。开展多样的读书活动，丰富、拓展名著阅读。设计、组织多样的语文实践活动，如师生共读、同伴共读，朗诵会、故事会、戏剧节，建立读书共同体，交流读书心得，分享阅读经验。根据开展读书活动的实际需要，合理推荐和利用适宜的学习资源，如拓展阅读的书目、参考资料，以及相关音频、视频作品等，激发学生的阅读兴趣，丰富阅读体验，拓宽阅读视野。借助信息技术为学生拓展学习空间，提供写作、展示、研讨和交流的平台。

二、教学目标

1.熟悉保尔的人生经历，多维度理解保尔的人物形象。

2.学习保尔的钢铁意志，传承革命精神。

三、活动准备

阅读八年级下册必读名著《钢铁是怎样炼成的》整本书。运用多种阅读方法，熟悉情节、人物，个性化阅读，初步理解人物的革命精神。

四、设计核心

设计核心是保尔的人物形象。根据注保尔的不同成长阶段，划分为少年英雄保尔、革命者保尔、建设者保尔、病中保尔、文学斗士保尔。围绕保尔形象这一核心，展开主题活动，展示更加立体的保尔，进行综合性学习的语文实践，传承革命精神。

五、主题活动设计

活动一：人物素描

1. 学生选择自己熟悉和喜欢的人物，结合人物经历和性格特点，为人物画像。

可选的主要人物有保尔、朱赫来、冬妮娅、丽达、达雅、谢廖沙等。学生根据自己的阅读体验，选择自己喜欢的人物为其画一幅素描。其中保尔的素描按照保尔成长的不同阶段选择一个阶段的保尔进行描绘。

2. 分享学生的素描作品。

学生在此环节进行作品pk，介绍自己的创作理念，点评其他同学的作品是否反映了人物特征，是否抓住人物特点等，每个人物票选出一幅优秀作品，进一步熟悉情节、熟悉人物。

3. 形成两个主题活动成果。

成果一：钢铁人物群像。保尔的生活不是割裂的，而是与周边的人物息息相关，每个人物选出一幅最具代表性。作品整理成人物群像，班级展示。

成果二：保尔成长影像。保尔的不同人生阶段、不同身份，各选一张优秀作品，班级展示。

活动二：人物赋诗

1. 在活动一人物素描的成果基础上，请学生结合名著情节和人物精神品质，接下来为相关人物或不同阶段的保尔赋诗。

2. 班级分组，每四到五人一组，为分配到的人物赋诗，小组内合作，收集所有作品，选择最优作品参加班级展示，誊抄作品，张贴在人物素描旁边。

3. 教师全程指导，对初稿进行点评修改。通过写作，学生眼中的人物更加栩栩如生。学生对保尔的精神品质了解得更为深刻。

4. 形成成果：班级《钢铁是怎样炼成的》人物诗集。

活动三：绘思维导图

1. 在对全书人物，尤其是保尔有了更全面的了解之后，按照保尔的人生经历，分阶段绘制思维导图。

2.全班参与。

3.分享优秀的导图，进一步梳理情节，理解保尔思想和精神境界的基础与成因。

4.形成成果：班级《钢铁是怎样炼成的》思维导图合集。

活动四：展书法作品

书法艺术也是我国的优秀传统文化之一。在班里开展硬笔书法大赛，读书的同时，学生也能感受书法之美，体悟汉字魅力。

1.细读原著，在每一阶段的保尔相关情节中，师生共选有代表性的句子。

附：《钢铁是怎样炼成的》书法片段定稿

少年英雄保尔

第一部第六章

【书法片段一】

一连三天都有人将带酸味的黑面包送过来，到底是谁送来，他们没告诉他。两天来，司令官接二连三地审问他，折腾他。这暗示着什么事呢？保尔被拷打时什么都不肯招，不承认做过任何事。他自己都弄不清楚，为什么他就是不肯开口。他要成为像书里看到的那些英雄人物一样，英勇、顽强。

革命战士保尔

第一部第八章

【书法片段二】

保尔每天都处在狂热的激战中，已经完全将个人的安危置之度外。保尔·柯察金已经溶化到集体之中了，他和每个战士一样，已经忘了"我"字，脑袋里只有"我们"——"我们团，我们骑兵连，我们旅。"

第一部第九章

【书法片段三】

你知道我一直在深深地爱着你，就是现在，我对你的爱还没有完全改变，只不过，你一定要跟我们在一起。我已经不是从前那个保尔了。也就是说，如果你让我把你放在第一位，我肯定不会成为你的好丈夫。我是属于党的，然后才属于你和别的亲人。

国家建设者保尔

第二部第二章

【书法片段四】

用不着开会了。这儿的年轻人不用鼓励。托卡列夫，你的话很有道理，他们真令人敬佩！他们真是无价之宝。钢铁就是这样炼成的！他的眼睛充溢着爱和自豪。就是这群年轻人，前不久，在反革命暴乱的前夜，曾经背着钢枪冲向战场。现在，他们又拥有同一个目标，把钢轨铺向木柴之山——给人以温暖和生命的源泉。

病中保尔

【书法片段五】

青春的力量最终赶跑了病魔。保尔没有因伤寒而死。这已是第四次虎口脱险了。一个月后，保尔脸无血色，身体瘦弱，但是已经能颤抖着双手，靠着墙走上几步了。母亲把他扶到窗口处，他透过窗户朝外面的路凝视了许久。阳光照射下的一堆堆雪水闪亮耀眼。春天到了。

【书法片段六】

人最宝贵的是生命。生命对于我们只有一次。一个人的一生应当这样度过：当他回首往事时，不因虚度年华而悔恨，也不因碌碌无为而羞愧。这样在他临死的时候，就可以说："我的整个生命和全部精力都已奉献给了世界上最壮丽的事业——为人类的解放而斗争。"

【书法片段七】

保尔觉得更重要的是，在如火如荼的革命斗争中他没有迷失方向，在夺取政权的残酷斗争中他找到了自己的位置，在那革命的鲜艳旗帜上也有他的几滴鲜血。

【书法片段八】

你有没有试着去战胜困难？你是否已尽了最大的努力冲出这个铁环？难道你已忘了在夺取诺渥格勒—沃伦斯基的战斗中一天作了十七次冲锋，最后终于拿下了那个城市吗？把手枪藏起来吧，永远别让他人知道你有过轻生的想法！即使生活到了绝境，也要想方设法活下去，要使你的生命有益于人民！

文学创作者保尔

【书法片段九】

小说备受赞赏。即将出版。祝贺成功。保尔的心怦怦地跳个不休。他日思夜想的愿望终于实现了。铁环已被砸碎，保尔拿起新的武器，回到了战斗的队伍。生活开始了新的篇章。

2.班级初赛，全班参与。评选九份最佳硬笔书法作品。

3.最佳书法创作者每人专心呈现一个文段的硬笔书法作品，展板展示。

4.形成成果：《钢铁是怎样炼成的》书法作品展示。

活动五：影视选段配音

1.学生观影，网上搜集影视作品。

2.按照保尔不同成长时期的经历选经典片段。

我们精选以下几段：

少年英雄：保尔初遇朱赫来，保尔勇救朱赫来。

革命战士：前线杀敌，炮弹爆炸。

国家建设者：顽强筑路，保尔给共青团员演讲。

病中保尔：思考生命、战胜懦弱，保尔经典语录。

文学斗士：小说出版。

3.学生参与制作配音视频，把台词提炼成文。

4.全班九个小组合作，组内分配角色，调动全班积极性。

学生提前感受人物，进入角色，熟悉自己的台词。

教师指导，在校配音并录制视频。

5.形成成果：九段经典片段配音视频文件合集。

活动六：主题演讲

1.演讲的主题："我"与"保尔"。

结合保尔的精神、保尔的钢铁意志，联系生活实际、人生经历谈在现代社会中保尔的精神对自己的启发，使保尔的钢铁意志在现实生活中得到传承。

2. 撰写演讲稿。

结合教材：八年级下册第四单元演讲。指导学生紧扣主题，明确表达观点；内容有针对性，既要有"保尔"，更要有"我"；写好开头结尾，吸引听众的关注；锤炼演讲语言，增强现场感染力。

3. 进行班级演讲比赛。

（1）赛前个人准备，了解演讲技巧，用自己撰写的演讲稿进行演练，熟记演讲词。

（2）小组选拔赛：每组选出一名同学参加比赛。

（3）在未参赛的同学中遴选主持人、评委，制定规范的评分表。

（4）现场比赛。

（5）评委点评。

（6）颁奖与教师总结。

4. 形成成果：班级《钢铁是怎样炼成的》演讲比赛。

六、设计意图

本设计是《钢铁是怎样炼成的》整本书阅读拓展的语文实践活动的探索。活动本身需要学生高度参与，通过六个主题活动，全方位理解保尔的革命精神，通过走进人物内心世界，联系实际生活，传承革命文化。同时，合理利用多元学习资源，丰富学生的阅读体验。

红星闪闪放光彩，革命精神传万代

——《红星照耀中国》综合性学习主题活动设计

一、活动目标

1. 初识报告文学的特点，整体把握整本书的内容。

2. 选读人物故事，感受人物高尚的品质。

3. 学习作品中的写作手法，感受共产主义者英勇无畏的奉献精神。

二、课前准备

1. 全班分组，分为6大组，每一组约有8个成员。每一组选好组长，明确各组的任务，此活动分为6大板块，各小组要派代表上台展示小组的成果。

2. 提前布置阅读任务，在阅读整本书之后开展活动。要求各组员利用图书馆、上网等多种途径，查阅关于作者作品、长征等史实资料。

3. 全班制作名著阅读手抄报，在班级范围内评出一、二、三等奖，在班级公告栏展示优秀作品。

4. 组长对组员的零散资料，进行汇总，形成文字材料。

5. 老师汇总相关的课件，以及相关的音乐，监督各组进度，适时指导等。

三、活动过程

（一）老师导入：（从当时日本《周报》歪曲毛泽东形象的言论导入）

同学们，老师让大家看一张照片（展示图片），能猜出来这个人是谁吗？这张照片出自1937年的日本《周报》，日本《周报》对外宣称这就是毛泽东。"他是一个手持油纸伞的肥胖男子，体弱多病，是一个病弱的革命家！"（1937年日本《周报》）

那我们印象中的毛泽东是这样的吗？不是。我们印象中的毛泽东是这样的："他是个面容瘦削、看上去很像林肯的人物，个子高出一般的中国人，背有些驼，一头浓密的黑发留得很长，双眼炯炯有神，鼻梁很高，颧骨突出。"

通过对比，可见当时日本的报道非常失真，关于共产党的报道消息被严格地封锁，国民党对共产党的报道也非常荒谬。中国乃至国外的人们，对红军几乎一无所知。有这么一个人：冲破国民党严密的封锁线，通过四个多月的实地考察，写满了14本密密麻麻的笔记本，用完了30卷胶卷，第一个向世界真实报道了红军长征的消息。他就是埃德加·斯诺，他写的报告文学作品《红星照耀中国》，让全世界了解真实的中国共产党。

我们上周已经进行了小组任务的分配，今天我们就以读书报告会的形式来展开，下面请第一小组的同学给我们展示作家作品的相关信息。

（二）近一位作家：作家作品（第一组学生讲述）

1. 埃德加·斯诺的个人简历

埃德加·斯诺是美国著名新闻记者。他生于美国密苏里州的一个出版印刷业主之家，从小受到良好的教育。1928年来中国，他曾经担任北平燕京大学新闻系的讲师。基于对共产党人的好奇和关心，在朋友的帮助下，他冒着生命危险，于1936年6月前往陕甘宁边区，做了为期4个月的采访，同年10月，他顺利回到北平，争分夺秒地整理笔记并写作。

2. 作品在当时的影响力

埃德加·斯诺把采访到的关于红军的事迹描述了下来，一年后，《红星照耀中国》这部书就面世了，由伦敦的一个出版社第一次出版，在世界范围内引起了极大的轰动。世界各国这个时候才真正了解中国共产党。因为当时1938年国民党和共产党正处于联合抗战时期，由于某些政治因素，这部书的中译本就用了《西行漫记》这个名字作为掩护。不到几个月，就轰动了国内无数的爱国青年。可见，这本书还是值得一看的！请第二组同学给我们讲述名著的大概内容吧，掌声欢迎廖丽华组。

（三）读一本作品：内容脉络（第二组学生主持）

1. 报告文学的特点

阐述概念：什么是报告文学？报告文学就是有"新闻"和"文学"的特点。"新闻"的特点就是真实客观，"文学"的特点就是生动，运用多种表现手法。

2. 讲述阅读名著的步骤，展示目录，梳理内容

阅读名著，主要分为4个步骤。首先，读作品的题目，题目往往概括了内容；其次，看看前面的序言，这里往往交代作者写这部作品的动机和感受；再次，翻一翻目录，大概了解书籍的内容；最后，才是认真阅读正文。

其实，我还有另外一种读书的方法。我翻开名著的时候，先浏览目录和插图，先找出我感兴趣的人物来阅读，大家请看课件，我这里圈起来的都是我最先感兴趣的人物和事件，比如说《造反者》这一章，就是讲述周恩来的生平事迹，我看起来津津有味。

3. 名著的主要内容和意义

《红星照耀中国》这部书可以说是报告文学的典范。因为它客观地向全世界报道了共产党和红军的真实情况，使全世界第一次了解了中国共产党人的真实生活。作者采访了共产党领袖和红军将领，如毛泽东、朱德、周恩来、彭德怀、贺龙、徐海东等。作品中描述他们的言谈举止，追溯他们的家庭环境和青少年时代，寻找他们成为共产党人的原因。从多方面展示中国共产党为民族解放而艰苦奋斗的崇高精神，瓦解了种种歪曲、丑化共产党的谣言。

4. 信息抢答，快速提取信息，考查内容的把握（展示填空题和选择题）

下面是信息抢答环节，回答正确的可以给小组加一分，请大家踊跃举手，各组的监督员要睁大眼睛啦。

老师：在一部作品中，人物，往往是其中的灵魂，人物形象的塑造关系着作品的魅力。而《红星照耀中国》也不例外。里面有小人物"红小鬼"，也有伟大的人物，像我们熟悉的贺龙、周恩来，朱德等，文中对此都有具体的描述。下面请宋文博小组和我们展示他们的学习心得。

（四）识一群人物：品析形象（第三组学生展示）

1. 展示名著片段，讲述周恩来事迹

在南开中学期间，他刻苦学习，成绩优异，连续三年拿到奖学金。记得在小学课本里，周恩来是这样回答老师的提问的，他说"为中华之崛起而读书！"

当时很多参加红军人的都是出身贫寒家庭，而周恩来毫不犹豫地背弃了大官僚家庭，投身火热的学生运动，哪怕坐牢也不怕；他怀着坚定的革命决心，走到没有接触过的工人阶级当中，成功地组织了大罢工！

2. 学生说说印象最深的人物：毛泽东（博览群书和爱思考）

学生A：简述毛泽东的人生经历。

学生B：讲述毛泽东的爱好之一：酷爱读书。

学生C：讲述从毛泽东读书中爱思考这个特点，并谈谈自己的感悟：要勤于思考。大家请看屏幕，我摘抄了一段话下来。在我国，农民占大多数，为什么这些文学作品里很少出现农民的影子？毛主席经过思考分析之后，认识到农民是被统治的阶层，没有文化，生活悲苦，是不可能写出反映自身生活的作品的。而统治阶层，也不屑于描写底层劳动人民。这些思考为毛主席日后参加革命运动、积极开展土地改革、关心底层劳动人民打下了基础。所以，我们要多读书，多思考。

3. 全方位了解毛泽东：学生朗诵《七律·长征》和《沁园春·雪》（配乐朗诵）

学生D：毛泽东不仅是伟大的革命家、军事家，还是一位优秀的书法家和文学家。但是埃德加·斯诺对中国的诗词不太了解，所以在名著中，他没有提及这些。我们组的同学就补充给大家，接触一下毛泽东的诗词吧。第一首是《七律·长征》，先请我们组的朗读高手朱振伟来朗诵一遍吧。大家掌声欢迎！（配乐朗诵）

学生E：毛泽东带领红军到达延安后写了一首律诗，也很著名，那就是《沁园春·雪》，这首词表达了革命者大无畏的精神和乐观的革命情怀，这首词一直是众人的最爱，每次读来都仿佛又回到了那个战火纷飞的年代，又看到了那个指点江山的伟人。请听刘睿航和乔弈霖的朗诵《沁园春·雪》。（配乐朗诵）

老师：我们班真是卧虎藏龙啊（点评一下朗诵）。除了塑造了真实、丰满的人物形象之外，这本书还详细描写了中国共产党的发展历程，其中，长征就是其中最浓墨重彩的一笔。请第四组同学给我们复述书中的内容吧，掌声鼓励！

（五）知一段历史：长征背景（第四组学生展示）

1. 长征的起因

学生A：中央红军主力为了摆脱国民党军队的包围追击，被迫实行战略转移，退出中央根据地，在1934年10月开始进行长征，计划是从江西省的瑞金市到陕西省的延安市。这次大远征为期整整一年，计划周密，很有效能。

2. 长征的路线和途中重大事件

学生B：我来给大家看看长征的路线。请看屏幕，这张图非常清楚地展示了长征的路线。从江西瑞金出发，一直到遥远的陕西西北部道路的尽头为止，其间迂回曲折，进进退退，战士们实际上走的路，肯定比二万五千里还要长。不要忘记，整个旅程都是步行的，有些是世界上最难通行的小道，还有高耸的山峰和湍急的河流。

在长征途中，有好几个具有重大意义的事件，为人们所敬佩。我们一起来读一遍吧。

3. 长征中遇到的困难

学生C：长征路途遥远，遇到的困难自然很多，概括起来，大概有这么一些。第一，国民党反动派的围攻，有好几次差点全军覆没。第二，恶劣的自然环境。第三，经过一些少数民族地区的时候，也会受到一些阻挠，幸好红军搞好了民族关系，把少数民族团结起来。我从书中摘抄了一些文段，请大家一起读一遍红色的字吧。（指着白板，让大家齐读，读完后问）从这些句子当中，你看出了什么样的自然环境？表现了红军的什么精神？

（PPT展示描写红军走过草地、沼泽地的段落，略）

4. 欣赏小视频《长征》，直观感受长征的艰苦

（内容略）

老师：看了这个小视频，我们充分感受到中国工农红军是不可战胜的，这是一支了不起的军队，有着极为顽强的斗志和坚定的信念的军队。

《红星照耀中国》是报告文学，既有新闻性，也有文学性。不仅在政治意义上取得了极大的成功，而且在报告文学创作的艺术手法上也成为同类作品的典范。人物刻画、环境描写以及叙事的角度几近出神入化的程度。

我们阅读名著、文学作品，除了获取知识，陶冶情感，其中最主要的要学会里面的文学笔法，也就是写作手法，要懂得欣赏并运用到平时的写作中。请第五组同学给我们展示他们的研究成果吧！

（六）学一些方法：写作特色（第五组学生展示）

1. 高度真实性，深刻的洞察力

学生A：《红星照耀中国》在当时引起轰动，最吸引人的还是源于书中真实的力量，源于书中那些鲜活的历史事实，这也是报告文学的特点之一。斯诺不是中国人，也不是共产党人，他的论述相对客观，他在陕北苏区的所见所闻都是一种出于职业道德的客观记述。书中记述的当时中国的社会环境，让读者感到真实可信，当时中国农村的贫穷落后、人们生活的悲惨，让人触目惊心。

2. 结构独特、善设悬念

学生B：斯诺借鉴中国古典小说的章回结构，以一章或一回集中写一个人物或一个事件，逐一展示四个月中所经历的见闻，环环相扣。而且巧设悬念，吸引读者的阅读兴趣。比如，名著的开头就提出疑问：中国共产党人是什么样的人？他们真的是土匪吗？以替读者揭开谜底的方式叙述，吸引读者一直跟随作者的眼光观察和探索下去。

3. 运用多种写作手法（通过分析相关的文段，欣赏写作手法）

（1）运用典型细节和事件

作者擅长特写，将生活细节、采访的趣味性情节等用特写镜头放大，如毛泽东、周恩来、爱整洁的"红小鬼"等外形。大家看看，作者对彭德怀的屋子的描写就非常具体，运用典型的事例，如彭德怀的背心是用缴获敌机的降落伞做的，这些描写都充分突出了彭德怀艰苦朴素、作风严谨的战士形象。这就是运用了典型事件和细节的写法。

（2）正面描写和侧面衬托相结合

展示"飞夺泸定桥"的文字片段，通过分析，明确其描写方法：语言、神态、动作、心理、外貌描写。描写的角度：正面描写。

侧面衬托：在作品中，除了对人物进行直接的描写之外，还有一种方法是通过他人之口或者他人的评价、别人的反映来突出主角。那就是侧面衬托。从侧面对人物进行补充，更有说服力。大家说哪些句子是侧面衬托？请读出来！非常棒，从军阀军队对红军的惊诧和不解，可看出红军战士有英勇无畏的气魄。

（3）对比手法的运用

找出小说中运用的对比手法：杨虎城将军的个人住宅花了五万元来修建，而周恩来的住所非常简陋，一顶廉价的蚊帐就算是奢侈品。从这个鲜明的对比中，我们感受到共产党领导人的艰苦朴素，与战士们同甘共苦的优良作风！

（4）体会夹叙夹议的写法，明确报告文学兼有新闻性、文学性的特点

回顾朱德的《回忆我的母亲》一文，简单复习夹叙夹议的写法。展示小说

段落，分析哪些是叙述，哪些是议论。

（5）欣赏句子——比喻和拟人的运用

展示小说中所用到的典型例子，并分析其作用。

（七）优秀手抄报展示（第六组同学对优秀手抄报做点评）

1. 学生点评。

2. 老师最后总结：手抄报的版面设计和书写、图画的要求。

（八）活动总结：红军精神和此作品的文学笔法（老师主持）

1. 思考：红军最终取得胜利的因素有哪些？

（老师讲述背景材料：20世纪30年代的农村现状：贫穷、苛税，混战。）

讨论后明确：

（1）红军始终把广大人民的利益放在第一位。

（2）共产党领导顺应民心，得到广大人民群众的拥护和支持。

（3）红军有坚定的政治信仰。

（4）红军队伍艰苦朴素、吃苦耐劳、团结各族人民，有更灵活的处事风格。

2. 思考：什么是红军精神？

讨论后明确：不怕困苦，不畏艰难，不怕流血牺牲的革命英雄主义精神。能树立崇高的理想、发扬艰苦奋斗的作风、弘扬集体主义精神、脚踏实地，奋发向上……

3. 总结阅读报告文学的方法。

讨论后明确：抓住其新闻性和文学性，学会欣赏作品中的文学笔法。

老师结语：今天我们开展了名著《红星照耀中国》的读书交流会，充分感受到了红军战士英勇无畏、视死如归、艰苦朴素的革命作风，同时我们了解了报告文学的阅读方法。歌德曾经说过："经验丰富的人读书用两只眼睛，一只眼睛看到纸面上的话，另一只眼睛看到纸的背面。"希望我们平时阅读的时候多思考、多体会，这节课只是给大家打开阅读革命传统文化作品的窗口，相信同学们日后会用同样的阅读方法去品味其他的文学作品。

殷殷家国情，拳拳赤子心

——《天下国家》综合性学习活动

一、教学目标

1. 搜集整理有关爱国的故事、诗词名句等，了解"天下国家"的内涵，感悟殷殷家国情。

2. 通过开展点赞中国故事会、诗歌朗诵会等丰富多彩的爱国活动，激发同学们的爱国热情，唱响拳拳赤子心。

3. 培养学生搜集整理资料、小组合作的能力。

二、学情分析

七年级的学生对"天下国家"概念还比较模糊，一般停留在唱唱爱国歌曲，读读爱国诗篇，知道一些爱国人物的故事，爱国情感还比较浅显。所以在本次综合性学习活动中，引导学生在理解诗歌作品的基础上，运用一定的朗读技巧和配乐等辅助，讲述得生动感人，表达诗歌的情感，这是需要重视的一个活动目的；在活动中通过氛围的营造和活动的开展等对学生进行引导，促使学生理解个人和国家的命运是息息相关的，把爱国情感渗透到生活中，自然地、习惯地在小事中践行爱国责任，这也是本次综合性学习活动开展的一大目的。

三、教学重点

1. 搜集整理有关爱国的故事、诗词名句等，让同学了解"天下国家"的内涵，感悟殷殷家国情。

2. 通过开展点赞中国故事会、诗歌朗诵会等丰富多彩的爱国活动，激发同学们的爱国热情，唱响拳拳赤子心。

四、教学难点

理解"天下国家"的含义，树立爱国的责任意识。

五、课时安排

活动全过程历时1个月，准备时间3～4周，课内活动1课时。

六、课前准备

1. 搜集整理爱国英雄的故事，进行评论补充，利用课下时间进行配乐讲述。

2. 摘抄背诵爱国诗词，进行批注赏析，用硬笔或毛笔书法呈现最喜爱的一首诗词。

3. 利用周末或节假日进行研学旅行，用照片记录祖国的大好河山，为祖国写"点赞词"。

4. 小组自主设计活动展示形式，课下时间找教师进行展示和指导，教师用图片或者视频的形式记录小组课下展示的过程。

七、教学过程

（一）创设情境，激情导入

同学们，通过本单元的学习，我们从《黄河颂》那激昂的旋律中领略到了黄河那蓬勃苍劲的生命力；从《土地的誓言》中听到了甘愿为祖国献身的呐喊；从《木兰诗》中看到了木兰为父从军、保家卫国的飒爽英姿。从古至今，每个人对祖国都有着近乎本能的热爱。转眼间，"天下国家"这项综合性学习活动已经开展了近一个月，今天终于到了成果展示的时候了，在开始展示之前，我有一份小礼物送给大家，让我们一起把目光投向大屏幕。

（播放学生前期准备活动中的图片和精彩视频，教师配音解说）

设计意图：激情导入之后，把学生前期准备活动中的一些精彩片段进行整理和播放，可以最大限度地引起学生的参与热情，激发学生的情感共鸣，形成有效的学习动机。

（二）第一篇章——启发心志：爱国名言展示会

1. 展示爱国名言。

（小组展示要求：每组挑选一两句朗读并说说推荐的理由）

2. 挖掘爱国内涵。

爱国名言警句，或表达对祖国的感恩，或抒发对故土的思念，或阐述爱国精神的实质，或思索个人与国家休戚相关的命运。

3. 仿照爱国名言，写一写爱国宣言。

4. 总结：爱国名言虽然都是只言片语，但却因其语言精练，更显情思隽永。

设计意图：名言展示活动可以锻炼学生的口头语言表达和小组合作能力，爱国宣言的仿写既可以让学生思考爱国的实质内涵，又可锻炼学生的仿写能力。

（三）第二篇章——陶冶心灵：爱国英雄故事会

1. 讲述爱国英雄故事

各小组代表推荐"爱国英雄榜"的上榜人物，讲述英雄的故事，陈述推荐的理由。

（活动准备过程中，教师做必要的指导和总结，各小组展示的内容不重复雷同、形式多样，小组成员合作完成所需资料的整理，进行分工展示）

2. 挖掘爱国英雄精神

① 创设问题，引导学生思考"从这些任务和故事中，你发现_____的人是英雄？何谓英雄？"

（学生自由发言，教师予以引导）

② 屏幕出示：

聪明秀出，谓之英；胆力过人，谓之雄。——刘劭云

起义破关千百万，直到天京最英雄。——杨秀清

血染沙场气化虹，捐躯为国是英雄。——董必武

近代以来，一切为中华民族独立和解放而牺牲的人们，一切为中华民族掌握自己命运、开创国家发展新路的人们，都是民族英雄。——习近平

不同的时代，人们对英雄的定义是不同的，在对英雄的解读上，哪些精神

和内涵是亘古不变的呢？

预设：热爱祖国、不怕牺牲、有责任担当、乐于奉献、敢为人先……

设计意图：这两个板块紧密连接，由浅入深，意在引导学生感悟爱国内涵和英雄精神。讲故事活动的开展很考验学生搜集整理资料、语言运用的能力，学生对于故事的解读和诠释有利于他们深入思考爱国内涵，领悟英雄精神。

（四）第三篇章——强化情感：诵读爱国诗歌

爱国是诗歌常见的主题，古往今来，人们以诗词的形式，歌颂祖国大好河山，赞美爱国历史人物，抒发个人报国之志。爱国情怀成为这些诗作最感人的、最振奋人心的旋律。

1. 诵读爱国诗歌

从《过零丁洋》《春望》《出塞》《我爱这片土地》《祖国啊，我亲爱的祖国》《我用残损的手掌》等古今爱国诗歌中挑选一首喜欢的诗歌进行配乐朗诵。

（课前准备活动中，指导学生采用多样的方式进行诵读展示，教师从方法、技巧上进行指导）

2. 体味诗歌背后的家国情怀

这些经典的诗歌寄托着诗人怎样的情感？

设计意图：对于初中生来讲，感悟诗歌的重要方式之一就是吟咏诗歌，这一环节的设计，主要是通过多种形式的吟诵朗读来让学生从读中思索诗人的深沉情感，从读中感悟诗人真切的爱国情怀。

（五）第四篇章——树立责任：为祖国点赞

1. 观看爱国事迹视频（虎门销烟＋闻一多先生演讲片段）

2. 结合《孟子》说说你对"天下国家"的理解。

"人有恒言，皆曰'天下国家'。天下之本在国，国之本在家，家之本在身。"——《孟子·离娄上》

明确：所谓"天下国家"即个人与国家的命运是休戚相关的！

3. 在近一个月的学习活动中，借这次机会，有的同学用脚步丈量了祖国的大地，有的同学借照片记录了祖国的大好河山，还有的同学用文字表达了对祖国的殷切祝愿，今天就让研学小组为我们展示、吟咏他们眼中的最美祖国，一起走进"点赞祖国"的环节。

预设：小组仿照《感动中国》栏目，为美丽的祖国写"点赞词"，并采用小组合作拍摄的照片、剪辑制作的视频、绘制的图画等多种形式来展示。

设计意图：理解"天下国家"的内涵是本节课、本次活动的教学难点，设计让学生写点赞词的环节，旨在让学生能够在现实生活中感受到祖国的美好，从而发自内心地产生赞美祖国、呵护祖国的责任意识，这个环节的铺设也有助于培养学生用心观察生活、动手操作的语文实践能力，可以切实地增强学生的民族自豪感和社会责任意识。

（六）第五篇章——践行责任：向祖国告白

1. 日常生活中，身为中学生的我们如何爱国？

（学生畅谈，教师引导）

预设：努力学习，用知识武装头脑，将来为祖国做奉献，遵纪守法，成为一名诚实守信、爱国，有担当的公民……

2. 集体朗读，重温梁启超先生的《少年中国说》：

"故今日之责任，不在他人，而全在我少年。少年智则国智，少年富则国富，少年强则国强，少年独立则国独立，少年自由则国自由，少年进步则国进步，少年胜于欧洲则国胜于欧洲，少年雄于地球则国雄于地球。"

3. 教师总结：中国少年，是中国的未来和希望，"天下国家"简简单单四个字，却道出了多少中华儿女的心声，因为有这样一颗爱国心，革命先辈抛头颅洒热血，无数人前仆后继、勇往直前。我觉得千言万语都难以道尽我们对祖国的爱，那不如就让我们从今天开始，胸怀理想，努力学习，践行责任，用你我的行动向祖国深情告白！

设计意图：加深学生对"天下国家"的理解，并引导学生身体力行，践行主人翁责任，用行动爱国。

（七）布置作业

任选一项完成：

1. 课下自行观看《我和我的祖国》，撰写一篇影评。

2. 阅读《中国爱国主义诗歌经典》并做批注。

设计意图：通过影视观看和语言输出的方式强化学生的爱国主义。

开展主题研学活动，做好革命文化作品精神在新时代的发展

"《红岩》云研学"综合实践教学探索

2022年版"新课标"指出中学生课程内容的主题之一是革命文化："主要载体为老一辈无产阶级革命家和革命英雄人物的代表性作品及反映他们生平事迹的传记、故事等作品，反映党领导人民革命的伟大历程和重要事件的作品，有关革命传统人物、事件、节日、纪念日活动等方面的作品，阐发革命精神的作品，革命圣地，革命旧址和革命文物等。"《红岩》正是这样一部红色经典的代表作。它真实地再现了新中国成立前夕，重庆地下党如何在狱中坚守信念、勇于抗争的历史，彰显了中国共产党人信仰和精神的力量。为了让学生深入阅读这部红色经典，追寻革命先烈的足迹，传承红色基因，弘扬红色精神，我设计了综合性学习活动——《红岩》云研学。

本次"《红岩》云研学"活动从以下三个角度开展。

一、激发兴趣：云游览

在疫情的大背景下，借助互联网+的资源优势以及当下初中生都是信息化原生居民的特点，用"教师云"引出并带动"学生云"。

教师在网上下载一些关于《红岩》中的人物、内容的短视频，查找《红岩》相关纪念馆网址，并把网址提供给学生，如重庆红岩革命历史博物馆、小萝卜头纪念馆、江姐纪念馆等，打开学生思路。此外，让学生在《红岩》中寻找自己感兴趣的部分，或者不太明白特别想弄清楚的内容，在互联网平台下载

相应短视频，更加生动、直观地了解《红岩》内容。学生各显神通，他们下载的短视频涉及渣滓洞集中营、白公馆、刑具、国民政府军事委员会调查统计局、华子良、江姐、小萝卜头、间谍、越狱、地下党组织、监狱的管理、地下党传递情报的方式……一个个生动的视频素材引发他们极大的阅读兴趣。不少学生说，看了这些视频之后，已经一刷阅读完毕的，还要二刷、三刷。

"云游览"用另一种方式给学生提供了《红岩》阅读知识资源库，从书中到书外，把大量红色文化用图像、声音的形式提供给学生，解决了"读不进去"的问题。

二、深入研读：研究竟

《红岩》中的人物和事迹对于现在的学生来说颇有历史感和陌生感，虽然烈士们都是70年前真实存在的，而且为了新中国视死如归，但生于21世纪的学生无法感同身受，仅仅是把他们当成书中人物，因此感知人物形象也难免脸谱化。为了加强学生代入感，让他们真正理解祖辈们为了新中国的付出，缩短与红色文化的时代距离，我设计了第二个活动：在"云游览"的基础上，自己录制讲解视频。

在这个环节中，学生把自己从互联网上下载的小视频抹去声音，变身配音员，再现《红岩》中的故事、讲解人物事迹、发表自我感受；或者充当网上纪念馆各个部分的讲解员，讲解有关《红岩》的遗物、遗迹；也可以自己深入研读《红岩》，查阅各种形式资料后对这部书某一方面进行解说，最终录成视频在班级分享。

这些小视频是学生结合对《红岩》原著的阅读，"云游览"活动中进一步了解"红岩人物"生活的时代后，加上自己的感受录制而成。录制的小视频有知识、有思考，真正做到了深入研读。这个活动设计表明用互联网+红色经典阅读，可以为阅读红色文学打开一扇新的窗户，充分调动了学生的阅读积极性，在阅读中参与，在阅读中实践，在实践中思考，在思考中加深对红色经典形象的理解，解决了"读得不深入"的问题。

三、内化吸收：学精神

习近平总书记多次强调："要用中华民族创造的一切精神财富来以文化人、以文育人。"红色文学正是这精神财富的组成部分，要使红色基因在现代学生身上血脉相承，就要发掘红色文化中与时俱进的精神力量。为此，设计以下活动形式：

1. 歌剧《江姐》、主题曲《红梅赞》、师生书法作品展。

2.《红岩》周边艺术作品"话配画"。

这个环节精选与《红岩》有关的各种艺术形式，如小人书封面、电影海报或剧照、话剧或歌剧剧照、图书封面、版画、油画、木刻画、彩色年画、雕塑、剪纸等。学生可选择自己感兴趣的艺术作品，给它们配上一段文字，表达感受。以下为部分学生的"话配画"：

这是画家徐匡于1961年创作的版画。画面为黑白色调，主要人物给人压抑的感觉，体现出渣滓洞生活的黑暗、艰苦。版画的中间部分刻画了一个脸部表情不服气的特务，体现了他的奸诈、狡猾。版画的上部分是牢房中的人们在为龙光华举行追悼会，体现共产党人关爱同志、尊重逝去的同胞的仁爱之心，也侧面表现了龙光华为革命英勇无畏、不怕牺牲的伟大品质。

这是一幅油画，截取了《红岩》中的一个片段，将当时"绣红旗"的情景描绘得惟妙惟肖——牢房中灯光昏暗，环境极其简陋，画面的右上角，一名女同志在窗前放哨。画面的中间部分，江姐兴奋地带着女同志们凭着想象在缝一面红旗，红旗上红艳的颜色和鲜亮的黄色使她们的脸上闪动着光芒。这面红旗象征着光明与希望，鼓舞和激励着她们战斗。

这是根据《红岩》改编的歌剧《江姐》的剧照。江姐被押在渣滓洞，她身穿蓝色旗袍、红色外套，特务想用各种酷刑撬开她的嘴，得到地下党的信息。图中的特务手拿各种刑具折磨江姐，但她大义凛然，始终坚贞不屈。

这是重庆歌乐山烈士陵园的主石雕，根据《红岩》中的内容，刻了9位烈士的形象，他们是牺牲在集中营的烈士群体代表。雕塑的一面是为人民解放战争而英勇战斗的男人，他们眼中喷火，满脸斗志；一面是在地下行动中渴望解放、渴望自由的妇女儿童。雕塑将烈士们宁死不屈、前仆后继、坐穿牢底、迎接曙光等崇高精神表现得既伟岸、又质朴，具有凝聚力和感召力。

四、书写文字感悟："红岩精神"教给我的

这是发生在战争年代的故事，革命烈士的精神与品质，深深地影响着我。一是坚定的理想信念，"红岩精神"让我对未来有了向往与追求，不再将目光拘泥于当下，而是有了更远大的目标。为了实现目标，我不再害怕困难，而是锲而不舍地努力去攻克。"红岩精神"是我力量的源泉。二是巨大的人格魅力，烈士们坚贞不屈、视死如归的革命乐观主义精神影响着我，使我一反既往。

如果中国共产党的历史是一条红色星河，那么"红岩精神"一定是星河里最闪耀的星星之一，它教给我很多道理。坚强与忠诚：江姐受尽酷刑，坚贞不屈，一根根竹签扎进手指，血花飞溅，她视死如归，绝不叛变。责任与爱国：机智冷静的许云峰、坚定信仰的刘思扬都敢于承担，挺身而出，为了营救同志，在地牢里用双手挖出生命通道。不只是面对敌人需要"红岩精神"，在学习上，独立思考是一种坚强，迎难而上是一种勇气。让"红岩精神"在我的内心跳动，发扬光大。

还有一些在学生的文字中出现频率比较高的词，如"珍惜当下""坚持不懈""爱党爱国"等。这些文字虽然稚嫩，但却饱含着学生对革命先烈深深的敬意。从对《红岩》的一无所知到如数家珍，从对红岩人物的脸谱化分析到对革命烈士的崇敬与学习，使学生经历了一场灵魂洗礼，激发学生心中的爱国之情和勇于担当的精神，解决了"不能读出自己"的问题。

本次"《红岩》云研学"活动以学生为主体，利用互联网+为阅读红色文学搭建一个新平台，也建立了红色文化学习阅读资源库，更重要的是使学生深入理解革命烈士并受到鼓励与激励，为以后阅读红色文学提供切实可行的新思路。

"重走红军长征，传承革命精神"学生研学实践活动

一、知识背景

埃德加·斯诺在《红星照耀中国》第五章《长征》、第六章《红星在西北》向学生展现了"第五次反围剿""举国大迁移""大渡河英雄""过大草地""陕西苏区：开创时期""死亡和捐税""苏维埃社会"等历史画面。让学生感受到了红军"强渡大渡河"时的不怕牺牲奋勇拼搏的英雄气概；领略了红军"过草地"时的艰苦与惊险。

毛泽东同志更是在《七律·长征》中写下：红军不怕远征难，万水千山只等闲。五岭逶迤腾细浪，乌蒙磅礴走泥丸。金沙水拍云崖暖，大渡桥横铁索寒。更喜岷山千里雪，三军过后尽开颜。概括了万里长征的战斗过程，展示了革命者战胜艰难险阻、满怀欣喜的战斗豪情。

跨学科融合，结合初二历史第17课《中国工农红军长征》，在学生知晓长征的原因、长征的经过、长征的意义之后，通过讲述长征的故事，体会红军的革命英雄主义精神、长征精神。

二、研学目标

让初二年级学生"重走红军长征，传承革命精神"。了解中国的革命历史，体验并传承宝贵的长征精神，学生赴珠海市横琴岛石博园红色教育基地开展"重走红军长征，传承革命精神"研学实践活动。

三、课程介绍

（一）活动主题

重走红军长征，传承革命精神

（二）活动意义

在本课程中，同学们不但可以了解到中国的革命历史，还可以体验到宝贵的长征精神，通过"自力更生，艰苦奋斗"的体验活动，把红军长征留给我们的宝贵精神财富传承下来。经风雨，历磨难，在自然中感受集体创造劳动成果的乐趣，从而以更好的精神状态投入到"新长征"当中去。

（三）活动形式

情景教学以及互动参与体验

（四）活动流程

1. 中央密电　长征誓师

在第五次反围剿中，红军在敌军的"铁桶围剿"中浴血奋战，中央苏区的根据地日渐缩小。就在此时中央向前线的红军部队发来密电，宣布实施战略大转移，开始二万五千里长征。

（1）吹响号角，誓师起行。

（2）编队建制，传授旗帜。

授旗如图2-2-1所示，誓师如图2-2-2所示。

图2-2-1　　　　　　　　　　　图2-2-2

2. 破译密码　顺利渡江

对敌军军情信息的掌控，是长征时期决定战争能否胜利的最关键因素。红军在行进过程中，需要通过各种方法获取准确而珍贵的情报信息，并完成情报密码破译。这为战争胜利取得了先机，也因此挽救了无数共产党人和革命群众的性命。

湘江战役是关系中央红军生死存亡的一战。1934年11月27日至12月1日，中央红军在湘江上游广西境内的兴安县、全州县、灌阳县，与国民党军苦战五昼夜，最终从全州、兴安之间强渡湘江，突破了国民党军的第四道封锁线，粉碎了蒋介石围歼中央红军于湘江以东的企图。

湘江惨胜直接导致在遵义召开中共中央政治局扩大会议，史称"遵义会议"。标志着中国红军翻开了崭新的一页。

"红军战士"们集群智，出群力，寻找密电的破译方法，最终获得情报，开始抢渡"湘江"。

（1）红军小战士分组围坐一圈，集群智，出群力，共同破译敌军的情报密码。

（2）根据获取的情报信息，"红军战士"们穿越敌人的封锁，顺利渡江。

3. 穿越封锁线　突破围剿

在即将抵达延安的途中，敌人在重要村镇设置众多据点，守卫森严，拉起了一道道封锁线。红军每穿过一道封锁线都是危险重重，险象环生。但无论前路如何艰险，小红军们爬雪山、过草地，穿越敌人的封锁线，毅然踏上征途，向革命根据地延安挺近。

穿越封锁线如图2-2-3、图2-2-4所示。

图2-2-3　　　　　　　　　　　　　　图2-2-4

4. 走进苏区——自力更生　丰衣足食

走进苏区，重新分配土地，大力推广合作化运动——特别是耕种公共土地和红军土地。红军战士一边练兵，一边屯田垦荒。争取妇女直接参加农业生产，动员妇女、儿童、老人参加春播春耕，个人按能力在劳动生产过程中担任主要的或辅助的工作。在当地的农民老乡们的帮助下，拿起锄头，挑起扁担，开辟农田，种植粮食和蔬菜，让边区的风貌焕然一新，重获活力。参加春播春耕，丰衣足食如图2-2-5所示。

图2-2-5

在江西瑞金沙洲坝村子的附近，有一口井，当地人称之为"红井"。这口井之所以称为"红井"，是中央苏区时期，毛泽东亲自带领干部群众开挖的，它是当时党和苏维埃政府密切联系群众，解决群众生活困难的历史见证。

如今的"红井"仍被使用着。甘甜的"红井"水养育了一代代沙洲坝人民，也传承了不屈不挠、坚持不懈的革命精神。传递"红井"水，分享鱼水情，如图2-2-6所示。

图2-2-6

5. 战备忙　运输忙

"红军战士们"忙着收获粮食和编织草鞋，备战备荒。这一箩筐一箩筐的粮食和物资要在最短的时间运到指定的战区去。小红军们发扬不怕苦、不怕累和团结协作的精神，一鼓作气，大干快上，粉碎"敌人"的大围剿！"红军战士们"忙着收获粮食和编织草鞋，如图2-2-7所示。

图2-2-7

6. 忆苦思甜　红军餐

通过"红米饭、南瓜汤"，于是就能理解斯诺笔下即便是彭德怀在预旺堡的司令部的院子里，伙食同部下一样，一般是白菜、面条、土豆、羊肉，有时有馒头。

7. 大练兵

行军途中红军开展了"扩红收编"运动，无数的有志青年加入工农红军，长征路上坚持军事优良作风。结合红军战士在跳高、跳远、赛跑、爬墙、盘绳、跳绳、掷手榴弹和射击方面激烈的竞争的历史背景下，加强军事训练，增强战斗本领，把宝贵的军事力量用到刀刃上。

（1）匕首训练：弓步上刺、马步侧刺、闪身反刺、上步斜刺。

（2）投掷手榴弹：学习如何借助掩体，瞄准目标，掌控力量，精准歼灭敌人。（见图2-2-8）

图2-2-8

8. 负重急行　重走长征路

红一方面军、红二方面军、红四方面军和红二十五方面军，分别从各苏区向陕甘苏区进行战略撤退和转移。红军战士们在前有敌军拦截，后有敌寇追击的艰难处境中，以不惧艰险、不怕牺牲的精神，开辟出一条胜利之路。（见图2-2-9）

图2-2-9

9. 胜利会师

二万五千里，漫漫长征路，红军胜利会师陕甘宁。所有军团成员在广场上开展唱红歌庆胜利活动，回顾红军长征艰苦革命的历程。一起重温战争年代的革命激情。同时用歌声歌颂美好生活、祝福伟大祖国。

图2-2-10

10. 红色讲习所——红色农民谈话采访"红小鬼"

　　讲一个红故事,做一次团队分享,重温党的峥嵘岁月,感受革命先辈的崇高精神,从党的光辉历史中汲取努力学习、奋进的力量。少先队员在红军里当通讯员、勤务员、号手、侦察员、无线电报务员、挑水员、宣传员、马夫、护士、秘书甚至教员。中国"红小鬼"他们总是愉快而乐观,他们耐心、勤劳、聪明、努力学习。在少年先锋队员身上寄托着中国的将来。同时在标志性展馆历史遗迹前录制短视频,选取优秀学生视频展播。红色农民谈话如图2-2-11所示,采访"红小鬼"如图2-2-12所示。

图2-2-11

图2-2-12

四、安全保障措施

（1）人员管理：专业研发团队，多次实地踩线，委派专人专注全天跟进护航。

（2）导游培训：全程一名导游，上岗前多次培训，就活动质量和安全注意事项进行反复强调。

（3）基地保障：精准细致地对接基地，做好接待工作，排除所有安全隐患，防患于未然。

（4）用餐安全：提前试餐，提出要求，严格监控，并进行24小时留样。

（5）交通保障：精选车队，精选车况良好的车辆，精选驾龄十年以上的司机师傅，要求出行前检查车辆情况，并把检查记录拍照发给公司留档待查；统一出行线路，规定车辆行驶最高时速，力求安全行车。

（6）安全措施：针对详细的安全注意事项召开会议，反复强调，统一出行标志，购买多重保险。

（7）应急预案：详尽的安全应急预案。

（8）疫情防控保障：根据目前疫情防控精神指示，全体测量体温并佩戴口罩。随行过程中，甲方工作人员会随时监测整车人员的体温。进入人口密集的场所，会提醒全体人员佩戴口罩。行程中会提醒学生勤洗手等。

五、研学反思

（一）优点

学生通过"重走红军长征，传承革命精神"研学实践活动，对名著《红星照耀中国》中的苏区生活场景，革命领袖、红军战士、"红小鬼"等人物的精神面貌，红色中国取得胜利的坚定信念有了更加深刻的体会。对毛泽东同志的《七律·长征》中革命者战胜艰难险阻、满怀欣喜的战斗豪情与长征精神有了更深入的领会。

（二）不足

前期对教材推荐的名著挖掘还不够。对研学课程设置的活动可以再突出主题与重点。研学以情境活动为主，落实在文字的机会还不多，可以结合新课标的特点做到真实情境问题分析与发散性生成。

铭记革命历史，传承爱国精神

——珠海本土红色资源爱国主义教育研学微课程设计

一、研学目标

1. 了解杨匏安、林伟民等爱国志士投身革命斗争的感人事迹和红色家风故事，激发学生的爱国热情。

2. 锻炼学生资料收集、整理的能力，培养学生能够根据学习情境调动个人体验，有目的、有意识地进行交流的能力。

二、研学对象

1. 珠海市某中学全体党员教师。

2. 珠海市某中学初三（11）班学生。

三、研学准备

（一）研学活动守则

（1）交通安全守则

① 乘校车的学生排队有序上车，系好安全带，注意行车安全；在车厢内保持安静，保持车内卫生，认真听从研学老师的安排。

② 驾驶私家车前往的学生及家长，遵守交通规则，在园区指定位置停车，不乱丢垃圾，自觉保护园区环境。

（2）活动安全守则

学生自觉排队进入场馆，保持安静，认真倾听讲解员的讲解，请礼貌提问，并感谢解答；自觉遵守场馆的相关要求，爱护公共设施，注意拍照区域限制等要求。

（二）物品准备清单

①行李包：双肩或者小挎包。

②研学手册、笔、相关资料。

③手机、相机、充电器等个人所需电子产品。

④保温水杯。

⑤必备药品（晕车药、创可贴等）。

四、研学安排

研学安排表见表2-2-1。

表2-2-1

时间	地点	主题	项目
2021年10月15日上午	南屏镇北山村	杨匏安陈列馆	开展革命传统教育
2021年10月15日下午	三灶镇鱼月村	林伟民与中国早期工人运动史迹陈列馆	实行爱国主义教育
	三灶镇茅田村	三灶岛万人坟遗址	
	斗门区斗门镇小濠涌村	中共小濠涌村党史教育基地	

五、研学过程

参观杨匏安陈列馆

（一）资源介绍

杨匏安（1896—1931，广东省香山县南屏镇北山村人）是中国最早传播马克思主义的先驱者，先后担任国民党中央组织部秘书、代部长、中执委、中共中央委员，还是太阳社发起人。他曾游学日本，接触了马克思主义和西方各种流派的社会思潮。他归国后先在广州时敏中学任教，后又兼任《广东中华新报》记者。五四运动爆发后，他在广州积极投入反帝爱国斗争，在《广东中华

116

新报》副刊连载《马克思主义》一文，这是华南地区最早的系统地介绍马克思主义的文章。这对当时广东地区所盛行的无政府主义也是有力的抵制，为当时正在深入进行的反帝反封建的爱国运动和新文化运动提供了思想理论武器，为广东共产党组织的诞生做了思想准备。加入中国共产党后，他积极参加革命斗争，积极帮助青年学习马克思主义，参加青年团的"社会主义讨论会"等活动，指导学生运动。他曾先后被派往上海、香港、澳门、新加坡等地开展革命活动。

杨匏安陈列馆位于南屏镇北山村杨氏大宗祠西侧，占地面积达800平方米，分4个展厅、6个部分展示内容，全面而丰富地介绍、展示了杨匏安的生平事迹和相关物品。6个部分展示内容按时间顺序排列，全方位地展现出杨匏安的理想信念、奋斗精神和崇高气节。展馆中共收藏了杨匏安的6部文学作品节选和15首诗词作品，还有杨匏安在1931年于狱中所作的《示狱友》。2021年是建党一百周年，社会各界掀起了学习党史的新高潮，杨匏安陈列馆被评为"广东省红色革命遗址""广东省新时代红色文化讲堂""珠海市廉政教育基地""珠海市中共党史党性教育基地"，是向社会各界传播红色文化精神的重要场所。

（二）研学任务

1. 通过观看展品，听取讲解，了解杨匏安少年时期的成长经历，投身革命探索建党理论方面的突出贡献，在推动国共合作、壮大革命队伍方面的历史作用，投身革命斗争并英勇献身的感人事迹，以及杨匏安的家人举家投身革命的红色家风故事。

2. 研学活动结束后记录自己的学习感受，创作致敬杨匏安烈士的诗篇，完成研学手抄报，以多种形式缅怀英烈。

（三）研学过程

珠海市某中学师生抵达杨匏安陈列馆后，瞻仰杨匏安铜像，在陈列馆讲解员的带领下，聆听解说，观看文物展品和文字图片，了解杨匏安投身革命斗争的感人事迹和红色家风故事，体会杨匏安伟大的革命精神和崇高的追求，深切感受革命先辈们为追求伟大理想信念而付出的艰辛努力。参观结束后，学生在留言册上创作小诗、手书对联作品来表达对这位"华南明灯"革命先烈的敬仰

之情，并在陈列馆前合影留念。（见图2-2-13）

图2-2-13

学生欣赏浮雕作品如图2-2-14所示。

图2-2-14

学生观看展板内容如图2-2-15所示。

图2-2-15

学生凭吊杨匏安烈士如图2-2-16所示。

图2-2-16

学生记录研修心得如图2-2-17所示。

图2-2-17

学生创作对联致敬先烈如图2-2-18所示。

图2-2-18

学生创作诗歌表达敬仰之情如图2-2-19所示。

图2-2-19

参观林伟民与中国早期工人运动史迹陈列馆

（一）资源介绍

林伟民（1887—1927），今珠海市金湾区三灶镇鱼月村人，是早期中国工人运动的杰出领导人，参与组织领导香港海员大罢工、上海海员大罢工和省港大罢工，是中华全国总工会第一任委员长。他成为早期中国工人运动的著名领袖，是中国早期工人运动的先驱，更是中国工人阶级的优秀儿女。

林伟民与中国早期工人运动史迹陈列馆位于珠海市金湾区三灶镇。场馆占地面积约3700平方米，建筑面积约4005平方米。林伟民与中国早期工人运动史迹陈列馆已被确定为广东省首批红色革命遗址重点建设示范点，并被评为"珠海市党史党性教育基地"。陈列馆内展出了丰富而全面的林伟民生平事迹、早期工人运动状况。馆内展出内容分为五大篇章：从三灶走出的海员领袖、领导香港海员大罢工、参与组织省港大罢工、中华全国总工会首任委员长、缅怀之情和情感之深。

（二）研学任务

1. 通过观看展品，听取讲解，了解林伟民与中国早期工人运动的历史，了解林伟民发动和领导工人运动的感人事迹。

2. 瞻仰中国工人运动著名领袖林伟民的铜像，深切缅怀革命先烈的丰功伟绩。

（三）研学过程

全体党员教师、学生到达林伟民与中国早期工人运动史迹陈列馆后，认真聆听展馆讲解员讲述有关林伟民生平、革命事迹和当时革命先烈所处的历史背景等内容，师生一起参观了林伟民与中国早期工人运动史迹陈列馆，了解林伟民发动和领导工人运动的事迹。这些内容让党员教师和学生深刻了解林伟民先生的伟大革命精神和斗争历程。走出林伟民与中国早期工人运动史迹陈列馆，大家瞻仰了中国工人运动著名领袖林伟民的铜像，深切缅怀革命先烈的丰功伟绩。

师生聆听讲解员讲解如图2-2-20所示。

图2-2-20

瞻仰三灶岛万人坟遗址

（一）资源介绍

日军侵华期间，在珠海地区（当时属中山县五、六、七、八区）犯下了罄竹难书的罪行。现属珠海的香洲、斗门以及三灶岛等大大小小的岛屿，只要是有百姓、有财富的地方，都未能逃过日本侵略者铁蹄的践踏。日军所到之处，烧杀抢掠，无恶不作，其罪行之残暴令人发指，甚至许多没有人烟的小岛也未能幸免。日军侵略珠海地区，罪孽之深重，尤以三灶岛（原属中山县七区）为烈。日军在三灶岛莲塘湾登陆，把三灶岛作为日本侵略中国华南的一个重要海、空军基地。日军为了站稳、巩固和经营这个"基地"，不择手段，甚至把三灶岛变成了人间地狱也在所不惜。经过三天的血腥扫荡，岛上残垣断壁、尸横遍野，三灶岛变成了一座荒凉的死岛。

三灶岛万人坟位于中国南部的广东省珠海市三灶岛，是日寇残杀中国人民的历史铁证。三灶岛万人坟占地约4000平方米，由当地华侨和港澳同胞筹款修建了"万人坟纪念公墓"。场地包含占地面积1000多平方米的两层楼馆、纪念碑和纪念公园。陈列馆展示内容主要是日军侵略三灶岛时的暴行，还有华南地区特别是粤港澳地区中国人民抗日斗争历史。纪念碑是悼念和奠祭抗日死难同胞的场地。纪念公园内广植松树、柏树和菊花等，使休闲区域有着一股庄严气息。三灶岛万人坟是广东省的文物保护单位，是实行爱国主义教育的重要阵地。

（二）研学任务

1. 了解日军侵华期间在珠海地区所犯下的罪行，悼念被侵华日军杀害的苦难同胞。

2. 瞻仰三灶万人坟纪念碑，党员教师牢记共产党人的初心和使命；学生珍惜今天来之不易的幸福生活。

（三）研学过程

党员教师和学生怀着沉重心情瞻仰了三灶岛万人坟纪念碑，痛恨当年日寇在侵华期间尤其是在三灶镇所犯下的惨无人道的滔天罪行，悼念被侵华日军杀害的同胞，牢记共产党人的初心和使命。

党员教师和学生瞻仰三灶岛三·一三死难同胞纪念碑如图2-2-21所示。

图2-2-21

参观中共小濠涌党史教育基地

（一）资源介绍

小濠涌村，位于珠海市斗门区斗门镇西南部，是珠海第一个中共党支部的诞生地。1937年7月7日，震惊中外的卢沟桥事变爆发，日军发动全面侵华战争。1937年10月，在中华民族最危急的时刻，在党中央号召全国军民团结一致共同抗日的历史背景下，珠海第一个中共党支部在小濠涌村成立，斗门人邝任生任书记。小濠涌党支部的成立，推动了八区（今属斗门区）党组织的建设和发展，开创了八区抗日救亡和武装斗争的新局面。在之后的70多年中，小濠涌村党组织的活动从未中断，在组织领导群众支援南下大军消灭国民党残部、建设社会主义新农村等方面做出了贡献。

为纪念邝任生以及小濠涌村在抗战时期的历史，珠海市和斗门区拨专款在中共小濠涌村党支部旧址旁边建设中共小濠涌党史教育基地，位于小濠涌村委会内，设有邝任生烈士雕像和抗战实物展览室。中共小濠涌党史教育基地被定为珠海市党史教育基地、斗门区首批爱国主义教育基地、珠海市爱国主义教育基地。

（二）研学任务

1. 聆听党史教育基地讲解员的精彩讲解，了解小濠涌党支部在推动八区（今斗门区）抗日救亡和武装斗争中不怕牺牲、英勇奋斗的感人事迹。

2. 观看党史教育短片《濠涌火种》，了解邝任生等一大批革命先烈和前辈在抗日斗争中前仆后继、精忠报国的动人故事。

（三）研学过程

在中共小濠涌党史教育基地，党员教师和学生聆听了党史教育基地讲解员的精彩讲解——"东方欲晓""民心所向""星火燎原"等内容，一件件展品，一张张图片，一段段文字，一篇篇史料，记载着小濠涌党支部在推动八区（今斗门区）抗日救亡和武装斗争中不怕牺牲、英勇奋斗的感人事迹。接着，党员教师观看了党史教育短片《濠涌火种》，短片中再现了邝任生等一大批为革命抛头颅、洒热血的革命先烈和前辈，在抗日斗争中前仆后继、精忠报国的动人故事。

党员教师观看党史教育短片《濠涌火种》如图2-2-22所示。

图2-2-22

党员教师聆听讲解员讲解如图2-2-23所示。

图2-2-23

六、研学总结

为了进一步加强对党员教师和学生的爱国主义教育，拓展《红星照耀中国》《红岩》《长征》红色经典作品的学习，珠海市某中学紧紧围绕"红色之旅"这一主题，大力宣传杨匏安陈列馆、林伟民与中国早期工人运动史迹陈列馆、三灶岛万人坟遗址、中共小濠涌村党史教育基地等中国革命纪念地、标志物所承载的革命历史、革命事迹和革命精神。通过丰富多彩、形式多样的读书教育活动，学生了解了革命历史和革命前辈的光荣事迹。教师设计爱国主义教育研学微课程，使语文学科教学与学生的思想教育相结合，为学生的终身发展服务，有效地推动了课堂教学活动化、课外活动课程化、课余活动教育化。

七、多元评价

本次研学旅行活动已经结束，请同学们回顾自己的学习经历，反思和总结本次活动的收获和感悟，对研学的过程和取得的成果进行评价，并邀请同行的伙伴、带队的老师写下寄语，为此次精彩的研学旅行留下宝贵的记录。

爱国主义教育研学多元评价表见表2-2-2。

表2-2-2

评价内容	满分	自我评价	小组互评				教师评价
			组员甲	组员乙	组员丙	组员丁	
参与积极主动	20						
资料收集汇编	20						
动手实践操作	20						
团队合作密切	20						
成果论证严密	20						
总计	100						

八、成果展示

（一）学生手书对联作品

图2-2-24

（二）学生创作手抄报

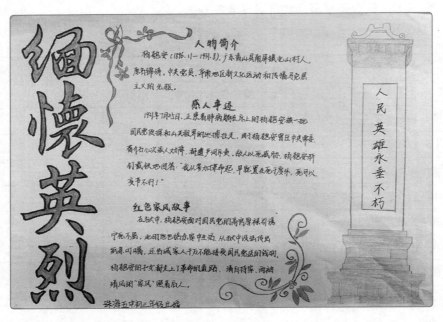

图2-2-25

（三）学生创作诗歌

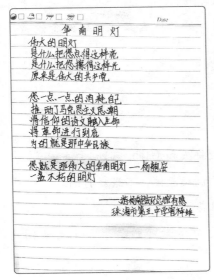
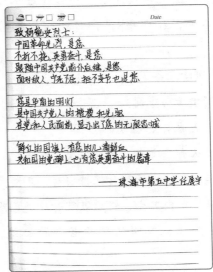

图2-2-26

附：珠海"三灶爱国主义教育研学"微课程设计

【研学目标】

1. 通过参观林伟民与中国早期工人运动史迹陈列馆，学生了解"珠海红色三杰"的光辉事迹和中国工人运动的相关知识，增强学生对家乡的热爱之情和爱国主义热情。

2. 走进"三灶岛侵华日军罪行遗迹"现场，学生实地学习三灶岛人民英勇抵抗日军侵略的历史知识，增强学生爱国主义热情，激发学生热爱祖国、不忘国耻、兴我中华的责任感和使命感。

【研学对象】

1. 林伟民与中国早期工人运动史迹陈列馆坐落于三灶镇鱼月村，占地面积3700平方米，馆内陈列了德国共产党出版的刊物《中国》、中共领导的省港罢工委员会机关刊物《工人之路特号》等60余件珍贵展品，是一所拥有众多历史实物和现代化展陈设施的现代化红色展馆。

2. "三灶岛侵华日军罪行遗迹"由三灶岛万人坟、千人坟、日军慰问所、轿顶山侵华日军摩崖石刻、轿顶山侵华日军碉堡、横栏山侵华日军碉堡、兴亚第一国民学校遗址、神社遗址八处遗迹组成。2013年入选国家重点文保单位名录，2015年8月13日被国务院列入第二批国家级抗战纪念设施、遗址名录。

【研学准备】

研学活动守则：

1. 交通安全守则

排队有序上车，系好安全带，不随便将头和手伸出窗外。

车在行驶中请尽量保持安静，不随意调换座位，不嬉戏打闹。

保持车内卫生，将垃圾及时放进已准备好的垃圾袋里。

在车上认真听从研学老师的安排，听清老师的要求，如有疑问请举手示意。

2. 活动安全守则

自觉排队进入场馆，不拥挤打闹。

场馆内保持安静，不大声喧哗。

认真倾听讲解员的讲解，如有疑问，请礼貌提问，并感谢解答。

请自觉遵守参观场所的相关要求。

爱护场馆内的公共设施，不随意刻画、毁坏。

在景区里严格听从讲解员的要求，尊重他人。

3. 就餐守则

若是圆桌就餐，请按照提前分好的桌号入座，不乱坐、乱跑。

尊重服务员的劳动，谦和有礼。

自助餐用餐，请排队取餐。

按需拿餐，做到不浪费。

就餐结束请有序离开。

4. 住宿守则

上下电梯自觉排队，不在宾馆公共场所大声喧哗。

不破坏宾馆财物，节约用水用电，保持室内安静。

同学之间相互体谅，尊重他人隐私，和谐相处。

按时休息，若有任何问题要与研学老师联系。

物品准备清单：

同学们，研学活动就要开始啦，快来准备你的物品吧！

表2-2-3

自备物品名称	数量	出发时清点	返回时清点
行李包：双肩或者小挎包			
研学手册、笔、相关资料			
手机、相机、充电器等个人所需电子产品			
保温水杯			
必备药品（晕车药、感冒药、创可贴等）			
全程开启理财计划，此次携带零用钱：_____元			

研学安排：

表2-2-4

主题	时间	项目	地点
三灶爱国主义教育研学	上午	统一集合，集体乘车出发 参观"林伟民与中国早期工人运动史迹陈列馆"	三灶镇鱼月村
	下午	走进"三灶岛侵华日军罪行遗迹"现场，师生祭拜万人坟，参观"轿顶山日军碉堡"	三灶镇岛琴石路圣堂站，珠海机场对面轿顶山

【研学过程】

参观林伟民与中国早期工人运动史迹陈列馆

1. 资源介绍

图2-2-27

　　工人运动领袖林伟民是三灶人民的骄傲。林伟民（1887—1927，香山县三灶岛西洋田村人）是中华全国总工会的第一任执行委员长，曾先后成功领导了香港海员大罢工、上海海员大罢工和省港大罢工。他是中国早期工人运动的先驱，更是中国工人阶级的优秀儿女。陈列馆作为广东省爱国主义教育基地、广东省中共党史教育基地、广东省红色革命遗址，是向社会各界传播红色文化精神的重要场所。2021年是建党一百周年，社会各界掀起了学习党史的高潮，位于金湾区三灶镇的林伟民与中国早期工人运动史迹陈列馆是广东省首批红色革命遗址重点建设示范点，被评为珠海市党史党性教育基地。

　　2. 研学过程

　　师生抵达林伟民与中国早期工人运动史迹陈列馆后，瞻仰中国工人运动著名领袖林伟民的铜像，在陈列馆讲解员的带领下，聆听解说，观看文物展品和文字图片，了解林伟民发动和领导工人运动的事迹，体会林伟民伟大的革命精神和崇高的追求，深切感受革命先辈们为追求伟大理想信念而付出的艰辛努力。参观完后在留言簿上留言并在陈列馆前合影。

3. 研学任务

（1）通过观看展品，听取讲解，了解林伟民和中国早期工人运动的基本知识。

（2）完成林伟民和中国早期工人运动研学测试题。

（3）运用综合思维，讨论：清朝末期香山县为何会集中出现工人运动先驱，当时的香山县有何特殊之处？

参观三灶岛侵华日军罪行遗迹

1. 资源介绍

图2-2-28

三灶岛侵华日军罪行遗迹由八处遗迹组成。其中万人坟的由来如下：

卢沟桥事变后，日本帝国主义发动全面的侵华战争。1938年1月17日，日军6000多人在三灶岛莲塘湾登陆，此后开始在岛的南部修建飞机场，并设立以藤田中将为首的海、陆、空军组成的司令部，把三灶岛作为侵略华南的军事基地。日军为了满足其军事和殖民统治上的需要，在三灶岛上进行了血腥的大屠杀，1938年农历三月十二日，日军洗劫鱼弄村，386人遭枪杀。13日，日军烧毁了上表、定家湾等36座村庄和164艘渔船。他们强奸妇女、杀戮儿童，在全岛施行灭绝人性的"三光政策"。14日，日军又将抓来的男女老少2000多人分别在草堂沙岗、莲塘湾沙滩、春园祠堂、石湾关帝庙前、鱼林先锋坑、青湾等地进行集体枪杀。短短三天内，岛上北部村落被焚为焦土，尸横遍野，惨绝人寰。在沦陷的八年中，日军杀害我三灶岛同胞2891人，饿死3500人，同时将从朝鲜、台湾以及万山、横琴等地抓来修机场的3000多名民工秘密杀害。日本投降后，逃离的群众陆续返岛。1948年，他们收拾死难同胞骨骸埋葬于上茅村等地，1979年将骨骸集体迁葬于竹沥山。1983年，三灶岛万人坟被公布为广东省文物保护单位。

碉堡，对于看过抗日电影的人们来说并不陌生。但在现实生活中亲身进入碉堡的机会却很少。三灶岛上恰恰拥有多座日军碉堡，记录了当年的战争细节。轿顶山侵华日军碉堡位于金湾区三灶镇海澄村轿顶山东坡，坐西北向东南。其占地面积约12平方米，钢筋水泥结构。整体呈圆形，直径4米、高约2.5米、壁厚0.5米；墙体背部开门，高1.2米、宽0.76米；四周分布有5个不规则的方形射击孔，每个射击孔的下方内壁都额外加固了一个半柱型的水泥墩。碉堡顶部中央有陶制的透气孔。

2013年3月3日，国务院核定其为第七批全国重点文物保护单位。2015年8月13日被国务院列入第二批国家级抗战纪念设施遗址名录。

2.研学任务

（1）观察日军碉堡的朝向和位置，绘制一幅机场与碉堡位置的简图。

（2）找一找日军碉堡内外的特殊设计，讨论这些设计的具体作用。

（3）搜集日军侵略三灶岛的故事，思考为何当年日本选三灶岛建设机场。

（4）有人说"三灶大屠杀"是游击队抗日才引起的，不抗日就没事了。根据你掌握的日军在此设置秘密军事基地的情况和其他殖民统治的事实，你同意这种说法吗？

3.研学后总结：

（1）撰写研学报告：请将你这一天的研学活动的感受与收获真实地记录下来。

（2）课程多元评价：本次研学旅行活动即将结束，请同学们回顾自己的学习经历，反思和总结本次活动的收获和感悟，对研学的过程和取得的成果进行评价，并邀请同行的伙伴、带队的老师写下寄语，为此次精彩的研学旅行留下宝贵的记录。

研学旅行学习自评、小组互评表见表2-2-5。

表2-2-5

评价内容	分值	自我评价	小组互评（小组其他成员的评价）							
			组员1	组员2	组员3	组员4	组员5	组员6	组员7	组员8
参与的主动性和积极性	10									
具有团队合作的意识、求真务实的科学态度	10									
选题分析的准确性	15									
实地参观、考查或调查中的实践操作能力和执行力	30									
文献资料收集的广度和深度	20									
研究成果的科学性和逻辑性	15									
满分	100									

研学旅行教师评价表见表2-2-6。

表2-2-6

评价内容	分值	得分	教师评价
小组分工和组员合作情况	10		
实地参观、考查或调查的完成度	20		
文献资料收集的广度和深度	20		
选题分析的准确性	10		
研究成果的科学性和逻辑性	10		
研究具有创新性、突出特色和亮点	10		
成果汇报交流的表现	20		
满分	100		
点评			

为珠海革命英雄立传
——"革命传统文化"主题研学微课程设计

【项目简介】

项目名称：为珠海革命英雄立传

项目时长：3周

学科：语文

年级：初一

相关学科：历史、美术

教学对象：初一学生

项目概述：

传记文学是文学性与历史性相结合的文体，主要记述人物的生平事迹，根据各种书面的、口述的回忆、调查等相关材料，加以选择性地编排、描写与说明而成的。写传记与语文素养、资料收集整理能力、采访和交际能力等息息相关，需要通过学习和实践加以提升。

本项目在七年级实施，以珠海丰富的红色文化资源为基础，用真实的驱动性问题激发学生对革命文化的兴趣，传承红色文化基因，整合统编教材七下第一、五单元，涉及调查采访、阅读传记、写作传记和编撰成册4个主要活动，共8个课时，最终要求参与项目的学生撰写珠海革命英雄的传记，设计封面，写推荐语并展示、出版。

项目大概念：人生活在特定的社会历史背景下对社会产生特定影响。

驱动性问题：

苏兆征、杨匏安、林伟民……这些都是珠海的无产阶级革命英雄，在那个风起云涌的年代，他们抛头颅、洒热血，换来我们今天美好的生活，而许多中学生却不熟悉他们的名字和事迹。对此，我们该如何为这些革命者立传，才能让同学们回到那个时代，了解他们的事迹，传承红色文化和革命精神呢？

成果公开方式：

在学校举行"觉醒年代的他们"传记发表会，参与人员有学校教师，家长和其他感兴趣的同学。届时每组人员都需要呈现珠海革命英雄传记的打印版本，并进行口头汇报（配演示文稿），小组之间互相阅读传记，分享阅读感受，最终通过评价量规产生各具特色的传记，宣传英雄事迹，传承革命精神。

高阶认知策略：

问题解决（√）决策（　）创见（√）系统分析（　）实验（　）调研（√）

项目学段：

第一学段：调查采访，搜集英雄史料。

第二学段：阅读传记，总结传记特点。

第三学段：写作传记，展现英雄品格。

第四学段：编撰成册，传承革命精神。

【项目目标】

（一）语言目标

1. 通过阅读，学会梳理传主的人生轨迹、历史成就、精神品格，体悟作者的情感。

2. 学会从选材、描写方法、表现手法等方面分析传记的特点，体会传记的文学性和真实性。

3. 通过网络搜索和实地参观采访，收集珠海革命英雄的历史资料，学会对资料进行取舍和甄别。

4. 在掌握史料的基础上，学会在历史背景中还原人物真实面貌，学会合理想象，选取典型事件展现人物精神内核。

（二）思维目标

1. 具体分析、对比不同传记的异同，整理归纳传记的特点，训练综合分析思维。

2. 针对现状，设计调查问题，撰写调查报告，训练解决问题思维。

3. 选择典型事件，合理想象，细节点染，写作传记，训练想象能力和创造性思维。

（三）素养目标

1. 通过小组合作、交流和讨论，提高表达与交流能力及团队协作能力。

2.通过参与调查、采访，增强社会责任感。

3.通过参与评价量规的设计，学会评价自己和他人的学习效果，以评价促进学习。

4.通过跨学科的学习，提高跨学科学习的能力及信息技术素养。

（四）价值目标

以"为珠海革命英雄立传"为主题进行调查、采访、阅读、写作、编撰、展示等活动，从珠海革命英雄的事迹中汲取精神营养，丰富生活体验，传承革命精神，提升文化认同。

【设计说明】

2022年版的新课标提出课程内容的主题及载体形式为"三化"："中华优秀传统文化""革命文化"和"社会主义先进文化"。统编教材课文体现了此要求，以大单元主题进行串联。七下第一单元以"杰出人物"为主题，包括《邓稼先》《说和做——记闻一多先生言行片段》《回忆鲁迅先生》等，本单元写作要求"写出人物的精神"；七下第二单元以"家国情怀"为主题，包括《谁是最可爱的人》《老山界》《木兰诗》等，本单元写作要求"学习抒情"；七下第六单元以"科学探险"为主题，包括《伟大的悲剧》《太空一日》等；八上第二单元以"回忆人物"为主题，包括《藤野先生》《回忆我的母亲》《列夫·托尔斯泰》《美丽的颜色》，本单元写作要求"学写传记"。

由此可见，统编教材七下和八上都选入了传记，如《邓稼先》《伟大的悲剧》《太空一日》《列夫·托尔斯泰》《美丽的颜色》，八上第二单元写作要求是"学写传记"。七下一二单元的文章是以"革命文化""家国情怀"为主，在能力上要求训练学生"写出人物的精神"和"学习抒情"，非常适合用在传记写作中，因此我们以"为珠海革命英雄立传"项目化活动统整七八年级的传记知识和写作单元，在活动中落实新课标要求，开发珠海文化资源。

【教学设计理念】

1.《义务教育语文课程标准（2022年版）》认为语文课程应围绕立德树人根本任务，充分发挥育人功能和奠基作用。语文课程致力于全体学生核心素养的形成与发展，语文核心素养包括"文化自信""语言运用""审美创造""思维能力"4类。为了实现核心素养的提高，应当从学生语文生活实际出发，创设丰富多样的学习情境，设计富有挑战性的学习任务，激发学生的好奇心、想象力、求知欲，促进学生自主、合作、探究学习。要充分发挥现代信息技术的支持作用，拓展语文学习空间，提高语文学习能力。本课例开展的项目化学习"为珠海革命英雄立传"正是在信息技术的支持下，创设真实情境，让学生在项目化学习中学语文、用语文，最终实现核心素养的发展。

2. 建构主义等现代教学理论强调以学生为主体，知识与方法是以学生为主体进行自身建构，学习与评价需基于真实情景。我们要关注真实情景中学生的个体发展，项目化学习强调在真实情景中培养学生的高阶思维能力，用评价来促进个体的学习，最终产生可见的公开成果。本课例涉及学科包括语文、历史和美术，涉及调查采访、阅读传记、写作传记、编撰传记等活动，主要使用的高阶认知策略包括问题解决、创见、调研等，每个阶段都用评价来促进学习，实现教、学、评一体化。

【教学策略】

（一）情境教学

本课例导入和结尾时应用腾讯智影中的"数字人播报"模拟《珠海特区报》记者给学生发布为珠海革命英雄立传的任务的情境；组织学生到苏兆征、杨匏安、林伟民三个陈列馆参观，并采访工作人员、当地村民及游客等人，在日常生活情境中运用语文；共读革命英雄、文人等人物传记是文学体验情境；收集资料过程中查阅历史背景，了解珠海革命英雄与我们熟知的历史人物之间的关系，了解香港海员大罢工、省港大罢工与中国共产党的渊源，这些涉及历史学科，为传记画封面、排版、设计等涉及美术学科，这些是跨学科学习情境。

（二）活动式教学

本课例主要以活动来组织学习，通过思维导图来了解传记的文学性和真实性；学生通过现场参观、采访、调查来收集传主的资料；通过传记阅读分享来感知传记特点、提炼写作支架；根据写作支架设计写作量表；通过创作封面与展示成果来传承革命文化。学生通过小组活动，积极参与，在活动中完成任务，发展核心素养。

（三）合作学习

学生从兴趣出发选择一位珠海革命英雄，结成活动小组，在调查采访、阅读传记阅读、写作传记、编撰成册等活动中积极准备、小组讨论、团结协作、互助互评，在社会性互动中提高自己的问题解决能力、表达与交流能力及决策能力等。

【实施效果及推广应用情况】

（一）提升语文能力，培养学习兴趣

在项目化学习四个学段中我们设置了不同的语文活动。在调查采访中，小组成员提前讨论了采访提纲，做好分工，提前设想采访问题，还查阅了采访礼仪，在采访中能根据采访对象的回答，调整采访问题，体现了思维的灵活性。在知晓当地居民对这些革命英雄的事迹和精神了解并不多的状况后，更激发了他们参与活动的动力。

（二）注重自主发展，提高核心素养

学生在项目化学习中学会制定计划、自我监督、表达看法和评价他人。通过评价量规明确了学习目标，提高了学习效率，激发了学习内驱力。以"写传记"的方式带动了听、说、读、写能力的培养，增加了师生之间、生生之间的互动，锻炼了学生的倾听、沟通能力，使他们学会在小组中解决冲突和矛盾。

（三）提高社会参与度，培养文化自信

"为珠海革命英雄立传"立足于本地革命文化的传承，让学生走出校园，关注社会文化当发现人们对这三位珠海革命英雄的认知程度不高之后，学生有意识地创作修改传记，并致力于把项目最终成果向本校所有同学宣传展示，提高了对本地文化的认同感，也提高了他们的责任感。

（四）推广应用情况

在调查采访阶段，家长随学生一起参观；在项目成果发布阶段，将会通过直播公开，邀请他校老师、同学、家长等评价主体加入。本课例曾作为珠海市尚辉、全培忠名教师工作室联合开展的"推进广东省初中语文学科教研基地（珠海）精品课程专题研究"——传统文化项目式活动的公开课向全市直播，也是珠海市教育科研"十三五"立项课题《基于项目化学习的粤港澳大湾区背景下珠海文化资源在初中语文综合性学习课程中的开发和利用（2020KTG60）》的课题成果之一，同时获得香洲区信息化能力提升工程2.0精品课案例一等奖，具有推广应用价值。

【项目实施过程】

第一学段：调查采访，搜集英雄史料

第一学段学习目标：

1. 调查中学生对珠海革命英雄的认知程度。

2. 了解中学生喜欢的传记风格。

3. 通过网络搜索和实地参观采访，搜集和整理珠海革命英雄的历史资料。

活动过程：

活动一：调查问卷及分析

1. 小组讨论，针对调查目的设计问题，在学校平板的AI上发布问卷调查。调查目的包括中学生对珠海革命英雄的认知程度、对革命传统文化意义的认知，以及中学生喜欢的传记风格。

2. 对部分同学进行访谈，具体了解中学生喜欢的传记风格。

3. 收集数据，分析调查结果。（完整调查问卷见附录1）

活动二：参观采访及展示

1. 全班同学分成3队8个小组，分别去杨匏安、苏兆征和林伟民陈列馆参观，设计采访提纲（完整版见附录2），采访当地村民、工作人员和游客。

2. 拍摄、记录、分析采访资料（完整版见附录3），梳理出人物生平经历、历史背景、具有转折意义的大事和性格精神，记录采访过程和采访感受，对自己和小组的表现进行评价，利用PPT完成班级展示。

3. 每个小组3~5分钟展示，其他同学完成导学案中的时间轴和事件梳理，并对每个小组的展示进行评价。

活动评价量表：

采访活动评价量表见表2-2-7。

表2-2-7

评价指标			评价等级		
一级指标	二级指标		自评	小组评价	师评
小组合作	★★★合作良好，分工明确，在小组内起到领导作用，积极参与讨论与交流，对小组贡献大。	★★参与协作，推动小组工作，会参与讨论与交流，对成果有一定贡献。	★有参与讨论、协作，较少参与讨论与交流。	☆☆☆	☆☆☆	☆☆☆
采访提纲	★★★采访提纲完善，有很强的可操作性，预设的采访问题有质量、有逻辑、有梯度。	★★采访提纲大体完备，有一定的可操作性，预设的采访问题有一定质量，缺乏逻辑性。	★采访提纲不完善，可操作性不强，预设的采访问题质量不高。	☆☆☆	☆☆☆	☆☆☆
采访过程	★★★采访过程顺利，紧扣主题，达到预期；言行得体，与采访对象交流顺畅，注意采访礼仪。	★★采访过程大体顺利，达到一定的预期；言行较为得体，与采访对象交流较为顺畅，有一定的采访礼仪。	★采访过程顺利，没有达到预期；与采访对象交流不顺畅，没有注意采访礼仪。	☆☆☆	☆☆☆	☆☆☆
材料整理	★★★采访材料条理清晰，能充分体现人物精神，挖掘了人物背后的故事和细节，为传记写作提供翔实的材料。	★★采访材料有一定条理，能大体体现人物精神，挖掘了人物背后的故事，一定程度上关注细节，为传记写作提供必要的材料。	★采访材料不太能体现人物精神，没有关注人物背后的故事和细节。	☆☆☆	☆☆☆	☆☆☆

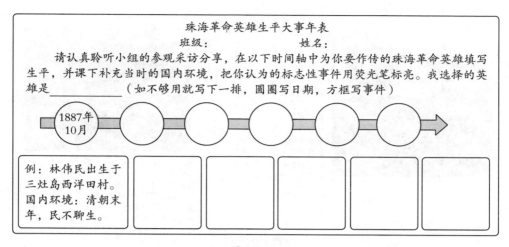

图2-2-29

小组展示评价表	
我评价的是：_____组	1～5分，5分最高
1.采访材料始终围绕"珠海革命英雄人物"这一主题	
2.用时间线索展现了人物主要的经历	
3.能突出英雄的人生重大转折	
4.采访了对传记写作有价值的人物	
5.用PPT对采访资料做了较好的梳理和分类	
6.PPT的呈现合理，图文并茂，不影响观看	
7.展示时大声流利，仪态大方	
建议：	

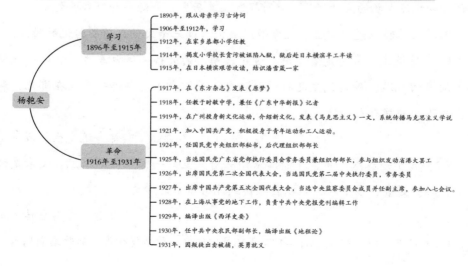

生：您对这个人物的评价
如何？
店内人员：革命家、民
主战士。
生：他的哪些事情让您触动？
店内人员：英勇牺牲。
生：您觉得他的事迹对
我们有什么启发？
店内人员：青少年应该
更加珍惜现在的生活。
虽然现在不用你们献身，
但是你们也可以用自己
的能力，为国家创造价值。

我自己也采访了很多人，比如说刚搬来不
久的卖废品的大叔，还有几个聚在一起
喝茶的大爷们，都说对这个人物不了解。
杨氏大宗祠里的工作人员表示拒绝采访，
整个采访过程非常的艰辛。所以我觉得我
们有必要开展相关工作，宣传红色精神。

图2-2-30

第二学段：阅读传记，总结传记特点

第二学段学习目标：

1. 自由阅读各类人物传记，填写阅读记录表。

2. 了解传记知识，分析传记的文学性和真实性。

3. 自主探究，把你认为适合中学生阅读的传记特点呈现在词云图上。

活动过程：

活动一：了解传记

1. 传记：是以完成对传主整个人生的介绍为目的，遵循真实性原则，用形象化的方法记述人物的生活经历、精神风貌及其历史背景的一种叙事性文体。

2. 其文体特点是真实性和文学性。我们通过三个文段来了解传记的特点。

（1）鲁迅先生旁边走着海婴，过了苏州河的大桥去等电车去了。……海婴
不安地来回乱跑，鲁迅先生还招呼他和自己并排坐下。鲁迅先生坐在那儿，和
一个乡下的安静老人一样。

（萧红《回忆鲁迅先生》节选）

（2）我于一八八一年生于浙江省绍兴府城里的一家姓周的家里。父亲是读
书的；母亲姓鲁，乡下人，她以自修得到能够看书的学力。

（鲁迅《鲁迅自传》）

（3）鲁迅（1881年9月25日—1936年10月19日），原名周樟寿，后改名周树人，

字豫山，后改豫才，"鲁迅"是他1918年发表《狂人日记》时所用的笔名名。

（《鲁迅简介》）

比较以上三个文段，说说它们的体裁，同时完成表2-2-8。

表2-2-8

	《回忆鲁迅先生》节选	《鲁迅自传》	《鲁迅简介》
选材典型性	强	强	弱
材料真实性			
作者主观性			
人物多面性			
时间跨度			
细致描写			
文学性			

预设：

表2-2-9

	写人记事散文 《回忆鲁迅先生》节选	传记 《鲁迅自传》	人物简介 《鲁迅简介》
选材典型性	强	强	弱
材料真实性	强	强	强
作者主观性	强	一般	弱
人物多面性	一般	强	强
时间跨度	小	大	大
细致描写	多	一般	极少
文学性	强	强	弱

活动二：小组分享

1. 根据自己的阅读经历及阅读记录表，在组内分享你阅读的传记的传主事迹和精神，你认为传记的真实性和文学性体现在哪些方面？

2. 成员们整理小组分享的成果，在平板AI上参与讨论，输入关键词即可。

3. 组长把有意义的回答输入微词云网站，形成词云图，由此初步总结出传记的特点。

第三学段：写作传记，展现英雄品格

第三学段学习目标：

1. 通过思维导图及讨论，在阅读课内外传记的基础上梳理传记的文学性和真实性。

2. 通过分析课内传记写法，学会根据人物的精神内核选取典型事件，总结出传记写作量表，传承革命精神，增强文化认同。

3. 通过完成调查问卷及评价量规，学会自我评价学习效果。

主要教学策略：

情境教学、活动教学、小组合作学习。

技术工具、平台、资源：

腾讯智影创设情境；用本校平板AI学习课前导学平台推送的微课、人物资料卡及封面介绍视频；用平板AI问卷平台进行写作构思、封面选择；用思维导图呈现探究成果；用UMU讨论呈现词云图；用UMU拍照收集写作成果；用问卷星及AI问卷进行课堂效果评价；用PPT制作课件。

教学设计思路：

1. 创造真实的学习情境：利用腾讯智影数字人播报设置情境和总结项目：《珠海特区报》记者丹心邀请你为珠海革命英雄立传；运用课前导学推送的微课视频、珠海革命英雄人物资料卡、封面介绍视频，为接下来的学习奠定基础。

2. 跨学科学习活动设计：参观、采访三个珠海革命英雄陈列馆，并用PPT进行小组分享，同时运用搜索软件了解历史资料，为传记写作做准备；根据传记内容和人物精神设计封面，要求依据人物精神和事迹，选择相关意象，恰当组合，具有艺术感染力和正能量，运用视频介绍创作缘由，用AI问卷投票最适合的作品。

3. 学生创造性学习与表达：运用思维导图梳理传记的文学性和真实性，运用UMU讨论词云图显示每个人的观点异同；运用AI问卷构思传记材料和方法；运用UMU拍照收集每个人的传记，方便阅读和互评。

4. 数据支持的精准测评及指导：运用问卷星收集本课例课堂效果评价数据，形成个人和小组的能力雷达图，用Excel进行数据描述性统计（最大值、最小值、平均值、众数等），同时根据核心素养的分类形成每个人和小组的折线图，让学生明确学习方向。

教学过程：

课前导学：教师制作"了解传记"微课；将3个小组制作的封面介绍视频，以及3个珠海革命英雄的资料卡发送到AI课前导学中。学生认真观看微课，初步了解传记特点；认真观看封面介绍视频；完成前两学段任务，即调查采访和阅读传记。

设计意图：利用课前导学学习知识性问题，带着思考进入学习，为接下来的学习做铺垫，提高课堂效率。

项目驱动：运用腾讯智影数字人播报设置情境：《珠海特区报》记者丹心邀请你为珠海革命英雄立传，宣传英雄事迹，传承革命精神。

设计意图：设置真实情境，激发学习兴趣。

活动一：了解传记

1. 课前观看AI导学微课"了解传记"，回想你读过的传记，真实性和文学性具体表现在哪里？

2. 小组讨论：在思维导图中呈现探究结果，提炼关键词，参与UMU讨论，从词云图中发现异同。

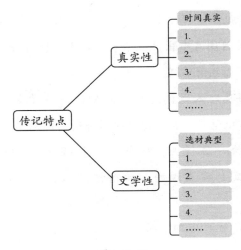

图2-2-31

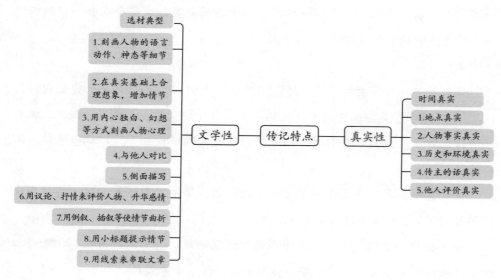

图2-2-32

设计意图：

1. 运用思维导图梳理课内外传记的文学性和真实性，有助于启发学生思考。

2. 提炼关键词，是让思维有条理的方式之一。

3. 运用UMU讨论，方便了解每个学生的观点，最后词云图会呈现频次最多的词语，有助于呈现共同观点，学生也能自由评价他人，保证了讨论的覆盖面全面和有效性。

活动二：写作传记

1. 由珠海革命英雄图片引出"三不朽"：太（tài）上立德，其次立功，其次立言，虽久不废，此之谓不朽。

2. 发送3个珠海英雄人物的资料卡到AI课前导学中（同时分组发放导学案），在平板AI问卷中设置好关于传记材料筛选的问题。

3. 引导学生选择一位传主，从每个传主6则材料中选取3则，编排事件的顺序和详略，确定想要表现的人物精神，构思增加真实性和文学性的写作方法。

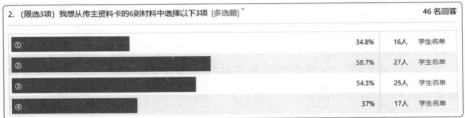

图2-2-33

立德——筛选传记材料

经历参观、采访、记录、小组分享、资料整理，根据导学案上关于杨匏安、苏兆征、林伟民的资料卡（分组发放），请你选择一位传主，完成AI问卷，从每个传主6则材料中选取3则，编排事件，确定想要表现的人物精神。请用以下格式展示：

我选取的事例有_____，我是这样编排事件顺序的：_____，我想详写第_____件事，因为它最能突显TA_____的精神，我想运用_____方法增加真实性，我想运用_____方法增强文学感染力。

设计意图：

1. 以"三不朽"串联写作过程，让学生在写作中感受人物精神。

2. 运用AI课前导学提前学习、共享3个小组的成果，更全面地了解不同人物的事迹。

3. 运用AI问卷搭建传记构思支架，避免课堂碎问碎答及只提问几个同学的状况，扩大课堂参与面，同时引导学生自主探究，更自信地展示。

4. 根据问卷数据的反馈可做个别指导。

立功——写作英雄传记

1. 用课文举例引导学生训练3种传记写作方法：环境点染，还原事件场合；

描写感官，还原具体语言、表情、动作；合理想象，还原内心独白。

2. 学生在教师引导下回答问题、展开想象、对比文段，学习3种传记写法。

3. 依据量表详写AI问卷中选择的事情，为这件事加上环境描写、细节描写、心理描写。150字，8分钟完成，拍照上传至UMU。

4. 小组成员依据量表互评并提出建议。

方法之一：环境点染，还原事件场合

文段一：

一百年以前，甲午战争和八国联军时代，恐怕是中华民族五千年历史上最黑暗最悲惨的时代，只举1898年为例：

德国强占山东胶州湾，"租借"99年。

俄国强占辽宁旅顺大连，"租借"25年。

法国强占广东广州湾，"租借"99年。

英国强占山东威海卫与香港新界，前者"租借"25年，后者"租借"99年。

那是中华民族任人宰割的时代，是有亡国灭种的危险的时代。

文段二：

青海、新疆，神秘的古罗布泊，马革裹尸的战场，不知道稼先有没有想起过我们在昆明时一起背诵的《吊古战场文》：

浩浩乎！平沙无垠，夐不见人。河水萦带，群山纠纷。黯兮惨悴，风悲日曛。蓬断草枯，凛若霜晨。鸟飞不下，兽铤亡群。亭长告余曰："此古战场也！常覆三军。往往鬼哭，天阴则闻！"

预设：历史环境和自然环境

方法之二：描写感官，还原具体语言、表情、动作

斯科特日记
3月29日 星期四
真的很遗憾，但我想我不能再写下去了。最后补充一条：看在上帝的分上，照顾好我的家人。
最后，请把我的日记交给我的遗孀。

茨威格传记
斯科特海军上校的日记一直记到他生命的最后一息，记到他的手指完全冻住，笔从僵硬的手中滑下来为止。……最后一篇日记是他用已经冻伤的手指哆哆嗦嗦写下的愿望："请把这本日记送到我的妻子手中！"但他随后又悲伤地、坚决地划去了"我的妻子"这几个字，在它上面补写了可怕的"我的遗孀"。

图2-2-34

方法之三：合理想象，还原内心独白

文段一：

1982年，他做了核武器研究院院长以后，一次井下突然有一个信号测不到了，大家十分焦虑，人们劝他回去，他只说了一句话："我不能走。"

文段二：

他心里在想："这事我不去谁去？"他平时对于别人的安全非常关心，而偏偏把自己的健康和生死置之度外。这种拧脾气，似乎是从事核武器研究之后添的"毛病"。这也是他后来性格变化的一个侧面表现。他和二机部副部长赵敬璞同行，乘坐一辆吉普车，向戈壁深处驶去。

在汽车上，他们没有什么话，这并不是没话可说，而是邓稼先的脑子里在不停地思索。究竟是什么事故？有几种可能性？最坏的结果是什么？他什么都想到了。

他这时还不知道是因为降落伞没有打开导致核弹从飞机上直摔下来，偏离预定的爆心处很远。他一定得找到核弹，探明原因。车子在大戈壁上到处跑，他终于找到了。到了发生事故地区的边缘，他要汽车停下来。一下车，他坚决阻拦赵副部长和司机与他同行。最后他急了，忘掉了对领导同志应有的尊重，他大声对赵副部长喊："你们站住！你们进去也没有用，没有必要！"

"没有必要"这是一句只说出一半的话。如果把这句话完整地说出来，应该是"没有必要去白白地做出牺牲"。而邓稼先认为自己是有必要的。

——许鹿希《邓稼先传》

学以致用：

在AI问卷中你选了最想详写的事情，请为这件事加上环境描写、细节描写、心理描写。依据量表写作，150字，8分钟完成，拍照上传至UMU。小组成员依据量表互评并提出建议。

写作支架量表（8颗星）		
环境描写	细节描写	心理描写
自然环境★ 历史环境★	外貌描写★ 动作描写★ 语言描写★ 神态描写★	内心独白★ 幻觉想象★

图2-2-35

设计意图：

1.根据课文学可传记写作的3种方法，还原环境可以增加真实性，还原细节和心理可以增强文学感染力。以方法为支架，让传记有规可循。

2.以量表形式指导和评价写作，让学生对传记写法有更深的认知。让学生先学会写一件事，课下再写出传记全文，循序渐进。

3.运用UMU拍照，教师和同学都可以上传作品，实现共享，增加了交互性。

立言——挑选传记封面

1.课前组织小组为传记合集设计封面，收集学生作品；发送3个小组的封面介绍视频在AI课前导学中，通过AI问卷设置最适合的封面投票。

2.出示话题，引导学生为珠海革命英雄传记合集取名，说出革命英雄的事迹对自己的感召。请用以下格式呢示：我想把珠海革命英雄传记合集取名为_____，寓意是_____。

如：老师给传记合集取名为《闪亮的坐标》，寓意是珠海革命英雄的精神像坐标一样引领我们的人生，永远闪闪发亮。

图2-2-36

设计意图：

1. 运用AI课前导学发送封面视频，提高课堂效率。

2. 运用AI问卷投票，高效统计数据。

3. 为传记合集取名，引导学生传承革命精神。

活动三：项目总结及评价

1. 首尾呼应，回归情境：《珠海特区报》记者丹心祝贺学生完成任务。

2. 在问卷星中发布课堂效果评价量表，收集数据形成个人能力雷达图。

设计意图：

1. 首尾回应，回归情境，让学生始终保持探究的兴趣。

2. 通过课堂效果评价，收集学生数据，培养学生自我评价的能力，便于教学改进。

3. 运用雷达图展示个人能力分项评价，可与其他同学对比，明确学生进步的方向，也便于教师个别教学。

表2-2-10

学校：_____ 小组：_____ 姓名：_____

评价指标（总分120分）		核心素养	评价等级（各占1/3）		
一级指标	二级指标（完全同意5星，同意4星，不确定3星，不同意2星，完全不同意1星）	A文化自信，B语言运用，C思维能力，D审美创造	自评 ☆☆☆	组评 ☆☆☆	教师 ☆☆☆
了解传记（20分）	A1：能进入情境，认真观看微课，记录要点	A			
	A2：能认真阅读课内传记和1～2本课外传记，做好详细的阅读记录，对传主的事迹和精神、传记特点有深刻理解（能在课内基础上阅读1本以上课外传记并记录详细4～5星；能认真阅读课内传记并能对传记特点有一定了解2～3星；能阅读课内传记但对传记特点了解不深1星）	D			

评价指标（总分120分）		核心素养	评价等级（各占1/3）		
一级指标	二级指标 （完全同意5星，同意4星，不确定3星，不同意2星，完全不同意1星）	A 文化自信，B语言运用，C思维能力，D审美创造	自评 ☆☆☆	组评 ☆☆☆	教师 ☆☆☆
了解传记 （20分）	A3：能在传记中找出体现真实性和文学性之处（每个方面3处以上4～5星，2处2～3星，1处1星）	C			
	A4：能根据讨论结果提炼出关键词，根据词云图总结出传记的一般特点	B			
能力点一得分					
筛选材料 （20分）	B1：能根据人物精神选取典型事例	AD			
	B2：能预先构思事件的分类、顺序和详略等编排	C			
	B3：能根据选材构思恰当的方法，增加传记的真实性和文学性	D			
	B4：构思的这些方法对接下来的写作很有指导意义	C			
能力点二得分					
写作传记 （20分）	C1：能在教师引导下对传记的环境点染、描写感官、合理想象等方法有深刻理解	D			
	C2：能在限定的时间内运用3种方法详写一件事（3种4～5星，2种2～3星，1种1星）	D			
	C3：能根据评价量表升格自己传记，评价他人传记并提出具体建议（能完全达到4～5星，能升格自己传记、评价他人却不能提出建议2～3星，只能升格自己传记1星）	D			
	C4：课后能根据资料卡写出珠海革命英雄传记的全文，并能根据写作量表丰富传记写作方法（文学性和真实性各3种以上4～5星，2种2～3星，1种1星）	AC			

续 表

评价指标（总分120分）		核心素养	评价等级（各占1/3）		
一级指标	二级指标（完全同意5星，同意4星，不确定3星，不同意2星，完全不同意1星）	A文化自信，B语言运用，C思维能力，D审美创造	自评 ☆☆☆	组评 ☆☆☆	教师 ☆☆☆
能力点三得分					
选择封面（20分）	D1：能与小组一起依据人物精神和事迹，选择相关意象，恰当组合，具有艺术感染力和正能量	AD			
	D2：能自信大方、有条理地向他人讲述封面创作的缘由	B			
	D3：能认真观看封面介绍视频，根据传记内容和特点选择恰当的封面	AD			
	D4：能通过取名说出珠海革命英雄精神对你的感召	A			
能力点四得分					
小组合作（20分）	E1：能积极配合组长工作，与组员合作良好，分工明确	B			
	E2：能积极参与项目式学习中各项小组活动	C			
	E3：能积极举手发言，参与小组讨论与交流	C			
	E4：能客观公正地评价小组成员，对小组成果贡献大	C			
能力点五得分					
信息技术（20分）	F1：能熟练运用信息技术检索人物资料，并对资料进行分类整理	信息素养			
	F2：能在教师引导下快速打开学习软件	信息素养			
	F3：能在限定的时间内打字输入自己的看法	信息素养			
	F4：能运用技术手段展示小组成果	信息素养			
能力点六得分					
六项总计得分					

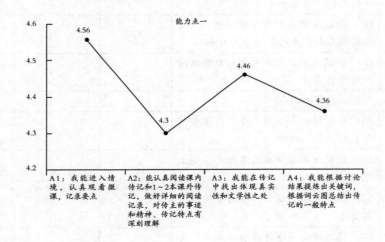

图2-2-37

课堂教学评价结果数据。

全班原始数据（折线图）

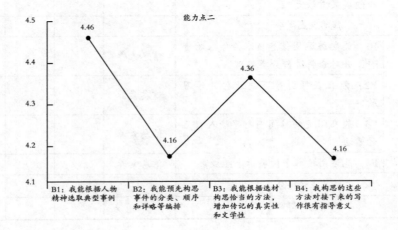

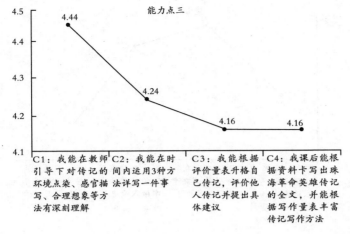

能力点三

| C1：我能在教师引导下对传记的环境点染、感官描写、合理想象等方法有深刻理解 | C2：我能在时间内运用3种方法详写一件事 | C3：我能根据评价量表升格自己传记，评价他人传记并提出具体建议 | C4：我课后能根据资料卡写出珠海革命英雄传记的全文，并能根据写作量表丰富传记写作方法 |

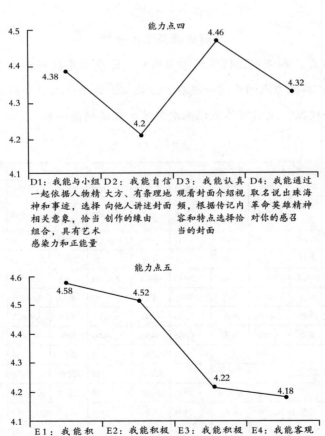

能力点四

| D1：我能与小组一起依据人物精神和事迹，选择相关意象，恰当组合，具有艺术感染力和正能量 | D2：我能自信大方、有条理地向他人讲述封面创作的缘由 | D3：我能认真观看封面介绍视频，根据传记内容和特点选择恰当的封面 | D4：我能通过取名说出珠海革命英雄精神对你的感召 |

能力点五

| E1：我能积极配合组长工作，与组员合作良好，分工明确 | E2：我能积极参与项目式学习中各项小组活动 | E3：我能积极举手发言，参与小组讨论与交流 | E4：我能客观公正地评价小组成员，对小组成果贡献大 |

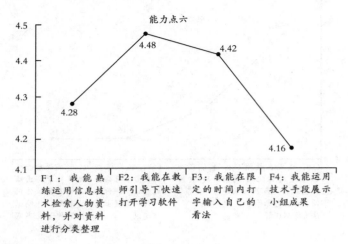

图2-2-38

全班数据描述性分析

从数据来看，本课例大体达到学习目标，课堂效果较好，六个能力点的平均分为104分，各能力点的平均分也在17分左右，说明学习总体效果中上；能力点三的平均分较低，说明写作传记难度对学生来说稍高一些。

表2-2-11

能力点一		能力点二		能力点三		能力点四		能力点五		能力点六	
平均分	17.69388	平均分	17.18367	平均分	17.02041	平均分	17.34694	平均分	17.53061	平均分	17.36735
标准误差	0.252881	标准误差	0.342154	标准误差	0.360095	标准误差	0.310736	标准误差	0.345158	标准误差	0.385421
中位数	18	中位数	18	中位数	17	中位数	17	中位数	18	中位数	18
众数	19	众数	16	众数	20	众数	20	众数	20	众数	19
标准差	1.77017	标准差	2.395077	标准差	2.520663	标准差	2.175153	标准差	2.416109	标准差	2.697946
方差	3.133503	方差	5.736395	方差	6.353741	方差	4.731293	方差	5.837585	方差	7.278912
峰度	-1.13876	峰度	1.615495	峰度	0.415213	峰度	-0.51517	峰度	1.971852	峰度	3.195321
偏度	-0.28767	偏度	-1.09875	偏度	-0.67493	偏度	-0.44198	偏度	-1.17554	偏度	-1.50358
区域	6	区域	11	区域	11	区域	8	区域	11	区域	13
最小值	14	最小值	9	最小值	9	最小值	12	最小值	9	最小值	7
最大值	20	最大值	20	最大值	20	最大值	20	最大值	20	最大值	20
求和	867	求和	842	求和	834	求和	850	求和	859	求和	851
观测数	49	观测数	49	观测数	49	观测数	49	观测数	49	观测数	49
置信度(95%)	0.508452	置信度(95%)	0.687946	置信度(95%)	0.724019	置信度(95%)	0.624777	置信度(95%)	0.693988	置信度(95%)	0.774941

个人能力点雷达图示例（优、中、差三层）

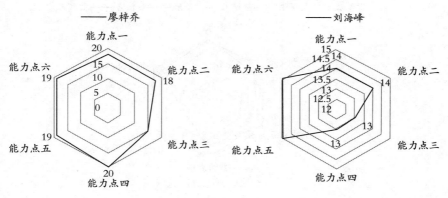

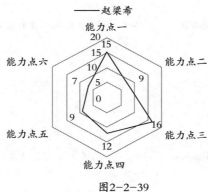

图2-2-39

小组雷达图示例

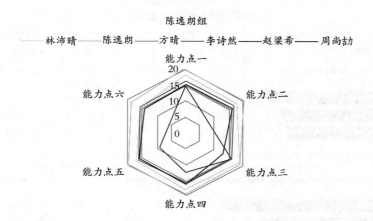

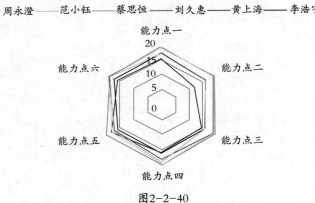

图2-2-40

课堂活动数据示例

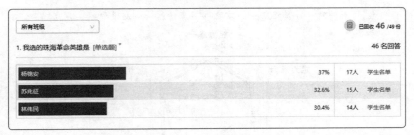

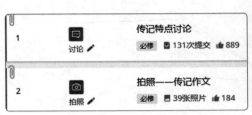

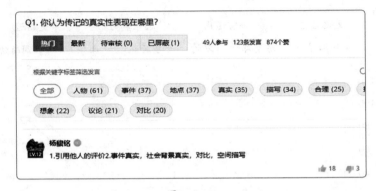

图2-2-41

学生核心素养折线图示例

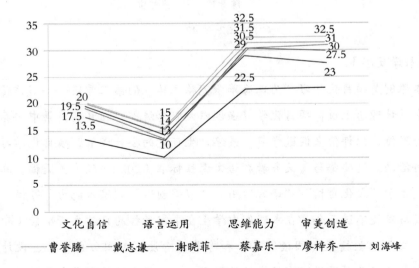

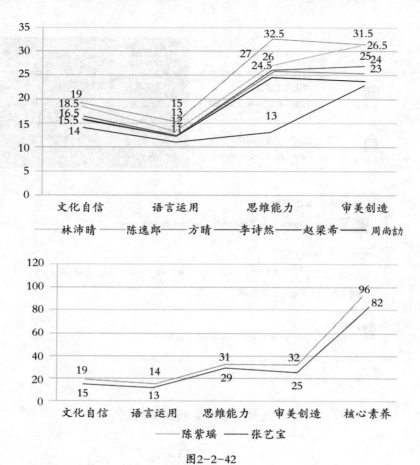

图2-2-42

【教学反思】

本课例是项目化学习"为珠海革命英雄立传"的第三学段——写作传记。从教学设计理念上说，项目化学习强调以大概念统整、在真实情景中培养学生的高阶思维，用评价来促进学习，最终产生可见的公开成果，项目化学习涉及跨学科活动。这些都与《义务教育语文课程标准（2022年版）》提倡在真实情景中致力于"文化自信""语言运用""审美创造""思维能力"等核心素养的形成与发展不谋而合。在本课例中学生在丰富多样的日常生活情景（参观采访）、文学体验情景（阅读写作）和跨学科情景（查阅历史资料、设计封面等）中参与了多种多样富有挑战性的学习任务，以小组的形式合作学习，在现代信息技术的支持下，记录和评价活动过程。在项目活动中，我们以学生为中心，学生按兴趣形成小组，制定活动计划、思考活动进程中可能产生的问题、讨论评价量规、与成员沟通交流等，教师起到组织和指导作用，及时了解任务进程和参与程度，在出现困难时搭建支架，保证项目顺利进行。

（1）在教学实践过程方面

本课例主要分为两个部分：了解传记和写作传记，写作传记又分为"立德——筛选传记材料""立功——写作英雄传记""立言——挑选传记封面"。教学重难点是引导学生找出传记中的文学性和真实性，以及训练传记写作的三种方法。学生需要在阅读课内外传记的基础上找出文学性和真实性的具体表现，为了防止混乱，我们采用思维导图帮助学生梳理，并用UMU讨论呈现观点异同，这样的"综合——分析——综合"让学生为写作传记打下基础。写作传记部分，我们回归统编教材，选择了传记的3种写作方法来搭建写作支架量表，"还原环境"增加传记的真实性，"还原细节""还原内心"增加传记的文学性，学生由详写一件事扩展到详写整篇传记，循序渐进。这两个部分借助思维导图、UMU讨论、UMU拍照，保证了学生发言的公平性、活动的最大覆盖面以及评价的全面性，教学过程比较顺利，需要注意的是部分同学对传记的逻辑性理解不深，还需进一步学习。

（2）在教学方法方面

本课例主要运用情境教学、活动教学和小组合作学习，运用腾讯智影首尾呼应、创设情境，激发了学生的学习兴趣；在小组讨论中理解传记的文学性和真实性，在观点的碰撞中关注每个学生的探究结果；在小组写作和评价活动中实现传记写作能力的提高；在选择封面活动中传承革命人物的精神。此外，项目其他学段的调查采访、阅读、编撰、成果发布等活动，都是让学生在真实情景中实现核心素养的提高。

（3）在教学效果方面

从评价数据来看，大部分同学都能进入情境，基于课内外传记梳理出传记的文学性和真实性；也能根据人物精神对人物资料进行取舍、甄别，构思写作方法；还能在历史环境中还原人物真实面貌，选取典型事件，合理想象，刻画人物内心。通过课堂观察，我们还能看到学生评价能力、团结协作能力、沟通交流能力和信息素养能力的提高。整个活动下来，学生对珠海革命英雄人物的事迹、精神的熟悉程度，对用自己的能力宣传革命事迹、传承革命精神的兴趣一直在提高。当通过现场和直播方式向其他人公开成果时，他们产生了巨大的成就感和幸福感，我们看到了当代青少年的责任担当和对本地文化的认同。

（4）在技术工具应用方面

本课例利用AI课前导学发送了微课、人物资料卡和封面介绍视频，实现了翻转课堂效果，大大提高了课堂效率，也方便学生反复学习；在项目驱动和总结阶段运用腾讯智影创设真实情境；在了解传记阶段运用微课、思维导图、UMU讨论词云图探究了传记的文学性和真实性；运用AI问卷帮助学生构思写作；运用量表指导学生写作；运用UMU拍照收集全班作品；运用AI问卷投票最适合的传记合集封面；运用问卷星设置课堂评价量表；运用Excel形成个人能力雷达图和对全班数据进行描述性分析。技术的应用，保证了每个学生的发言权，提升了交互性，节省了时间，培养学生评价的能力，数据分析结果反馈出学生的掌握程度，也为个性化教学提供了依据。但是，我们必须清楚，技术只是一种手段，并不是目的，语文课程始终要体现语文性，所以本课例始终围绕新课标和统编教材来训练传记写作。

（5）在教学创新方面

首先，本课例是对统编教材七年级下册和八年级上册的统整，以大单元、大概念统整教学，有利于学生对知识的深刻理解和深度学习；其次，本课例是在真实情境中对本地红色文化资源的开发和利用，珠海市是一个英雄辈出的城市，而本地学生和居民对英雄事迹认知程度不高，通过项目式学习，提高学生的社会责任感和文化自信；再次，本课例坚持以评价促进学习，每个任务都激发学生参与评价量规设计的兴趣，让学生明确发展的方向；最后，本课例利用信息技术手段创设情境、课前导学、搭建支架、呈现观点、收集作品、评价课堂效果，提高了课堂效率，保证了课堂参与面，大大增加了交互性，也为学生自学和教师改进教学提供了依据。

第四学段：编撰成册，传承革命精神

第四学段学习目标：

1. 打印传记，附插图和封面，装订成册。

2. 为传记写推荐语，举办成果公开会。

活动过程：

活动一：升格传记

1. 小组根据量表写作完整的传记，教师和小组代表初评，发放《用稿通知单》。

用稿通知单

_____ 同学：

　　祝贺您的文章《　　　　　　　》被我班《珠海革命英雄传记》录用！

　　文章被录用，显示了您认真的写作态度和潜在的写作才能，我们坚信，只要您坚持写作，一定会成为班级中的作文高手，同时，作文将馈赠给你快乐、自豪、荣誉和尊严。

　　为了使您的文章更加精彩地出现在老师、同学、父母以及一切能看到传记的读者面前，请您再次认真修改自己的文章，这样您的作文才能展现得淋漓尽致。

　　为了使您的文章顺利见报，与读者见面，请您务必于周二晚上之前，将文章全部输入电脑或手机，并私信发送到老师的QQ上。

　　再次向您表示热烈的祝贺！

《珠海革命英雄传记》编辑部

2022年4月　　日

---

2. 将初稿对照量表升格，教师提供示例。

表2-2-12

指标	传记写作支架	赋分	总分
真实性	1.介绍人物经历，涉及的时间、地点、人物等都是真实的	★	总分为11颗星，根据量表打分。
	2.选取典型事件，体现人物品格	★	
	3.刻画历史环境和自然环境	★	
	4.引用传主原话或他人评价	★	
逻辑性	1.以小标题提示情节	★	
	2.用时间、地点等作为线索，编排事件	★	
文学性	1.运用倒叙，设置悬念	★	
	2.将其他人与传主进行对比		
	3.抓住传主最具特点的表情、语言、声音、动作等展开描写	★	
	4.合理想象，揣摩人物的心理	★	
	5.中间或结尾加入议论、抒情	★	

传记升格量表（谢晓菲）

大标题（体现主题）：苏兆征

表2-2-13

小标题	写法	精神	对我的影响，对他的情感	传主原话或他人评价
一、接济贫苦	典型事件，介绍人物经历	善良		
二、离乡遇伯乐	细节描写，引用他人评价	志同道合		孙中山
三、香港海员大罢工	对比	正义		
四、省港大罢工	描写	团结、呕心沥血		
五、因病逝世	引用他人评价 侧面描写	鞠躬尽瘁		邓颖超、周恩来
升格意见	1.事件：反抗剥削，热爱家乡，关心工人，旧疾发作 2.精神：反抗压迫，团结合作，廉洁奉公，无私忘我，一心一意干革命，坚定信念，爱国主义，果敢坚毅 3.方法：历史背景和环境描写，内心独白，议论抒情（直接或间接抒情）4.小标题方式是否能更吸引人			

活动二：编撰成册

1. 小组写作推荐语，吸引其他同学传阅。

2. 根据内容为传记制作封面、排版、印制成册。

活动三：成果公开会

1. 举行"觉醒年代的他们"成果公开会，制作展板，布置会场，填写邀请函。小组梳理流程，撰写串词，制作PPT。邀请其他老师、其他年级同学和家长参加成果公开会。每个小组把活动的过程展现出来。

1组：封面组。

2组：参观组。

3组：阅读组。

4组：写作组。

5组：问卷组。

6组：排版组。

7组：主持组。

附录1：

项目化活动"为珠海革命英雄立传"之调查问卷

设计者：陈逸朗组

1. 在参观活动之前，你听说过以下哪些珠海革命英雄？（　　）

A. 苏兆征

B. 杨匏安

C. 林伟民

D. 其他

2. 在参观活动之前，你是通过什么途径了解珠海革命英雄的？（　　）

A. 爱国主义教育活动，如学校或自发组织的参观活动

B. 电视、电影、网络等媒体

C. 传记或书籍

D. 戏曲、话剧等其他艺术作品

3. 在参观活动之前，你对这些珠海革命英雄事迹的了解程度如何？（　　）

A. 非常了解

B. 基本了解

C. 不太了解

4. 作为中学生，你认为了解珠海革命英雄事迹的重要性体现在哪些方面？（　　）

A. 了解革命历史，知晓今日生活来之不易

B. 从他们的事迹中汲取精神力量，为今后的学习和生活打下基础

C. 传承红色文化和革命精神，提高对珠海文化的认同感

D. 了解之后，可以成为他们事迹和精神的传播者，让更多人知晓

5. 这次参观活动,对你了解他们的事迹写作传记是否有帮助?( )

A. 有非常大的帮助,比在网上或其他资料上搜集的帮助大

B. 有一定的帮助,跟在网上或其他资料上搜集差不多

C. 没有帮助

6. 除了书本中学过的传记,你主动阅读过几本传记?( )

A. 没有阅读过

B. 1~2本

C. 3~4本

D. 5本以上

7. 为了宣传,你觉得适合中学生阅读的珠海革命英雄传记应该具有哪些特点?(请具体描述)

例如:篇幅长短(多少页)、语言风格是典雅优美还是生动活泼、客观的历史材料多一些还是想象的细节描写多一些、记叙方式(顺叙、插叙等)、排版、封面、插图风格

8. 你如何看待珠海这些革命英雄?( )

A. 地域特色英雄人物,应该宣传推广并发扬光大其精神

B. 人民英雄,精神楷模

C. 已经过时,没必要继续学习

D. 比起学习英雄,更倾向于追求自我的幸福

E. 无所谓

9. 你认为通过阅读人物传记比通过其他媒体途径学习革命英雄精神更有哪些优势?(多选)( )

A. 通过传记阅读学习了解更详细更透彻,文字传达更有魅力

B. 相对于其他媒体途径,获取人物传记书籍更容易,如可以从图书馆中借阅

C. 传记类书籍比影音媒体更容易管控,受中小学老师及家长欢迎

D. 通过阅读传记的方式让读者更容易受感染和激发阅读者的想象力

E. 可以方便做读书笔记,在不同阶段收获不同的感悟

10. 你认为可以通过哪些途径更好地激发人民群众学习革命英雄人物事迹及其精神品质的积极性？（多选）（　　）

A. 影音媒体或平面媒体

B. 学校教育

C. 家庭教育

D. 社区宣传活动

E. 志愿者活动

F. 其他

11. 你阅读TA的传记/参观TA的事迹展览时，让你印象最深刻的是哪几件事？为什么？

附录2：

项目化活动《为珠海革命英雄立传》之参观采访

学校：　　　　班级：　　　　小组成员：

苏兆征、杨匏安、林伟民……这些都是珠海无产阶级革命英雄，在那个风起云涌的年代，他们抛头颅、洒热血，换来我们今天美好的生活，作为中学生，你是否熟悉他们的名字，了解他们的事迹？在中华民族伟大复兴的新时代，生活在这样一座革命英雄辈出的城市，我们能否运用传记相关知识，尝试为这些珠海革命者立传，以便更好地宣传，让同学们回顾那个时代，了解他们的事迹，传承红色文化和革命精神呢？

为了更好地进行传记写作，请你和小组成员利用周末时间去参观以下纪念馆，并填写采访提纲，收集整理采访资料：

1. 苏兆征故居陈列馆：广东省珠海市唐家湾镇淇澳村，由故居和陈列馆两部分组成。

2. 杨匏安陈列馆：珠海市香洲区北山正街北5巷-11号。

3. 林伟民与中国早期工人运动史迹陈列馆是位于珠海市金湾区三灶镇的一处陈列馆。

带好相机拍照和摄像，把人物相关的资料记录下来，提前在网上查阅关于人物的生平，对陈列馆工作人员、当地村民、游客进行采访，在采访前预设好问题，想好采访目标，在采访时，注意礼貌，询问细节。

遵守防疫政策，提前询问是否要预约，戴好口罩，最好有家长陪同，注意交通安全。

珠海革命英雄采访提纲见表2-2-14。

表2-2-14

采访时间		采访地点		采访对象	（工作人员、当地村民、游客）
采访者		拍照人员		记录人员	
采访目的					
采访方式					
采访器材	文字记录要点（至少2人）： 各区域照片记录（至少2人）： 各区域视频记录（至少2人）：				
采访提纲（提前设定至少5个问题）	a.观察采访对象身份，问清基本信息：您是负责做什么的？您为什么选择在这里工作？ b.围绕重点采访，挖掘人物的故事：他的人生轨迹是什么样的？他人生中的重大事迹有哪些？ c.问题要有开放性，追问细节：您对这个人物的评价如何？他的哪些事情让您触动？您觉得他的事迹对我们有什么启发？您工作中遇到的印象深刻的事情是什么？您觉得青年人有必要了解这些人物吗？ 针对不同采访对象，设计的问题（至少5个）：				
采访注意事项	例如：言行得体，表情亲切自然，注意采访礼仪。其他写在下面（至少3条）：				
注：采访资料整理与完善（做好人员安排），用表2-2-15整理，再用PPT展示。					

珠海革命英雄采访资料见表2-2-15。

表2-2-15

我选择为TA立传的原因	
我如何了解关于TA的史料？	1.实地参观故居或史料陈列馆（　） 2.采访工作人员、当地人、游客等（　） 3.网上搜索资料、图片、纪录片、影视剧、歌舞剧或其他文学作品（　） 4.别人为他写的传记等（　） 5.其他方式：
TA的人生轨迹（用时间轴或思维导图表示）	
TA的特长爱好	
TA人生的标志性事件（可另附文字稿）	典型事件一： 典型事件二： 典型事件三：
这些事件的历史影响如何？	
TA的性格特点、品质和精神	
对TA的评价（TA自己、他人、你）	
TA的事迹对你有哪些启发？	
你打算用什么样的方式来撰写TA的传记？	

采访活动评价量表见表2-2-16。

表2-2-16

评价指标			评价等级		
一级指标	二级指标		自评	小组评价	师评
小组合作	★★★合作良好，分工明确，在小组内起到领导作用，积极参与讨论与交流，对小组贡献大。	★★参与协作，推动小组工作，会参与讨论与交流，对成果有一定贡献。	★有参与讨论、协作，较少参与讨论与交流。	☆☆☆	☆☆☆	☆☆☆
采访提纲	★★★采访提纲完善，有很强的可操作性，预设的采访问题有质量、有逻辑、有梯度。	★★采访提纲大体完备，有一定的可操作性，预设的采访问题有一定质量，缺乏逻辑性。	★采访提纲不完善，可操作性不强，预设的采访问题质量不高。	☆☆☆	☆☆☆	☆☆☆
采访过程	★★★采访过程顺利，紧扣主题，达到预期；言行得体，与采访对象交流顺畅，注意采访礼仪。	★★采访过程大体顺利，达到一定的预期；言行较为得体，与采访对象交流较为顺畅，有一定的采访礼仪。	★采访过程顺利，没有达到预期；与采访对象交流不顺畅，没有注意采访礼仪。	☆☆☆	☆☆☆	☆☆☆
材料整理	★★★采访材料条理清晰，能充分体现人物精神，挖掘了人物背后的故事和细节，为传记写作提供翔实的材料。	★★采访材料有一定条理，能大体体现人物精神，挖掘了人物背后的故事，一定程度上关注细节，为传记写作提供必要的材料。	★采访材料不太能体现人物精神，没有关注人物背后的故事和细节。	☆☆☆	☆☆☆	☆☆☆

附录3：

人物传记阅读记录见表2-2-17。

表2-2-17

班级：　　　　姓名：

我阅读的传记及选择TA的理由	
TA的人生轨迹（用时间轴或思维导图表示）	
TA人生的标志性事件有哪些？	
作者用了哪些方法来刻画人物的？	
TA具有哪些品质和精神？	
作者对TA的评价	
你对TA的总评	
你觉得阅读传记让你收获了什么？	

附录4：传记创作展示

1. 杨匏安传记

萌芽·陈母教子

杨匏安的母亲，陈智，是一位受过教育的妇女。她一生育有9个子女，唯一幸存的就是杨匏安。因此，她对杨匏安关怀备至。父亲在杨匏安幼年时便过世了，一家靠母亲的手艺维持生活。虽然家境贫寒，但她却不愿意受嗟来之食。

"人生自古谁无死？留取丹心照汗青。"母亲富有感情的声音在屋内回荡。

杨匏安坐在母亲膝上，嘴里小声念着："人生……谁无死……丹心……"声音虽断断续续，但小杨匏安极为认真，端正地坐着，眼中带着痴迷的神态。

他是那么不舍地抓住母亲的手，呢喃着，小声请求母亲再念一个。

母亲并不回应他，他就自己逐字逐句念。缓慢而有力，仿佛要把这句诗嚼烂吞进肚子里。

幼时，文天祥、岳飞等民族英雄是他崇敬的榜样。

每当念出这句诗时，他的心中就总有一些滚烫的东西在翻涌。他一手捏着书本，一手背后，就这样一字一句地读着。声音虽稚嫩，眼中却充满决心。身姿挺拔，一颗头颅倔强地抬着，好像永远不会低下。

他心中那很小很小的嫩芽，已经破土而出。经历春雨的洗涤后，便会像箭一般拔地而起。

竹生·揭发贪污

1914年，由于和同事揭发校长贪污，杨匏安反遭诬害，被扣上"图谋不轨"的罪名，关进监狱。

在狱中，校长以及更多和他相似的人令杨匏安深思了起来。黑色，是当时社会的主色调。一片黑暗中，又有谁能点灯？一小团火光，如何照亮无边无际的黑夜？他曾无数次想过这个问题，却始终没有找到答案。

他不断反问自己："我是那个点灯的人吗？"

第一次，他对这个社会的黑暗感到失望。

出狱后，他怀着对未来光明的向往，与堂叔杨章甫等随同华侨商人乘舟东渡，到了日本横滨。原想靠一位同行的亲戚介绍职业，不料那位洋行买办，听说他是坐牢出来的，竟拒之门外。杨匏安只好寄居在横滨的一间小阁楼上，靠找些零活度日。

他常常交不起房租，曾用"避债怕闻梯得得"的诗句来描述自己的艰难处境。但他并没有向困难低头，饿着肚子也坚持自学。他的日文在国内已有基础，到日本后，由于刻苦用功，很快就能从事翻译了。

郊外，一根细竹早已拔地而起。颜色嫩绿而鲜亮，照亮漆黑的夜。

竹长·《马克思主义》

1919年11月11日，《广东中华新报》上刊登了一篇名为《马克思主义》的文章。

文章篇幅不长，仅仅300字，却荡起了巨大的水花。它与李大钊的《我的马克思主义观》几乎同时问世。因此，这篇文章的作者和李大钊并称"北李南杨"。

他指出"现在之社会状态，实劳动者奋起革命，以求改造之时期也。"字里行间，透露着炽热的激情。在那个年代，无数人因这篇文章睁开了眼睛，第一次直视黑暗的社会。也有无数人因它醍醐灌顶，终于找到了前进的方向。

南方传播马克思主义第一人，这篇文章的作者，便是杨匏安。

当初吟诵《过零丁洋》的小小少年，早已成长。心中的竹，傲然挺立在黑暗中。

竹立·艰难时刻

周恩来曾评价杨匏安"为官清廉，一丝不苟，称得上是模范。"

1930年，在白色恐怖极为严重的上海，党的经费十分困难。天空灰暗，街道雾气蒙蒙。来来往往的人少了几分，都保持着缄默。

杨匏安一家人口众多，生活异常艰苦。七个孩子中有两个因病无钱医治而夭折，他自己患肺病，妻子身体也很不好。他变得有些寡言少语，但眼中依然是不变的坚韧。

为了弥补家用，他除了在晚间加紧写作和翻译外，还要帮家人推磨做米糍，让他的母亲和小孩第二天早晨上街叫卖。一家老老少少，经常为党传递信息和放哨。

郊外，林中众多弯曲、枯败的枝干里，一根墨绿、青黑的竹挺立着。一阵劲风吹过，枝干上灰暗棕黑的叶子被风粗暴的拽下。林中只有窸窸窣窣的响声，山雨欲来。

众多伛偻的身影中，它挺得最直，背影也最坚定。

竹韵·"死可以，变节不行"

1931年，国民党淞沪警备司令部。

在暗无天日的狱中，杨匏安挺直身子，定定地站着，与周遭灰败的环境格格不入。

郊外，黑夜浓如墨汁。一根竹子傲然挺立在残垣断壁中，沐浴着仅有一丝的皎洁月光。竹节上，是一两朵黄色白色开得克制的花。

"杨匏安，不投降，你就得死！"

他不为所动依旧站在原处，身躯没有一丝颤抖。他的眼中汹涌澎湃仿佛有炙热的火焰在燃烧。

"我从参加革命起，早就将生死置之度外。死可以，变节不行！"

他的背影如此决绝而孤独，但他眼中没有丝毫摇摆。身后，影子拉长、扭曲，逐渐被黑暗吞噬。

也许是他心中不变的信念支撑着他吧。他那挺直的身躯，是革命者最好的证明。

狱里仿佛还回响着那句话："死可以，变节不行！"

一片黑暗中，他身向光明。

2. 中国工人运动的先驱——苏兆征

黎明将至

1885年11月11日，一阵秋风吹来，拂落了几片枯黄的树叶，带来一丝凉意。伴随着清晨的第一缕阳光洒在大地上时，苏兆征出生了！

苏兆征出生于广东省香山县淇澳岛的一间小平房。家中有七个兄弟姐妹，他排行老二。一家九口人就靠着父亲种着一块薄田与母亲打些草鞋为生，家境十分贫苦，经常填不饱肚子。在这种困窘的环境下，苏兆征仅仅读了三年私塾便不得不辍学回家，干些农活补贴家用。

即便自己生活困难，苏兆征仍组织青年开荒造林，所筹得的基金全部用于家乡建设。他还时常自掏腰包接济村中没有经济来源的老人，使村民们对他大加赞赏。

初起波澜

1903年，因为农田歉收，18岁的苏兆征不得不离开了家乡，到香港的外国远洋轮船上当海员工人。万恶的资本家不仅对海员拳打脚踢，还经常拖欠海员的工资。

苏兆征与其他几位海员挤在一间昏暗的货舱中，没有床，他们只能抱来一些干稻草铺在地上睡觉。夏天还好，只是稻草扎得不舒服罢了；一到冬天，海上气温骤降，他们只能蜷起身子，披着一条薄薄的棉絮，汲取少得可怜的温暖。货舱中充满了木头腐朽的气味，阳光照不进来，阴暗又潮湿。他们干最苦最累的活，工作强度、工作难度、工作力度都是白人海员的三到四倍，却只能拿到白人工资的十分之一的薪水。正因为资本家并不稀罕苦力，海员敢怒不敢

176

言，只能默默忍受。

即便如此，苏兆征也常常因失业回乡暂住，这时他就与老师王步千一起组织阅读社、自治会，宣传革命思想，不浪费一分一秒的时间。

风起云涌

1922年1月12日，清凉的海风吹过白色的帆布，天空万里无云，海面水平如镜，这给"海康"轮的海员增添了一份信心。几分钟后，所有海员宣布罢工。苏兆征和林伟民精心策划组织的香港海员大罢工爆发了！

所有海员停止了工作，任凭资本家如何呵斥威胁，他们仍强硬地拒绝了。数百艘船只在海面上漂着。12日下午5时开始，越来越多的海员加入了这次大罢工。资本家停了工资，海员陷入了饥饿中。这可怎么办？

苏兆征面对这种情景，皱紧眉头，同林伟民说："这可不行，海员本就清苦，再这样下去不仅海员会饥贫交加，这次罢工斗争也会被迫终止的。"于是，他前往中华海员工业联合总会以及其他一些组织筹集了寥寥的几笔资金，让海员勉强填饱了肚子，继续进行罢工斗争。

海员的罢工让香港交通瘫痪，海外贸易几乎停止了往来，与外地的航运也几乎断绝。食品、生活必需品严重稀缺，给香港的经济造成沉重的打击。

3月4日，英军面对香港混乱的局面，终于慌了神。他们派出港英军警在广州沙田对罢工工人开始了疯狂大扫射。尽管工人们奋力反抗，却仍遭不住炮火的冲击，现场鲜血淋漓，血肉横飞，造成六人死亡，数百人受伤，这一事件被称为"沙田惨案"。

3月8日，英方妥协，与苏兆征、林伟民进行谈判。苏兆征在谈判中要求英方改善工人待遇、加强对工人生活的保障等一系列要求。苏兆征越讲越有信心，越讲越有底气，英方在他强有力的攻势下，答应了要求。至此，这场坚持了56天的香港海员大罢工以苏兆征为首的海员一方胜利了。

旭日初升

1925年3月，窗外莺声燕语，温暖的阳光照在苏兆征热情洋溢的脸上。"我终于要加入中国共产党了！"他看着镜中笔挺的自己，这样想到。

1903年，当18岁的苏兆征来到香港谋生时，遇到了为革命奔走的孙中山，第一次对革命有了认识。他被孙中山的革命主张深深吸引,于1908年参加了孙中山创立的中国同盟会。1917年,俄国十月革命的胜利在中国海员中传开,苏兆征也在长时间的远洋旅途中阅读了许多关于革命的书籍并开始学习马克思主义的理论。此后,他心中就一直对党怀着无限憧憬与向往。

但在国民党党内,除了孙中山、廖仲恺等一批革命派继续坚持革命的道路外,不少官僚政客只是把国民党作为争权夺利、贪污利己的工具,连孙中山都感叹:"国民党中不真心想在中国进行彻底的社会改革的党员太多了!"苏兆征面对腐朽的国民党,心中生出怀疑,开始思考一个问题:国民党真的能带领中国走向胜利吗?

香港海员大罢工爆发后,罢工工人相继从香港返回广州,中共广东区委立刻组织党、团员全力投入接待罢工工人的活动。这期间,中国共产党给予由苏兆征等人组织和领导的香港海员大罢工大力援助。当苏兆征收到一封封声援函电、看到出版的刊物和文告、收到各地千万工人汇集而成的一笔笔汇款的时候,内心激动万分,深受鼓舞,更加深了他对中国共产党的认识和感情。

他来到北京会场,看着底下敬重可爱的同志们,手心不禁微微发汗。他走到前面,看着鲜红的党旗,浓粗的眉毛下睁着的双眼迸发出炽热坚定的光芒,眼中激动得饱含泪水。他握紧右拳,举上身侧,一字一句念出了庄重激昂的入党宣誓词:"我志愿加入中国共产党,拥护党的纲领,遵守党的章程,履行党员义务,执行党的决定……"

风波再起

1925年5月15日,上海爆发了工人运动。北洋军阀与日本政府为了镇压工人,不仅枪杀了工人顾正红,还打伤工人十余人。"五卅惨案"激起了广大工人的不满与愤怒。先前领导过一次大罢工的苏兆征有了经验。他先四处筹钱,准备物资,审时度势。在一切准备就绪后,他与邓中夏、李启汉等发动了震惊中外的省港大罢工。

这期间,他有计划地领导工人罢工,还被推选为罢工委员会委员长。苏兆征为了使越来越多的工人加入这次革命,他遍访各地,与各行业工人领导展开详谈。

6月19日各地响应大罢工,最先响应的是香港海员、电车、印务等工会。所有学校全部宣布停课，三日内约有两万人罢工。23日，罢工工人和各界群众10万余人在广州东校场集会，追悼上海死难同胞。群众为了抗议帝国主义暴行，会后举行示威游行。

当游行队伍途经沙基路时，突然遭到沙面租界英法军警的机关枪扫射，停泊在白鹅潭的英、法军舰也开炮轰击，当场打死50多人，重伤170多人，轻伤不计其数。

沙基惨案的发生使香港又一次陷入恐慌，大量商户倒闭，经济大幅下降，香港政府无力挽救，最终只能向英国借款三百万英镑来度过经济萧条。

没钱，苏兆征就四面八方去借钱；没人，苏兆征就前往各地做一次次慷慨激昂的演讲，鼓励工人进行斗争。就这样，所有工人团结一致，苏兆征领导他们坚持罢工斗争十六个月。

邓中夏是这么评价苏兆征的：苏兆征是香港与广东劳动群众的领袖，他是全中国工人阶级的领袖，他是太平洋沿岸职工运动的领袖之一，他是中国共产党的最好领袖之一，他是赤色职工国际和共产国际的领袖之一。

落日余晖

1928年，苏兆征前往莫斯科出席赤色职工国际第四次代表大会，并当选为大会主席团成员和赤色职工国际执行委员会委员。同年6月，苏兆征在莫斯科参加中国共产党第六次全国代表大会，当选为中共中央委员，继续担任中华全国总工会驻赤色职工国际代表。8月，苏兆征出席共产国际第六次代表大会，当选为大会主席团成员和共产国际执行委员会委员。

这期间，苏兆征时常觉得身体不适，力不从心。但他并未在意，认为只是地域差异的原因，仍然一心一意地投入工作，并作了《关于中国工人运动情况》的报告。旁人劝他休息一段时间，他总是看着对方，微笑着拒绝："不行啊，现在正是工作的关键时期，我可不能掉链子！"

没过多久，苏兆征在莫斯科因积劳过度病倒了。1929年1月因病从苏联回国，但他一生清贫，没有任何积蓄，无法接受治疗。于是，中华全国总工会发出通告，为其募捐。不幸的是，1929年2月，苏兆征因为手术过程中发生细菌感染，病逝于上海，享年44岁。

在苏兆征去世的前一天,他躺在病床上。病痛折磨得他身形更加瘦削,脸色苍白,两鬓变得灰白,热情的双眼深深地凹陷进去,只有眼神仍旧坚毅。苏兆征望着惨白的四壁,叹了口气。他偏过头,看到金黄的阳光透过玻璃窗散进来。阳光笼罩在他身上,镀上一层金边,发出淡淡的光芒。"革命就要胜利了吧!"一想到革命,苏兆征的脸上又浮现出期待、喜悦的微笑。他感到不那么孤单了,拿起床头的玻璃杯,抿了口水。

"咚咚!"病房的门被打开了。苏兆征抬头望过去,许多工人领导和组织成员前来看望他。他向后看去,周总理竟然也来了!周恩来手上捧着一束洁白的康乃馨,散发出清芬的气味。他们的脸上浮现出焦急的神情,将花束轻轻放在床头。"怎么样了?好些了没有?""跟你说了休息一段时间。现在好了,工作是做成了,把身体搞垮了。"苏兆征面对这些关心的话语,只是微微摇头,对前来探望他的周恩来等人说:"广大人民已无法生活下去了,要革命,等待我们去组织起来。大家同心合力,一致合作,达到革命的最后成功!"

1929年2月26日,中共中央政治局向全党发出了悼念苏兆征不幸逝世的第32号通告。通告中指出:"苏兆征同志在工作中,充分表现了无产阶级的艰苦卓绝精神和坚决的政治意识,他的革命精神,是全党的模范。"

第三章

满载一船星辉

——入心践行，立德修身；我手写我心，
赓续精神血脉，传承红色基因

第一节 群星闪耀，致敬最可爱的人

最可爱的人

感想作品一

古往今来，有多少强敌打到了中原，结果呢？我泱泱中华不仅没有消亡，反而像滚雪球一样越滚越大。

——陈独秀

五千年的光阴岁月，中国这只雄狮曾风光无限，也曾黯淡无光；曾有过繁华盛世，也曾有过战争频繁的乱世。

而我们中华民族优秀的革命文化正是在这只雄狮的至暗时刻才得以显现出来。战火纷飞，祖国被黑暗笼罩着，可天空越黑，星星越亮，他们，披着革命信念的光而来；他们，踏着革命精神的光而去；也正是他们，将光芒毫不吝啬地撒遍祖国的每一片角落！他们，就是我们最可爱的人！

"咚"，是法槌敲下的声音。1919年巴黎和会上的锤声，不仅锤醒了中华民族的无数青年学子，更锤醒了无数人们的爱国之心。

"为中国寻找一条救国之路，乃是我李大钊毕生所求。"在从日本回国的路上，李大钊曾这样说过。求学数年，在吸取国外优秀教育资源的同时，李大钊也从未忘记祖国的抚育，更从未忘记祖国的困难。国家有难，他主动请缨，哪怕是舍了多年修来的外国学历，他也毫不畏缩。

游行、演讲、办杂志、写文章，李大钊用尽了一切方法来呼吁人们，敲醒人们的民族之魂。而新文化运动便是他的行动，五四运动便是他的成果。最终，他成功了，他促进了新民主主义革命的开启，他将马克思主义刻入无数有识之士的心里！

他成功了，是他身上的爱国、先进、肩负不屈的革命创新精神帮助他照亮了落寞的祖国，点燃了人们心中从未消散的爱国魂！

"轰"的一声，是子弹脱离枪身时激动的欢呼声。1950年朝鲜国土上接连响起的枪声，激起的不仅是中华人民志愿军战士们保家卫国的决心，更是激起了无数战士们不畏牺牲的战斗意志！

"雄赳赳，气昂昂，跨过鸭绿江！保和平，卫祖国，就是保家乡！"豪迈的歌声散布在朝鲜遍野，在这歌声中，会有因严寒而发颤的声音，会有因只啃了半个冻硬的馒头而饥饿的声音，会有因在前不久刚见证了战友的死亡、战争的残酷而略带哽咽的声音。但也正是这些各不相同的声音，汇聚在一起，才能形成一串串动听的音符，穿梭于朝鲜的群山之间。它们与冷风共舞，与银粟同飞。它们不仅驱赶了积雪的寒冷，更温暖了每一位志愿军战士的心。

他们笑着，他们唱着，带着对家人与家乡的思念，带着永不放弃、从不抱怨的革命乐观主义精神赢得了最后的胜利！他们，是最可爱的人！

作为新时代的青少年，我们应该弘扬先辈们的革命精神，发扬这一老祖宗留给我们的优势，铭记历史，永记国耻，将老一辈的经验与力量深埋于心，努力学习，艰苦斗奋，为实现中华民族的伟大复兴不懈奋斗！

他们生于长空，长于烈日，他们翱翔于空，他们从未远去。他们留给我们的革命精神永不消散！

身虽消损，但精神长存！

你留在风中摇曳的那抹红，在心中

感想作品二

"我仰望你看过的星空，脚下大地已换了时空。"这一句歌词来自央视填词的《五四特别版错位时空》。那一年你们的年纪和我们差不多，都是青少年。本应该脸上洋溢着青春的笑容，然而你们转身投入到风雨中。"我坚信，100年以后的中国，他必会证明我今天的观点，中国只有走社会主义道路，他才能够实现中华民族之振兴。社会主义，绝不会辜负中国。"这句话是来自《觉醒年代》中李大钊先生说的，没有人知道未来会怎么样，但总有人会去尝试、贡献。

《觉醒年代》这一部剧对我的触动尤为深刻，还记得其中一幕是一位耄耋之年的爷爷，他发须、胡须长短不平，蓬头垢面，似乎多月未打理。衣衫破烂不堪，瘦骨嶙峋，佝偻着腰。整个人看起来如同一艘在汹涌澎湃的海上前行的小船一样破碎不堪，然而他的眼神中却有唯一的一股信念，那就是活下去！就像在波涛汹涌的海上，坚强航行下去的小船一样。随后，他用着沙哑的嗓音说道："老百姓命苦，这么多年，习惯了。"最后"习惯了"这三个字，我感受到了这个时代这个社会的人民的辛酸以及无奈，感受到了老爷爷对国家支离破碎感到极度的无奈，已不抱任何希望，感觉无药可救。

当陈独秀前辈看到这一幕、听到这一句话时，不禁潸然泪下，他立马生出一个想法，那就是建党！李大钊前辈听后问："为何要建党？"陈独秀前辈指着眼前犹如废墟，仍遗留着残垣断壁，看起来毫无生活气息的房子道："不为什么，就为了当今社会的人们能够拥有人的权利、快乐以及尊严。"

他们敢想敢做，敢教日月换新天，只因他们想让民族振奋，让百姓不再满目疮痍、民生艰难，不让穷人受欺受辱。最终冒险在1921年正式建立中国共产党，在当时全国上百个党派中，中国共产党只有数十人。

他们的会议在大街小巷、在海面陆地上都进行过，飘无定所。在湖上开会时的那一叶扁舟，就像一艘巨舰。他们在里面输出自身的各种想法，商议着如何找到解药、如何救这个泱泱大国。再往后的过程无论是文人还是商人还是战士，都有许多人为民族复兴献身，仍有越来越多人投身进去。无论是内战还是面对虎视眈眈的强敌，都共同咬牙坚持着这份工作及信念，因为下一步就是胜利，是人民的幸福了！

如今的国泰民安，前辈们你们看到了吗？我们拥有了公民的权利，幸福并快乐地生活着，每年的全国人民代表大会也代表着各地各区人民的想法不断更新更好的政策！我们还在往前走，从未停止过脚步。各位前辈的想法我们不断地在完善实施推行。当今盛世，人们不会忘了当年的腥风血雨。由分裂到合并，由衰败到兴盛，由弱小到强大，如今的中国以崭新的面貌站在这世界的舞台上，让世界刮目相看，无人能欺！

当窗外温和的风吹过，我生活在这孕育了中国上下五千年的土地上，在这广阔丰饶的田野中，雄伟壮丽的山河里，源远流长的文化中，广阔厚实的胸怀里……在祖国危难时，是他们奋起挣扎，在生死边缘不断前进，这份坚强的信念让人们肃然起敬，引之为学习的楷模。身为后辈的我们应继承并发扬革命传统文化。当年他们忧心长缨在手，何时缚住苍龙？如今已是功不唐捐，玉汝于成。

"你留在风中摇曳的那抹红，在心中，心中。"

因为英雄，岁月静好

感想作品三

丁零零，丁零零……闹钟指向七点，清晨的第一缕阳光冲破迷茫的白雾撒进窗台。我拉开窗帘向外望去，天之苍苍，明朗又灿烂。白云惬意地游在空中，新的一天开始了！

小鸟喳喳，落叶纷飞，生活显得那么平静又自然。岁月静好，现世安稳。就像此时，我能够静静地感受着清风拂过脸庞留下的丝丝凉意，能够静静地欣赏着由幽雅恬静的亭台楼阁所带来的美丽景象。环顾四周，让人不由得想：这美好又平静的生活是谁带来的呢？

中午，烈日当空，它一如既往地散发着无限的热情。我们一家人怀着激动难耐的心情来到了北京天安门广场。宏伟壮观的天安门，高大威武的人民英雄纪念碑顿时映入眼帘。瞧，这是历史留下的足迹，让我不禁想起先辈们的英雄事迹来……

事不宜迟，那就让我们翻开历史长河的卷轴，回顾那些曾经在战场上英勇杀敌的战士们吧。

我翻开手中沉重的《红星照耀中国》，在脑海里闪过的是无数个英雄人物的背影。其中令我印象最深刻的是红军总司令朱德。

他朴实和蔼，总是与战士们同甘共苦又十分为他人着想，记得文中写到朱德总司令把马儿留给其他累了的同志骑，自己一路步行。这无私的精神化为无形的力量，一直感动着我。其中还有许许多多的英雄故事，我认为这是这本书中不可缺少的魅力之一。

他们是伟大的，每当我仰望这富有坚强斗志而鲜红如血的五星红旗时，那背后艰辛又曲折的故事再次冲击着我。

董存瑞，一个年轻而勇猛的共产党员！

狂风沙沙作响，无情地刮着脚下坑坑洼洼的土地。烈日下硝烟四起，荒地上风沙弥漫……将军百战死，壮士十年归。撒在地面上的是无穷无尽的战火。可就在刹那间，一个明朗洪亮的声音冲破了重重炮火声的包围。

"为了新中国，冲啊！"

这个声音坚强有力，如巨鹰般划破天际。语音刚落，一个19岁的少年奋不顾身地向前冲上去。在炎炎骄阳之下，只见他负伤累累却又紧抱着沉重的炸药包，毫不犹豫地拉开导火索……在最后的关头，他那黝黑的脸上写满了坚毅与坦然。转眼间，他就被重重大火吞噬。敌人的堡垒也被迅速地炸了个片甲不留。

我低下头去，脚下的红土地，是他们的满腔热血。为了让人民过上幸福的生活，战士们付出了太多太多……每当在课上听到他们的英雄故事时，那坚强不屈的精神多次浸湿了我的眼眶。万里赴戎机，关山度若飞。战士们一个个穿着破旧不堪的草鞋与薄衣，多少人连识字的机会也没有，就要冲进生死战场上去杀出一条血路来。

国家有难，无数英雄以他们高尚的品质与坚强的意志信念感动人心。我敬佩杨根思抱起炸药包冲向敌人而同归于尽的英勇无畏，我感慨刘胡兰面对敌人铡刀而坚强不屈的英雄气概。中国的历史上有太多太多这样惊心动魄的时刻值得我们去深思……

黑云压城城欲摧，古来征战几人回。战争的残酷无情卷走了多少条活生生的人命啊！这是战士无私奉献自己年轻又宝贵的生命换来的和平。伟大的先辈们正是用自己的双臂为祖国的未来铺路，这才有了现在美好生活的繁荣昌盛。

直到现在，革命精神仍传承不息。

2020年，一场没有硝烟的战争悄然出现。夜晚变得喧哗，晚风也猖狂起来。挤在广场上的是一群等待核酸检测的人们。从老人到小孩，没有一个不焦急的。皎洁的月光下，医护人员废寝忘食地工作着。他们穿上厚重的防护服，就算面对着可怕的新冠病毒也毫不退缩。凌乱的头发与冰冷的汗水伴随他们度过一个又一个长夜，正是他们逆风飞翔，为我们开辟一条希望的道路。

无论何地，每当听到祖国的名字，我都会感到十分的骄傲与自豪。妈妈常对我说："身为中国人，就要做好中国人。"至今，这句话一直教育着我。它告诉我应自觉承担起责任，成为一股热爱国家的正能量。我们作为祖国的新时代少年，要握紧历史的接力棒。"少年强则国强，少年富则国富。"不久之后，相信祖国未来的担子将落在我们的肩上。

古话说得好："冰冻三尺，非一日之寒"。因此，我们要充分认识到传统革命文化精神，时刻牢记使命。爱祖国，爱身边的每一个人。传承并发扬先辈们的革命精神与传统文化，争做一名合格的中国人。我也要努力为祖国献上一份绵薄之力，成为祖国坚实的后盾！同时，希望我们祖国能在未来的道路上乘风破浪，披荆斩棘！

太平盛世，如你所愿

——读《谁是最可爱的人》

感想作品四

是谁？身上、帽子上冒着呜呜地火苗，还要向敌人扑去，把要占领阵地的敌人烧死。是谁？舍生忘死地闯进燃着的房屋，只为救出可能的幸存者。是谁？在防空洞里吃一口炒面，就一口雪，却依然笑着畅想祖国人民的幸福生活。是谁？……

是的，他们就是最可爱的人——中国人民志愿军。

"可爱"在当代常用来形容年纪轻，长相漂亮的人，和浴血奋战的士兵搭配起来仿佛格格不入。但是在魏巍笔下，朝鲜战场上一个个为了抵抗美军慷慨激昂地为国捐躯、舍己为人、奋勇作战的志愿军，怎么能叫人不敬佩？怎么能叫人不觉得可爱呢？

为了与敌人斗争，原文对烈士形象的刻画可谓是细致入微："烈士们的遗体，保留着各种各样的姿势，有抱住敌人腰的，有抱住敌人头的，有掐住敌人脖子，把敌人摁倒在地上的，和敌人倒在一起，烧在一起。还有一个战士，他手里还紧握着一个手榴弹，弹体上沾满脑浆；和他死在一起的美国鬼子，脑浆迸裂，涂了一地。另有一个战士，嘴里还衔着敌人的半块耳朵。在掩埋烈士们遗体的时候，由于他们两手扣着，把敌人抱得那样紧，分都分不开，以致把有些人的手指都掰断了。……"如果没有他们舍生忘死、向死而生的民族血性，又怎么能换来如今的山河无恙、家国安宁？

再比如驻守在防空洞就雪吃炒面的那位士兵，当被问及这样的日子苦不苦时，他没有华丽或高尚的话语，反而是真挚朴素地笑着道出自己的感受："怎么能不觉得？咱们革命军队又不是个怪物！不过我们的光荣也就在这里。我在这里吃雪，正是为了我们祖国的人民不吃雪。我在这里蹲防空洞，祖国的人民就可以不蹲防空洞呀！他们就可以在马路上不慌不忙地走呀。"做了这么多贡献，被问及想要什么奖赏时，他也只是想要一块小小的"朝鲜解放纪念章"作为回报。这样无私奉献、舍己为人的志愿军，可谓是最可爱的人。

这太平盛世，如你所愿。当今时代，我们的生活水平正在不断地提高，我们可以毫无忧虑地坐在宽敞明亮的教室里朗读，平稳地坐在座位上享受受教育的权利。到了用餐时间，有琳琅满目的菜品供我们挑选。在闲暇时，可以随心所欲，在宽敞的街道上散步。这对于我们来说可能只是稀松平常的，但对于朝鲜战场上的那些战士们，却是可望而不可求的幸福。正是因为有他们摒弃了私欲，为大家舍小我，才铸就了如今我们的幸福生活啊！

没有这些最可爱的人无私奉献，我们又怎么能拥有现在强大的祖国？让我们诚恳地道一声谢："最可爱的志愿军们，谢谢你们！"太平盛世，如你所愿，我们也当铭记历史，铭记使命，守护和珍惜这盛世太平。

红星闪耀永远不灭

——读《红星照耀中国》

感想作品五

源自母亲的强烈推荐，在那个大雨滂沱的夜晚，我得已有幸拜读了那部红色经典——《红星照耀中国》。轻抚略有折皱的书皮，厚实的触感让我忆起了母亲说过的话语——"你应该去了解一下历史的另一面。"

我从书序的那一幅幅黑白照片追忆，指尖缓缓翻动，让一张张熟悉的面孔清澈如初。虽无浓墨重彩的渲染，但平凡至极的文字却动人心扉。在乡村田埂间，金黄色的麦浪滚滚，黯然失色于周恩来揽着"红小鬼"的胳膊散步时眼眸中那化不开的温柔；在深夜访谈时，微弱的烛光映着毛泽东坚毅的脸庞，字字珠玑的政治见解如烛焰般照亮了中国的漫漫长夜。

目光追随着书中那带着血和泪的字字句句，我竟一时心疼得说不出任何言语，简直难以置信，真实的笔触下那地狱般的生活，他们是如何艰难地熬过来的。不知他们能否想起大渡桥上疯狂扫射的弹火，想起金沙江举步维艰的波涛汹涌，想起雪山之巅的寒风凛冽，但我这个置身事外的旁观者，就单单想象着若旁边倒下的是一具具朝夕相处的战友的冰冷的尸体，身后是国民党飞机步步紧逼的追击，却还要嚼着索然无味的草根，用那脏兮兮的手抹一把噙满眼眶的泪水，带着战友细若游丝的嘱托，背上行囊继续匆忙赶路，便再也不会认为今天的衣食无忧是如何的理所当然。为了每一个我们，他们的命运曾经悬在刀尖上，而刀尖须得永远向前。

轻轻合上那厚实的封面，望向窗外，此时大雨已停，天地之间一片寂静，而远方却是万家灯火通明，星星点点地散落于一片漆黑之中，犹如千千万万名红军战士瞳仁中那不灭的光芒。我明白了，原来，家人闲坐、灯火可亲的模样是他们在战场上奋力厮杀，英勇杀敌的信仰。而百年后，我一次又一次捧起这历史的回忆录，不由得感慨万千：即使清政府紧闭的国门埋下了落后的种子，即使南京条约的一纸荒唐讥讽着国人的软弱，即使东北三省的一声炮响叫嚣着蔓延的绝望，但那艘红船依旧在漫漫长夜中让华夏大地星光乍破，从机耕泥路到公路成网，磁悬浮列车驰骋千里；从贫穷落后到科技发达，国产飞机划破苍穹恣意翱翔；从食不果腹到衣食无忧，全面小康缔造万里灿烂。昔日伤痕累累的赤地千里，如今连云烟都充满着辉煌荣耀。

我永远的战士啊，你看，如今这盛世是否如你所愿？江山万里，国泰民安，依然是五岳向上，一切江河依然是滚滚向东，民族的意志永远向前。我们将过去的种种收藏是为了携带着你们的志向更好地出发，我们将从你们的手中接过那信仰的火炬，将红色血液永远传承，将振兴中国之责任置于自身肩上，映彼之荣光，耀国之坦途。

红星闪耀永远不灭，战士在我心中永存。

缅怀革命先烈，传承红色精神

——读《红星照耀中国》

感想作品六

我近日有幸读了《红星照耀中国》，被红军的历史深深震撼。万里长征，凸显红军坚毅；飞夺泸定桥，彰显红军勇气；过大草地，凝聚红军团结统一；爬大雪山，恢宏红军坚强不屈士气……革命先烈英勇抗争，前仆后继，为吾辈树立了榜样。吾辈也应传承红色精神，参与祖国的宏伟建设中。

什么是红色精神？在我看来，红色精神就是不怕艰难险阻，就是艰苦奋斗、不怕牺牲，就是团结统一、共同抗敌的伟大精神。

革命道路是由一条充满艰难险阻的路，即便如此，仍有无数爱国志士勇敢地、无悔地、坚定地走在上面，为革命事业挥汗水、洒鲜血。高级将领刘志丹，坚信毛泽东提出的"枪杆子里面出政权"的著名论断，为创建党所独立领导的革命武装进行了艰苦卓绝的斗争，经历了艰难曲折的战斗历程。1928年5月，他首次发起渭华起义，却因敌我战力悬殊，起义失败。但是他不畏艰难险阻。此后他吸取教训，为了提亮游击队伍战力，亲自担任游击队总指挥，对这支队伍进行了艰苦细致的教育和改造，壮大了游击队。1936年，刘志丹不幸牺牲，但他不怕艰难险阻、一心为革命的精神流传至今。

在中国历史长河中，从不缺少挽狂澜于既倒、扶大厦之将倾的爱国志士。长沙保卫战时，武汉沦陷，大汉奸汪精卫投降，满目皆是断壁残垣。可战区司令官薛岳没有投降，他不再听从委员长的撤退命令，拼命抗争。薛岳的事迹鼓舞着我们，吾辈应传承他不向侵略者屈服、艰苦奋斗、不怕牺牲的精神，极力维护我国尊严，容不得半点侵犯我国权益的行为。"男儿七尺躯，愿为祖国捐。""人生自古谁无死？留取丹心照汗青。"无数忠良死节之士，艰苦奋斗，前仆后继，不怕牺牲，用鲜血铺就了繁荣的新中国。没有他们，就没有我们现在的安定生活。我们应铭记历史，学习先烈，英勇抗争，努力奋斗！

在红色革命时期，"锣鼓一响，男的参军，女的送饭"展现了全民团结，共同抗敌的红色精神。当今的年代，相比于《红星照耀中国》的历史时期和平许多。但是，我们同样处在一个社会动荡的时期：霸权主义的美国随时挥舞着制裁大棒，俄乌局势的持续升级，新冠病毒席卷全球……世界和平仍是努力方向，需要各国携手抗争。

虽然我国在国际上彰显大国风范，体现大国责任，提供中国智慧，深信人类命运共同体的理念，坚持和平外交。但仍有许多国家不愿和平，制造混乱，做扰乱世界和平的"始作俑者"。在这样动荡不安的国际形势中，"弱国无外交"的弱肉强食的生存法则暴露无遗。但是，中国已经实现了从富起来到强起来的伟大飞跃，已经拥有足够的力量，维护自身尊严，拥有团结一切和平的力量的能力。

缅怀革命先烈，传承红色精神，我们青少年应该怎么做呢？一是要学习红色历史，做红色故事的诵读者，体会红军革命的艰苦历程，发自内心地尊重并敬仰英雄先烈。二是要培养自己攻坚克难的精神。"古之立大事者，不唯有超世之才，亦必有坚忍不拔之志。"红军敢于奋斗的精神，磨砺我们的意志，助我们跨过险阻，取得成功。三是要劳动，热爱奉献，学习雷锋好精神。在社会中多做义工，多为孤老、孤儿排解烦恼。做好事，并不是要做出怎样大的一番事业。即使是很小的事，也能传播温暖，让他人获得幸福感，传播正能量，促进社会和谐稳定发展。

请党放心，强国有我！缅怀革命先烈，传承红色精神，吾辈当为祖国献出一切！

永远的丰碑

——读《红岩》

感想作品七

面对着敌人的屠刀，他们没有屈服；面对着黑洞洞的枪口，他们毫不畏惧；面对着威逼利诱，他们从容不迫；面对着生死抉择，他们守口如瓶。他们就是党的红星——革命英烈！

我怀着无比崇敬的心情读完了《红岩》这本书。书中的革命志士们一个个抛头颅、洒热血，为革命的胜利奠定了基础，用鲜血谱写出了可歌可泣的史诗。

在书中我十分敬佩江姐，江姐的丈夫在革命的斗争中牺牲了，但她却忍着悲痛，接替了她丈夫的工作，仍然在工作的第一线奋斗。之后由于叛徒的出卖，她在万县被捕，被关押于重庆渣滓洞集中营。在那里她受尽了国民党军统特务的各种酷刑，但是她丝毫没有动摇，甚至当敌人残忍地将竹签子一根根插入她的手指时，她也是面无惧色，还说："严刑拷打那是太小的考验，竹签子是竹子做的，共产党员的意志是钢铁铸成的！"就这样江姐宁死不屈，在重庆即将解放时，被国民党反动派残忍地杀害了。

我读完书后，又深入地查了资料。我发现其实书中的众多烈士在历史上都是确有其人。例如许云峰的原型许建业，敌人用酷刑拷打，他只字不招，之后敌人改用利诱，他仍然不为所动。敌人恼羞成怒，给他施加了所有狠毒的刑罚，但他仍是沉默。敌人无计可施，只得将奄奄一息的他关进重庆渣滓洞集中营。令我感触最深的是许云峰将要被特务匪徒密裁的那段描写：死亡，对于一个革命者，是多么无用的威胁。他神色自若地蹒跚地移动脚步，拖着锈蚀的铁镣，不再回顾鹄立两旁的特务，径自跨向石阶，向敞开的地窖铁门走去。他站在高高的石阶上，忽然回过头来，面对跟随在后的特务匪徒，朗声命令道："走！前面带路"。面对着步步逼近的鬼门关，许云峰没有表现出丝毫的害怕，反而革命信念更加坚定，即使海枯石烂、天崩地裂，也不会动摇。最后，他高唱《国际歌》英勇就义。

试想一下，如果没有当初那么多的革命烈士用鲜血书写历史，我们怎么可能有如今的生活呢？这些牺牲的烈士，他们在酷刑之下信念始终如一，这对我们是不是也有所启示呢？如今的许多人，一碰到困难就退缩，一遇到挫折就放下。但革命先烈在遇到数十倍、数百倍于此的困难时他们畏惧了吗？他们退缩了吗？不，他们没有！他们知难而进，勇往直前，用鲜血开辟了革命的道路，为新中国的成立打下了基石。

每一个人的生命在历史长河中，都是平凡而渺小的。但当这平凡而渺小的生命，义无反顾地将每一个细胞、每一滴鲜血都交付于国家的兴旺、民族的富强，交付给正义、真理，交付给民主、自由大业时，这平凡而渺小的生命就由此而燃烧，并发出永不熄灭的光芒。我们的革命先烈正是这样，他们的生命虽然平凡而渺小，但却为了我们的新中国而放出耀眼的光芒。

五星红旗正在飘扬，那鲜艳的红色正是用革命烈士的鲜血染成的，五颗黄星格外耀眼。正是革命烈士的献身，才有了我们和平的今天。我想：不只是《红岩》，不只是江姐、许云峰他们，中国还有成千上万的革命先辈们，他们的铮铮铁骨，他们的铿锵话语，已经变成了一个个坚定的风向标，引领着我们正确、健康地成长。他们铸就了永远的丰碑！

追不一样的"星"

——杨匏安

感想作品八

珠海是一座有故事的城市,这里孕育了不少革命志士。他们对真理正义的矢志追求,对革命事业的忘我牺牲,像灼灼的木棉花一样在我们心头闪耀。他们才是我们该追的星。

今天,我踏入北山村。在新落成的杨匏安陈列馆里,一本《中国共产党死难烈士英名录》安静地躺在玻璃柜里,其中有这么一句:"杨匏安,籍贯:广东省香山县南屏镇北山村;职别:五届中委;党龄:大革命前入党;牺牲地点及时间:1931年于上海。"赫然入目。

像其他为国家和民族捐躯的烈士一样,杨匏安的名字静静地躺在历史的丰碑中。

杨匏安从小就受英雄主义和民族主义思想地浇灌,他的母亲坚持要让儿子接受良好教育。7岁入读本乡的恭都学堂,12岁以优异的成绩考入广雅书院,16岁以优异的成绩毕业后,他选择回到母校恭都学堂任教。此时的他却遭到了人生第一次牢狱之灾,是因为他受《盛世危言》的影响,渴望实践"教育救国",却因为揭露贪腐,得罪权贵,反遭诬陷,被捕入狱。这次遭遇反而让他更深刻地感受到了社会的腐朽,燃起了心中的斗志。

时间移步到五四运动爆发后,杨匏安利用自己的深厚积累,奋笔疾书,大量撰写和新文化及马克思主义有关的文章,用思想启迪民智。与此同时,李大钊在北京传播马克思主义。两人此前都不约而同地在日本求学汲取新思潮。"北李南杨"交相辉映,点亮了中国黯淡的长夜。

时间轴继续推至国共合作失败,国民党反动派大肆迫害共产党人时,他不顾个人安危,坚持革命斗争。1929年,上海党中央的印刷机关遭敌人破坏,33

194

岁的杨匏安不幸再次被捕。经过周恩来等人积极营救，杨匏安最终被释放。

1931年7月25日凌晨，一群荷枪实弹的特务突然出现在杨匏安家门口，粗暴地将他带走了。1931年8月，这是杨匏安不幸被捕的第二个月，他知道国民党使用了各种威逼利诱手段都无果后，应该要对他动手了。

他想到了李大钊、孙中山等这些已故的革命战友，他们的面孔在眼前一一浮现，自己和毛泽东、周恩来等同志并肩战斗的日子恍若昨日，娇妻稚子与自己分离时撕心裂肺的场景又让他难忍热泪，他大步走向窗前，高声吟诵自己的一首诗《示狱友》。

1931年8月的一天晚上，杨匏安被国民党反动派秘密枪杀，时年35岁。

古往今来载入史册的定是丰功伟绩之人。他们把生命置之度处，对信仰矢志不渝，将苦难视如草芥，从精忠报国收复中原的抗金英雄岳飞，视死如归泪洒伶仃洋的文天祥，为推行戊戌变法慷慨赴死的谭嗣同，鞠躬尽瘁为国捐躯的夏明翰，到宁死不屈舍生取义的杨匏安……他们为了坚守信仰不惜牺牲自己的生命，将个人的生死融入伟大的时代洪流中，是历史星空中的璀璨之星。

苟利国家生死以，岂因祸福避趋之

感想作品九

在朱德的《回忆我的母亲》中，我看到了一个革命领导者的赤子之心；"不要掉队呀！""我们顶着天啦！"《老山界》让我认识到了战士们的革命乐观主义精神；在《红星照耀中国》中，通过斯诺的见闻，我看到了一群不畏艰苦，只为中国革命事业而不懈奋斗的红军战士们！

阅读这些优秀的传统革命文章和红色经典著作，让有幸生活于和平盛世的我被革命先辈们身上的责任、担当和爱国精神深深感动。在探寻中国革命事业的道路上，千千万万的仁人志士为了新中国的成立抛头颅、洒热血，他们同样让我感动。

于是，我想沿着先驱者们的步伐，去追寻我们身边的革命传统文化。

一个星期天的下午，我来到了杨匏安陈列馆。推开历史的大门，我们珠海的革命先驱杨匏安的事迹跃然出现在我面前。这位珠海红色伟人的生平犹如一幅画卷在我面前展开，他的一腔爱国之情也在画卷的一笔一画中显现出来，让我感动。

去国六千里，心随云水长——离家求学

一个年轻人徘徊在人生的岔路口，他思绪万千，抓起笔看向窗外：社会黑暗动荡，国家衰败不堪，祖国的出路何在？年青一代的出路何在？他辗转彷徨，却找不到明确的答案。

杨匏安出生一个于没落的茶商家庭，幼年丧父，靠母亲做手工维持生活。中学毕业后在本乡担任小学教员，曾因反抗学校腐败，被诬陷入狱。

怀着对未来的期待与救国之路的探索，杨匏安登上了去日本的渡船。在日本，他如饥似渴地阅读有关西方先进思想的书籍。"也许救国的道路，就在其中。"

这样一颗炽热的爱国之心，怎能不叫人感动呢？

马氏社会论，救国新曙光——传播新思想

一个年轻人正在桌前奋笔疾书，身旁的稿纸不知不觉已经摞成了一座小山。千千万万的劳动者在马克思主义的领导下，必将成为一股强大的力量！而当下，正是该让人们了解它的时候！

1919年，杨匏安一方面从俄、德等国的世界革命风暴和五四运动中，深切体会到劳动人民力量的伟大；另一方面从日本社会主义运动和俄国十月革命中受到启发，使他朝着马克思主义无产阶级世界观大步迈进。

在广州五四爱国运动高潮期间，杨匏安奋笔疾书，为《广东中华新报》写了八九万字介绍新文化思潮和马克思主义的文章。他成为中国早期传播马克思主义的先驱，与李大钊并称"南杨北李"。

这样的求知、创新热情，怎能不叫人感动呢？

慷慨登车去，相期一节全——慷慨赴死

"怎么，你不怕死吗？"杨匏安对敌人的丑恶嘴脸不予理会，他斩钉截

铁、眼神坚定地回答："我从参加革命起，早就置生死于度外，死可以，变节不行！"1931年，杨匏安遇害，年仅35岁。

面对冰冷的枪口时，他在想什么？是妻儿，是战友，还是未来？唯一能肯定的是，他一定不后悔将自己的生命投入到革命事业中去，"苟利国家生死以，岂因祸福避趋之"。

这样的视死如归，怎能不叫人感动呢？

我缓缓合上画卷，走出了陈列馆。杨匏安烈士的爱国热情、创新好学、视死如归等一系列品质，无不震撼着我的内心。无数饱含爱国深情的仁人志士不畏生死，投身到革命的洪流之中。目送他们伟岸的身影消失在时间的长河中，我不禁陷入了沉思。

倏地，一缕阳光打在身上，胸前的团徽闪着金色的光芒。这是属于我们的时代，我们是祖国年轻的、新鲜的力量所在。手握着时代的接力棒，与杨匏安的半身像相视一眼，我的目光更加炯炯了，心也愈发坚定了起来。

公忠不可忘，浩然正气存

感想作品十

"慷慨登车去，相期一节全。"你可曾听过这样一首诗？这首诗来自珠海三杰之一的杨匏安的绝笔《示狱友》。

前不久，老师组织我们为珠海革命英雄立传。经历了读传记、参观、采访等活动，我们不仅创作成功，而且还收获了许多知识、感想。

不止《邓稼先》《伟大的悲剧》等课内小传，留有我们笔记的还有《王阳明传》《凡高传》等传略。经过反复推敲《邓稼先》和《伟大的悲剧》，我们逐渐掌握了一些传记的写作手法；阅读梳理《王阳明传》等传略则有助于我们了解传记的行文结构。这些阅读活动都让我们的写作能力大大提升。

第二学段中，追寻着革命烈士杨匏安的足迹，我们来到了位于珠海市北山村的杨匏安陈列馆。

这是一座青砖灰瓦的建筑，古色古香，看上去和四周的现代化建筑没有太大区别，整个北山村一派祥和。走进去，陈列着许多展品，讲述了杨匏安少年时期的成长经历和他的优秀品质；他传播马克思主义的突出贡献；他投身革命斗争、英勇就义的事迹，这些都让我们内心的敬意油然而生。

我的心也被许多个疑问缠绕着：为什么他能不怕报复、挺身而出揭发贪污？为什么在临刑前还能够那么从容？

关于第一个问题经过又一番查找资料，我们了解到了当时的社会背景和他的生活状况。那时的社会局势动荡，百姓遭受压迫和剥削，人与人之间似乎只剩下了冷漠，穷人住着马上就会倒塌的房屋，食物根本不够吃。杨家也一样贫穷，可母亲陈智却没有屈服，不肯接受嗟来之食。"朱门酒肉臭，路有冻死骨"贫富悬殊的现象比比皆是，在杨匏安幼小的心灵里播下了反抗压迫的种子。

至于第二个问题，答案就藏在他的诗作中。

"世乱聊为带雨耕""我已无心问哀乐"流露出了他由愤世到避世的思想；"借次清霜坚傲骨"是他不畏强暴、投身革命的信念与决心；流亡异国的时候，"公忠不可忘"是他的忠贞坚强，即便遭受冤屈，他仍然愿意为拯救劳苦大众而奔走。

他有如此临难不苟的英雄气概！

为了更深入的了解，我们踏出了陈列馆，来到了外面的珠海市北山村。

大家信心满满地向周围的村民询问，却都失望而归。有的人根本不知道他是谁，有的人认为时代久远不愿了解。最后，只有一位服装店的姐姐了解他的事迹，欣赏他的精神，鼓励我们学习他的精神。

杨匏安为我们做的这些事，难道应该被忘记吗？"公忠不可忘"的精神难道不应该被记得吗？

不是。是人们忙碌于现在的生活，享受着现在的美好，逐渐淡忘了这些带给我们美好的人。

这种精神，值得我们铭记。这种精神，值得我们赞扬！此时，我的心里燃起了作为珠海青少年的使命和责任感，我们现在做的这些事，不就是为了传承他们的精神，宣传他们的事迹，让更多人了解他们吗？生逢其时，肩负重任，我要勇担时代使命，为传承革命精神、宣传红色文化做出自己应有的贡献！

闪闪红星亦温柔

——读竺清旦烈士的一封家书

感想作品十一

百年前的中国，黎明前的黑暗。漆黑的夜空中，一颗颗闪闪的红星用自己的生命呼唤着更多人的觉醒。方志敏、钱壮飞、于子三……一个个铁骨铮铮的名字，他们闪亮、炙热、不屈。然而，我还感受到了他们背后无限的温柔。

这还要从一封普普通通的家书说起。它是那样不起眼，静静地躺在浙江革命烈士纪念馆的一个小小的玻璃柜子里。但当我的目光落在家书起头"我亲爱的女儿赛蓉"几个字上时，感到自己的心好像突然被温柔地抚摸了一下，我不由自主地凑近玻璃，一个字一个字地往下读。

这是一封竺清旦烈士写给他的大女儿竺赛蓉的家书。里面的文字简单平实，没有豪言壮语，也没有惆怅悲伤，只是一个父亲表达了他收到女儿来信的欢喜，他用最温和的语言交代女儿一些日常的小事：让她多读儿童文学读本，这样就不会写很多白字；让她出去打工时，待人处事要注意礼貌礼节；叮嘱她不要暴露父亲的身份。信只有短短的一页，落款也只是"你的父亲写给你的"几个字，一切都看似那么平淡。我不由地想到自己的爸爸，他平时不也是这样事无巨细地关心、教诲我吗？我的爸爸一直陪伴在我身边，而这个叫赛蓉的女孩，她一定很思念她的父亲吧？我的心中不禁涌起一阵淡淡的忧伤。

我抬起头看，照片中的竺清旦烈士那样年轻，但他的眼神中分明流露着坚毅。红色的简介牌上写着烈士的生平：浙江省奉化县人，1925年加入中国共产党，曾任中共宁波地委委员兼农民运动委员会书记，1935年12月被国民党新疆省督办盛世才杀害。短短的几句话似乎概括了他的一生，但是他的一生又何止这短短的几句话。从信中的字里行间，我深深地感受到他对女儿的牵挂和浓浓的爱，但又是什么样的力量支撑他离开妻儿，不畏牺牲，在白色恐怖下英勇斗争呢？

"幼吾幼以及人之幼"，我的脑海中浮现出这句话。是啊！竺清旦烈士不就是为了推翻旧社会，建立一个人人平等自由，人民安居乐业，儿童能健康、幸福生活的新世界吗？环顾展馆四周，我似乎看见黑夜中闪闪的红星们，他们把光芒作为武器奋力投向黑暗的同时，也用这些光芒温柔地抚摸着他们心爱的祖国和人民。

我的心中燃起点点星光，不由地站直身体，向他们庄重地敬了一个队礼。

细嚼的红茶

感想作品十二

如果信仰有颜色，那一定是中国红。

——题记

雁群的翅膀打翻了夕阳，给后院里的爷孙二人满上一杯红茶。爷爷悠闲地躺在藤椅上，嘴里嚼着几片红茶叶。年少的我望着爷爷苍老但锐意不减的背影，从茶罐里抠出几片茶叶，想学爷爷的模样。

未曾想茶叶味苦干涩，我一入嘴便吐了出来。爷爷回头瞧见了，一巴掌拍到我的头上，呵斥道："臭小子！这么好的茶叶，你别给我浪费了。"听到这儿，我默默地将吐出的茶叶塞入口中。爷爷看着我，细细地嚼着红茶叶。他顺着浓郁的茶香，回到了那个悠悠岁月，那个碧血丹心的年代，那个属于他的年代。

1952年5月14日，亥时。

天地大静，一根凉笛，一弯残月，林下漏银辉，疏疏如残雪。

三人坐在瞭望楼上，倚着清冷的月光，凝视着那缺了一角的红旗。"鸽子，你口袋里不是还有几片红茶叶吗？再拿出来几片给我嚼一下。"火柴说道。爷爷小心翼翼地从口袋里掏出一个手绢，展开洁白的手绢，几片嫩绿而微微泛黄的红茶叶静静地躺在手绢上。

火柴伸手就想去拿，却被班长拍掉了手，说道："那是人老婆的手绢，你那臭手别给它弄脏了。"爷爷将剩余的红茶叶随意地卷成一卷，塞进火柴的口中："要不你还是去后面当后勤吧，你才22岁。我和班长都成家立业了，回不回去都无所谓，就当为国尽忠了。"火柴揍了爷爷一拳："说什么呢？战死沙场本来就是当兵的本分。况且我还等着去你家后院的那片茶山喝茶呢，你要是出事了，我的茶水岂不是凉了？"听到这儿，爷爷哈哈大笑："行，那就说定了。到时候一起活着回去到我家吃茶去。"

其实那个时候谁也说不准，援军明天下午才能到达。仅几十个人面对敌军几百人守住这座碉楼，守与不守，结局似乎早已写定。但只要垛上插着的红旗不倒，他们便永远都在。

1953年5月15日，申时。

没有一丝云，也没有一丝风，只有一轮红热的夕阳，无情地将热浪抛洒在这片荒芜的大地上。

双方的弹壳一把一把地掉落在地，可射击的声音却丝毫未减。爷爷粗糙的手紧紧握住枪杆子，子弹多次从铁皮枪管射出，熏黑了爷爷的发鬓。垛上的红旗似乎也禁不住热浪的炙烤，旗帜被无数金属子弹擦过，边缘留下烧焦的痕迹，旗杆摇摇欲坠，但那抹红色依旧不减。

"红旗不能倒了，我去扶！"班长喊道。爷爷一把将班长拖回，吼道："不行，你是队里的主心骨，我去扶！"他踉跄地站起来，拖着沉重的身躯向红旗奔去。"小心！"爷爷立即卧倒，向草垛滚去。头部昏沉，知觉还未恢复。爷爷缓缓地站起，将手尽力伸向旗杆。这时，有人扑了过来，死死地护住爷爷。烈火灼烧般的疼痛蔓延全身，殷红的鲜血滴落到灰蓝的军服上，迸溅在那面红旗上。残缺的红旗在夕阳的照耀下，越发浓郁。

"还有红茶叶吗？"火柴卧倒在爷爷身上轻松地问道。"有，你给我挺住。过会儿我给你从坡上找。"爷爷死死地抠住他的手腕说道。"好，只要茶叶在，红旗在，我就不会倒，我就在这儿守着……"

爷爷眼神极好，他看到尘沙中，有一面高高飘扬的红旗若隐若现。整个部队，没有谁不认识这面旗帜。只是身上的躯体突然一沉，爷爷的眼前一片殷红，一时竟分不清是血还是旗帜……

1954年，春天。

坡上的茶树长得一片茂盛，坡沟间弥漫着浓郁的红茶香。

"茶山有幸埋忠骨啊……只可惜差了一面红旗。"爷爷感叹道。记忆中，那个少年身着军服，矗立在橘黄色的余晖中，嘴里嚼着几片红茶叶，身旁鲜红的红旗拂过少年的发际。他如一根火柴尽力地燃烧半边晚霞，给旗帜渲染上更浓郁的中国红……

落日的余晖散落在院子中，照在斑驳的老墙上。老槐树下的鸽子发出"咕咕、咕咕、咕咕……"的叫声，爷爷安详地躺在藤椅上，细细地嚼着红茶叶，静静地聆听着和平岁月带来的音信。

听完这个故事，我感到既远既近。那段红色的年代已经离我和爷爷远去，但时间的流逝并未冲刷掉那抹中国红，反而转变为一面鲜红的旗帜，在爷爷的心头高高飘扬，也埋藏在我的心中。

理想之火，无畏冰封

——读《钢铁是怎样炼成的》

感想作品十三

那是一个危机四伏的年代，一个少年在导师的膝下渐渐懂得革命真理；那是一个战火纷飞的年代，一个青年告别家乡，在枪林弹雨中书写共青团员的华章；那是一个百废待兴的年代，一个战士奋战在铁路工地上，振聋发聩的箴言点燃胸中烈火；那是一个国泰民安的时代，一个伤员缓缓放下手枪，浴火重生，重返战斗行列。这不只是一个故事，更是一个名为保尔·柯察金的传奇。

合上这本书，我的心仿佛在乌克兰的金色原野上飘荡，原来一个为理想主义献身的战士是如此高大。这本书像一位革命导师，就像朱赫来教导保尔那样告诉我：高举理想的火炬方能无愧于冰雪风霜的考验。

保尔毅然举起理想之火，冰封的第聂伯河熄灭不了燃烧的青春，寒冷的博亚尔卡冻不灭炽热的心灵；阿尔焦姆重拾理想之火，列宁逝世后，顿悟的他成为一位布尔什维克，壮大了党的坚强队伍，使本被削去枝尖的大树更为茂盛；但杜巴瓦放弃了理想之火，任凭自己在莫斯科的大街小巷被冷风随意撕扯，彻底在斗争中沉沦。

一个胸怀理想之火的人能战胜艰难困苦，一个国家也是如此。在中国共产党建党百年的交汇点上，我们回顾历史：中国在共产党的正确领导之下，完成了一个又一个历史任务，无愧是伟大、光荣、正确的政党。反观今日的乌克兰，在理想之火熄灭的原野上，暗无天日，千里冰封。这就是理想破灭的后果。

作为祖国未来栋梁之材的我们，少年的状态与国家的明天息息相关。手中紧握理想之火的我们，定能如乳虎初啸，深山巨谷为之撼动；定能如雏鹰凌空，苍穹因之共鸣。

我们——新时代的少年必会用理想之火融化寒冰。只要还能呼吸、还能行走、还能张望，就一直走向远大目标，燃烧我们动荡的青春，为祖国争荣光。

光外的英雄

——读《红星照耀中国》

感想作品十四

盛夏的傍晚，宝塔山换上了生意盎然的绿装，延河在山脚下缓缓流淌。金色的霞光洒满了整个延安城，华灯初上，一派静谧安详。游览完枣园、杨家岭等革命旧址，看着日新月异的新延安，怀着探索80年前革命老区的想法，我翻开了红色经典《红星照耀中国》。

书中的一词一句，勾勒出了一排排窑洞，一场场战役，一个又一个鲜活丰满的形象。伟大领袖毛泽东、平易近人周恩来、骁勇善战徐海东，这一个个镶了金边的名字光芒万丈，在历史的长河中青史留名。但在斯诺的笔下，还有许多"光外的英雄"吸引着我，他们也许是无名小卒，做着基层工作，但他们的故事同样催人泪下。他们中，我印象最深的，是一群孩子——"红小鬼"。

他们是孩子，真正的孩子。年纪与我们相仿，在11到16岁，甚至比我们更年少。他们穿着大了几号的军装，帽子上有一颗闪亮的红星，积极乐观，容光焕发。他们大多来自红军走过的农村，来自中国大地上数不清的穷苦的村庄，来自被地主剥削了几百年几辈人的农村。挨饿是常有的，冬天凛冽的寒风也是常客，这一切对于我们这一代人来说似乎都不是一个少年少女可以承受得了的，但却是他们每人实实在在受到的煎熬。他们坚毅的让人忘记了他们还是孩子，忘记了他们也有天马行空的想象、星辰大海的理想。只有听到他们稚气未脱的话语时，也许才能从他们坚韧的明眸中忆起他们不过是孩子。

他们是战士，真正的战士。看着家中年长的哥哥姐姐纷纷加入了红军，他们一咬牙，跟着红军走了六千里，来到了陕北根据地，成为"红小鬼"。他们在苏区承担着各式各样的工作，从通讯员到侦查员，从电报员到勤务员，他们尽心尽责，维持着苏区的运作。他们有着战士的勇敢，在宣传任务中被捕后坚强抵抗，甚至与游击队员并肩作战，在枪林弹雨中穿梭，想想都让人不寒而栗。他们渴望战斗，敢于战斗，善于战斗，让人觉得他们是真正的红军战士。

他们的刚毅坚韧让我折服，他们的积极乐观让我敬佩，他们对红军坚贞不二，坚定如一。这不禁引发了我的深思，是什么让他们毅然决然加入红军？是信仰？是热血？还是对自由的向往？我想，他们是为了改变自己的命运，他们世世代代都是穷苦的农民，面对地主的剥削、侵华日军的掠夺，他们别无选择。他们放弃了最天真烂漫的童年，奉献了最美好的年华，毅然决然投入了残酷的战争中，敌人是冷酷的，"红小鬼"们的心是炽热的。他们试图改变自己的命运，改变全中国和他们一样的孩子的命运，让童年不再是硝烟和战火，而是自由、开放与幸福。他们没有在历史中留下自己的姓名，却是我们心中真正的英雄。

世事变迁，沧海桑田，老一辈的革命先烈们相继与世长辞，但"红小鬼"的精神一直延续至今。继承这颗种子的，是这个国家的年轻人，是这个社会的"后浪"，初生牛犊不怕虎，他们敢于尝试，敢于创新，努力奋斗，自强不息，向着自己目标的彼岸不断前进。也许他们的志向是远方金色的田野、宽广无垠的浩瀚海洋，是那么遥不可及，但他们为了实现自己的梦想奉献韶华、锐意进取的样子，真的很美。

进入21世纪的第三个十年，00后渐渐进入了公众视野。奥运冠军全红婵，13岁拿下奥运金牌，震惊九州，名扬海外。一夜成名的背后，是日复一日的高强度训练，是一次次失败后又坚韧地爬起。00后天才少女宋文清，19岁读博士，20岁拿下国际科研大奖，她带领的团队成功解决了大数据加密的问题，为信息化高速发展提供了保障。看似天才的背后，是孜孜不倦的灯下苦读，是愿与实验室为知己的咬牙坚持。戍边烈士陈祥榕，19岁为国捐躯，写下了"清澈的爱，只为中国。"的豪情壮志。他说到了，也做到了。他的鲜血洒在了青藏高原上，染红了纯净无瑕的天地。或为国争光，或奉献生命，他们一个个名字闪闪发光，让人敬佩不已。

同样，有许多的年轻人在身边默默守护着我们。面对熊熊大火、浓烟滚滚，他们穿着厚重的防火服向着烈焰深处冲去。他们披上防护服，主动请缨前往病毒肆虐的最深处。他们身着蓝色军装，在船头搏击风浪，守护海域安全。他们不管刮风下雨，在城镇的大街小巷穿梭送着外卖……他们没有被世人所熟知，却用自己微弱的力量，为这个世界做出贡献，他们又何尝不是英雄呢？

一个城市一个国家，肯定会有杰出人物名垂千古，但实实在在的人民才是国家的根基，习近平总书记在2021年新年贺词中曾说："平凡铸就伟大，英雄来自人民，每个人都了不起！"他们没有在聚光灯下闪闪发光，但是他们的辛勤付出，撑起了这个社会、这个国家，挺起了民族的脊梁！

延安的夜深了，天边闪起几颗明星，点缀着漆黑的夜空。我知道，在云层之后，数以万计的星星正在发光发热，尽管他们是那么渺小、黯淡，但正因他们的存在与默默付出，才有了我们光辉灿烂的宇宙。谁说站在光里的才是英雄，光外的英雄同样也是英雄！

一路芳华，初心隽永

感想作品十五

中国是一个由工人阶级领导的，以工农联盟为基础的人民民主专政的社会主义国家。但是众人总说中国是红色中国。

为什么称之为红色中国？为什么中国的革命叫红色革命？红军又为什么叫红军？红色出现在了五星红旗上，出现在党徽上，出现在充满青春活力的少先队员胸前的红领巾上……那么，红色究竟代表着什么？

红色，代表着吉祥、喜气、奔放、热烈、激情和斗志。对于中国，红色在政治上经常用来象征革命以及左派，社会主义国家用来表示社会主义。了解了这些之后，我仍然不能完全理解它的意义。但在假期里，我阅读了《红星照耀中国》这本书，它才使我完全了解这究竟是为什么。

作者写此书的初衷是向全世界报道中国、工农红军、红军的领袖、红军将领以及中国老百姓生活的真实情况，这也是对当时中国的革命的一个客观评价。《红星照耀中国》一书中，作者以外国记者的身份来到中国对中国共产党领军人物进行采访。作者对当地的农民、工人、"红小鬼"们，进行了一系列的采访，观察他们的日常行动和日常生活。他以一名外国记者的身份来向世界宣传真正的中国共产党，使外界消除对中国以及中国共产党、中国工农红军、中国精神和中国人民的不实之词。

这本书很容易让人产生共鸣，但我也生出了一连串的疑问。为什么穿着草鞋，吃着青稞麦炒面、野菜、草根、树皮，只能靠从敌人手中缴获先进武器，没有外界力量支援的他们，却能用他们的双脚徒步两万五千里？为什么在如此差的条件下，他们仍能保持乐观的心态、昂扬的斗志、坚定的信念，一直向着革命的胜利走去？是什么支撑着他们完成了这原本不可能完成的一切？

我认为答案是人民。

水能载舟，亦能覆舟。得民心者得天下。正是意识到了这一点，所以红军们去到老百姓生活的地方，从来不争不抢，不会用权力欺压百姓。这也正是共产党与国民党的区别。红军们总是与老百姓打成一片，赢得民心，且他们也是真正将百姓的安危放在自己的心里。这也是促使他们革命胜利的原因之一。他们在遇难时百姓会自发地无条件帮助他们，因为有老百姓作为强大的支柱，他们一次次地渡过了难关。所以说，共产党最终革命的胜利并不只是靠优秀的军事领导人，也是因为百姓的支持。

但其实在这些人中，我印象最深的是那些"红小鬼"。有一个"小鬼"，因为自己的名字时常被人念成不好的词，他担心会有人因此对红军印象不好，就仔细地写下了自己的名字，为此他专门去找斯诺解释自己的名字。他们对待工作一丝不苟，对任何人都是平等对待。明明和我们是一样的年纪，却和我们有着完全不一样的经历，在苏区生活的他们并没有因为环境的艰苦、生活的困难而放弃对新社会的追求。他们满心满眼都是红军，他们看上去平平无奇，但是瘦小的躯体里却藏着强大的力量，他们决心做永远的革命者。

共产党有他们一直坚持的精神与信仰，这些虽然是看不见也摸不着的东西，但却能在人们的心中形成一股强大的力量。"红军不怕远征难，万水千山只等闲"，虽然经历许多磨难与困苦，但他们却把历经万水千山的困苦看作是平平常常的事，这股强大的力量一直支撑着他们。他们始终不忘初心，团结一致武装思想，坚守住社会主义的信仰。

在革命的路途中，红军们有许多见闻，也明白去别的军队会有更好的生活环境，但他们一直走在自己选择的道路上，并且永不后悔，让自己的初心永远地镌刻心头，最终取得了胜利，这便是一路芳华、初心隽永的终极意义。所以我认为，一个人无论怎样都要在一开始就坚定自己的信念与目标，永葆初心。

那个时期的红色革命以成功告终，但仅是那时的革命成功了，我认为，革命永远不会宣告结束，无论是思想上的，还是政治上的。在这个崭新的时代，属于我们的革命才刚刚开始，还有许多未完成的任务等待着我们，在时代洪流中的每个人都有自己的一份职责与使命，而每一个人也将穷极一生来完成。

第二节　人生之舟，看钢铁就是这样炼成的

在烈火中成长

——读《钢铁是怎样炼成的》

感想作品一

"千锤万凿出深山，烈火焚烧若等闲。"正如石灰石一样，铁矿石也只有在经历过千锤百炼，在经历过烈火焚烧后才能成为无坚不摧、刚毅顽强的钢铁。

正如《钢铁是怎样炼成的》中的保尔，他出身贫寒，受到老师和堂倌们不公的对待，但他不向命运低头，顽强地与命运斗争。后来，他参加了革命，在大大小小数次战役中负伤，甚至危及生命：在与波兰白军的战斗中腿受伤并得了伤寒；在骑兵部队时炸弹在身边爆炸，头部受重伤；修铁路时得了伤寒和大叶性肺炎……但这一次次的死里逃生并没有击垮保尔，和死神的一次次接触更坚定了他活下去的信念。最后，即使他全身瘫痪、双目失明，他也用自己的方式——写作，继续支持革命，在病榻上创作出了《暴风雨所诞生的》这一著作。

保尔一生的经历如此坎坷，但他从不放弃希望，用自己的力量一次次与命运对抗。这一次次的苦难就如烈火一般，锻造出了保尔钢铁般的意志，让保尔逐渐成长为拥有钢铁般的无坚不摧的意志的革命战士，让保尔从一个幼小顽皮的孩子成长为一个英勇顽强的革命战士。

　　海伦·凯勒因为从小生了一场大病，双目失明，双耳失聪，在生活和学习上都有常人想象不到的困难。但她在莎莉文的帮助下，不仅学会了读书、写字，还以优异的成绩从知名大学毕业，最终成为一位优秀的作家。

　　江竹筠是出身于普通农民家庭的一位优秀共产党员。她被捕后在监狱受尽折磨，坐钉子椅、喷辣椒水、竹签插手指……在这一次次的酷刑中，她咬紧牙关，没有透露出一点关于共产党的秘密，最终被残忍杀害。但她的故事被写进了书中，被一代代传承，她的精神激励了一代代的后人，她的精神会永远传承下去，她的生命是短暂的也是永恒的！

　　而蒲华辅在特务们要用烧红的木炭对他的后背用刑时，马上向特务们求饶，并提供了一份地下党组织名单，前前后后有50余名优秀的同志因此被捕。他的行为与江竹筠的行为形成了鲜明的对比，更坚定了我面对困难不轻言放弃，要坚持下去的决心。

　　像保尔他们这种不怕困难、勇于和命运斗争的精神激励了我，每当我在学习、生活上遇到困难想要放弃时，保尔虚弱地躺在病榻上坚持写书；海伦·凯勒皱着眉头用手摸索着努力学习；江竹筠忍受着酷刑，却用牙齿紧紧咬住嘴唇不发出一丝声音的样子就会浮现在我眼前。是啊，成功的路上不总是一帆风顺的，总会有坎坷不平，总会遇到逆境。只要我们克服这些困难，铺在我们眼前的就是一条璀璨星途。

　　作者曾说过："钢是在烈火里燃烧、高度冷却中炼成的，因此它很坚固。我们这一代人也是在斗争中和艰苦考验中锻炼出来的，并且学会了在生活中从不灰心丧气。"钢铁在烈火中锻造，而我们在困难中成长。不止我们这一代，后面的每一代人都会被他们的精神所震撼、所打动、所影响！他们的生命是短暂的也是永恒的，即使他们已经死去，但他们的精神不会消失，他们的精神会一代代永远传承下去！

向英雄们学习、致敬

感想作品二

今天我读完了奥斯特洛夫斯基的《钢铁是怎样炼成的》，一个饱受折磨和侮辱的少年，经历重重磨难，终于成长成为一个信念坚定的布尔什维克，他为理想而献身的英雄般的经历，深深地打动了我。

保尔12岁就在车站食堂干活，受尽老板娘的欺凌压迫，早早就体验了生活的艰辛，底层人们的艰辛和痛苦让保尔爱憎分明。老布尔什维克朱赫来的到来，让保尔懂得了很多革命的道理。后来保尔在内战时期两次受伤，在修筑铁路时再次病倒，最后全身瘫痪、双目失明，即使是这样，保尔依旧乐观面对，用文学创作的方式发挥自己的价值。

在个人感情上，保尔始终把革命工作放在第一位，把爱情放在第二位。他为了革命，跟小资产阶级冬妮娅分手，后来又错过了安娜，最后保尔帮助自己的妻子从一个落后保守的家庭走出来，成为一名优秀的布尔什维克。

保尔短暂的一生仿佛就是为了党而存在的，连他的母亲都说，只有保尔生病了，才能回到家中。我真为保尔感到惋惜，这么优秀的青年，这么能吃苦，意志那么顽强，把全部的热情和生命都献给了崇高的理想，可是他失去了健康的身体，命运太不公平了！

保尔这样的战士，让我想到了《红星照耀中国》中的红军战士们，他们也像保尔一样，生活在社会的底层，受尽剥削、压迫，当生活无以为继的时候，愤然加入了红军队伍，从此成了坚定的红军战士，受尽磨难，最终到达陕北，到达革命圣地。

我想人一定要有信念，否则一定吃不了苦，知难而退，这样的人一定没有出息。我想起了自己刚入初中时候的一次军训经历。

军训刚开始时，我觉得很新鲜，毕竟这是我没有的经历过的，我觉得教官和蔼可亲。不过仅仅过了一个下午，我感觉我之前高兴得太早了。接下来的训官，教练"原形毕露"，让我们不停地训练，太阳也特别毒辣，一次次的重来，一次次的彩排，一次次地挥洒汗水……有时我甚至会想，为什么我不能生一场病，好提前结束这次军训……

可恶的军训终于要结束了。最后一天要进行军训结果考察，为此我们付出了最大的努力。我们从中也得到了成功的喜悦，就是疲倦也止不住我们雀跃的心情。

看看我吃过的苦，跟保尔比起来，跟战争年代的红军战士比起来，真是不值一提。我们都要向保尔学习，向红军战士学习，向一切有崇高理想、有坚定信念、面对困难不懈拼搏、有积极乐观的人生态度的英雄们学习，这样，我们才能成为一代新人，成为建设者和接班人。

生如夏花

——读《钢铁是怎样炼成的》

感想作品三

生如夏花之绚烂，死如秋叶之静美。

花之开，少年饱受侮辱，却个性倔强，勇敢回击。因神父的不公，保尔怒撒烟末；男孩无理挑衅，保尔有力还击；途中遇朱赫来被押，保尔果断扑倒押送兵，暂时化险为夷。

少年之身，应有反抗之气。简·爱被表兄殴打，她怒斥："你这男孩真是又恶毒又残酷。"她的愤怒化为了反抗的勇敢，重盒子脱离指尖，无尽的疼痛成为约翰的代价。徭役繁重，赋税沉重，陈胜吴广不满于黑暗社会，发动农民起义。彭德怀的祖母坏习惯居多，沉醉鸦片世界，对彭德怀恶语相向，并诅咒他遭受天打雷劈。在充满偏见与压迫的家庭里，彭德怀毅然离家出走，闯荡世界，寻找正义。生如夏花，我们与不屈做伴。

花之盛，少年危险重重，却英勇顽强，浴血奋战。勇救朱赫来后，保尔被捕入狱，经受拷打，成功脱逃；骑兵连战斗中，保尔身中铁片，生命垂危；雪天筑路时，保尔感染伤寒，被遣回家。命运没有将他压倒，却让他愈战愈勇。

少年之身，应有顽强之力。抗日英雄赵一曼被日本宪兵酷刑逼供，日兵不顾伤势，采用几十种酷刑，每种都浸透着血和泪，幕幕惊心。凭借顽强的意志，赵一曼守口如瓶，没有供出抗联的机密。贝多芬年少失聪，音乐之路坎坷，他没有屈服于命运，而是扼住命运的咽喉，牙咬木棒，创造出不朽的乐章。生如夏花，我们与钢铁意志共生。

花之末，少年苦陷低谷，却信仰坚定，永不言弃。经历四次死里逃生，保尔那句"人最宝贵的是生命"振聋发聩；失去战斗力，保尔羞愧愤怒，产生自杀之念，懦弱与逃避令他自责；四肢瘫痪，却抵不住保尔对共产主义事业的热情，以写作为武器，话共产主义的美好前景。

少年之身，应有理想之念。项羽9岁，面对国破家亡的惨状，立志长大后复国报仇。周总理14岁道出"为中华之崛起而读书"这一激励中华儿女的励志名言。信仰之坚定，引领梦想的飞翔。霍金曾说："我还有很多事情想做，人如果什么梦想都没有，就等于死亡。"他21岁患上卢伽雷氏症，从此开启轮椅人生。即使躯体被禁锢多年，霍金的大脑依然思考着宇宙。他双指敲击键盘，带领世界探索宇宙和黑洞。同保尔一般，他用生命证明了身体的残疾是行动的鞭策。生如夏花，我们与信仰永存。

回观自己，多少个日夜因困难而退缩，因坎坷而落泪。腿上的疤痕深刻而显眼，而床底的滑板早已布满尘灰。摔倒的每个瞬间历历在目，伤痛之感未曾离开。理想的星光被拢上乌云，我站在迷茫里，停滞不前。阳光洒向桌角，照亮了保尔的图片，一位少年向阳而生，诠释着青春的真谛。或许，我会成为像那少年一样的人吗？一敲清醒，我悟出逃避只会落入深渊，没有顽强的毅力、坚定的信仰，又如何成为浴火重生的凤凰，展翅浩瀚天际？拨开云雾，星光依旧耀眼；脚踩滑板，我的梦想就在远方。逐梦，不悔为少年！

夏花开放，绚烂夺目；秋叶落地，一片静好。

人生纵有荆棘遍地、雾锁烟迷却挡不住内心的坚定。身为少年，我们更应继承先辈们的革命基因，心怀理想，胸怀大志，身怀毅力，笑对坎坷与泥泞。做不朽的钢，在烈火里凝练，做不朽的保尔，在暴风雨中涅槃。

我们生如夏花，定将向阳而生，逐光前行！

铭记峥嵘岁月，弘扬先烈精神

感想作品四

在中国历史的长河中曾涌现出无数的英雄人物，他们来自不同的地方，但却怀揣着相同的信念，与外来势力进行殊死一搏的战斗，用家国情怀的信仰，捍卫国土，坚贞不屈。

在珠海，在这一块具有光荣革命斗争传统的热土上也经历了许多战争，我们的先烈们抛头颅、洒热血，引领着人民群众一路向前，燃烧着愤慨的怒火，毅然地踏在革命红土之上，不惜一切保卫家园。那些热血青年也是怀揣着对祖国的信念，在战火纷飞之中贡献了青春。

有三座大山曾屹然挺立于珠海人民的心头，他们是谁：他们是把一生都注入在祖国之中的杨匏安先生、苏兆征先生与林伟民先生。是他们曾站在珠海这片热土上成功发扬了马点思主义精神，为中国发展铺下了安稳的基石。今天，我来讲述爱国革命烈士杨匏安先生的光辉革命之路。

他出生于珠海市南屏乡北山村一个没落的茶商家庭。童年时期的他最崇尚历史中的民族英雄岳飞和文天祥。杨匏安先生小时候时常吟诵文天祥那句"人生自古谁无死，留取丹心照汗青"。他自幼才华横溢，小学毕业之后来到广州继续学习。他十分幸运地接触到了民主革命派的孙中山等人。勤于学习的他受到了深刻的马克思主义思想影响，心中亮起了革命的曙光，决心在革命上继续奋斗。

辛亥革命爆发，袁世凯的土匪队伍在广东无恶不作，封建复辟后的恐怖弥漫在香山城乡久久不能散去。杨匏安先生自然目睹了这一幕幕政治风云的激变，顿时他心中想到祖国那几千年来的华夏文明，那亲情浓厚、风景秀丽的故乡。社会的黑暗腐败使他不停地寻问自己，祖国该走怎样的路？当代青年如何奋起，揣着炽热的梦想走出大路？思虑万千使他辗转反侧，迷茫不已。

他四处奔走，四处宣传从日本接触到的马克思主义。在1919年五四运动与新文化运动的影响下他的思想发生了极大转变，深切地体会到了劳动人民力量的伟大！又从社会主义运动与俄国十月革命的爆发中受到启发，这使他更加坚信马克思主义的思想，相信祖国的力量！心中犹如激流勇进、大浪翻滚，那股磅礴的力量，促使他写下了介绍新文化思潮与马克思主义思想的八九万字的文章！

数年之间，杨匏安仍旧是为了祖国革命的事业、东奔西走、奋不顾身。长期积累的劳苦使他身患重病，卧床不起，令人十分愤恨的是，蒋介石派一批国民党特务与巡捕把杨匏安硬生拉走，把他关入汇山捕房。蒋介石以死威胁着他，让他叛变共产党。可杨匏安十分坚毅地说："我从参加革命起，早就置生死于度外。死可以，变节不行！"这时与他同狱的难友无不被他的铁骨丹心而打动，就连那些国民党的士兵也纷纷赞及杨匏安是"铁人"。在1931年8月的一天夜晚，杨匏安先生被国民党秘密枪杀于荒地上，年仅35岁。

杨匏安烈士以自己可歌可泣的一生诠释了什么是信念的力量。信念是石，敲出星星之火；信念是灯，它照亮了夜行的路；信念又是漫长起伏的路，它伴着我们走向光明。

让我们永远铭记先烈的精神，把它们发扬光大吧！

让信念的力量成为青春的底色

感想作品五

本学期，我学习了闻一多先生的《最后一次讲演》。在这当中我体会到了一个爱国人士的信念。信念是什么？信念是每一个青年都能保持积极进取的心态，不懈奋斗，不停拼搏，为自己的理想而奋斗！

信念，让平凡的人不再平凡，让平庸的人不再平庸。还记得华南地区马克思主义第一人杨匏安吗？他在狱中写下"慷慨登车去，相期一节全，残生无可恋，大敌正当前。"这是一种信念，一种永不落后的信念。如果没有这种信念，他也就不会用一支笔激荡天空风云，也不会用一本书卷起南海狂澜。如果没有这种信念，他也就不会联俄联共扶助农工，也不会领导省港大罢工留下煌煌贡献。如果没有这种信念，他也就不会为国为民一门英烈，日月光辉永耀珠江。是信念，塑造了一个华南明灯杨匏安！

信念，让爱国不只是代名词，更是我们发自内心的行动。在历史课本上我遇见了五四运动的青年们，他们为国家民族、为他们的信念争取主权。在语文课本上我遇见了有着钢铁意志的保尔，面对严刑拷打不屈服，面对死里逃生还革命，面对伤病折磨不放弃信念。在电视上我遇见了敢于担当的青少年们拼尽全力，只为国家能多争取一块金牌，摆脱"体育落后"的刻板印象。在社区里我遇见了抗疫一线的医护人员，他们穿着厚重的防护服，动作娴熟，夜以继日地进行样本采集，以便更加快速地控制疫情。这都是信念的力量！

信念，不只是成功者字典里的词，更能让稚嫩的你得到成长。每个人都拥有过信念，只是你可能从未发现，或许只是你不敢想自己也有过信念。是什么支持着莘莘学子不顾书山险峻，不怕攀登？是成就心中理想的信念！是什么让几近堕落的问题少年迷途知返？是心灵深处曾有的目标，是信念的呼唤呐喊！还记得我们在足球场上的无悔拼搏，还记得我们为什么在校运会赛跑时不甘落后，不轻言放弃？因为我们相信终点属于我们！这就是信念，信念从离开起点那一瞬间就成了你唯一的支柱，不断前进的力量。

想当年，睁眼看世界，包括闻一多、杨袍安在内的多少仁人志士寻找救国救民药方，敢为天下先，多少英雄豪杰担起使命勇于担当！信念之光照亮奋斗之路，信仰之力开创美好未来。只要我们认准方向，坚定前行，就一定能让信念伴随人生永放其光，永灼其焰！

万束光

感想作品六

担 责

一束光照进了成岗的房间，照进了成岗的内心，发出了闪耀的光芒。

成岗在接到了党的任务后，每日每夜都十分认真，一心一意地完成他的印刷任务，常常深更半夜还在灯火下努力工作。面对工作，他小心翼翼，组织后来把刻板的任务也交给了他。他一直努力地工作，日复一日年复一年地为党工作着，印发宣传红色精神的《挺进报》，可他本人却只能默默地隐藏在工厂里……

有一日，他的妹妹拿着一份粉红的《挺进报》回家，那一份报是他昨晚工作成果中的一小份，却也是他倾注了心血的努力成果，他的内心是自豪的吧，也期许着妹妹对这份报纸的评价吧，可是他不能暴露，甚至他为了家人的安全，还斥责妹妹太冒险。望着妹妹生气的背影，他不可能更不会说出这一切，即使被捕那一刻，他的妹妹也不知道他为了党都做了哪些工作。在狱中，他遭受了非人的折磨，却没有泄露一丝一毫的党的内部信息，牺牲时，他只有26岁，他死的那一刻，虽衰草黄稀，但阳光照耀。

一束光照进了成岗心里，那束光是担责。

团 结

一束光照进了渣滓洞里，照进了渣滓洞犯人的心中，发出了闪耀的光芒。

他们当中的战士龙光华为了打水被特务打成了重伤，最后因为没有药物，龙光华战士因此而牺牲。渣滓洞里的两位带头人——余新江和刘思扬向特务提出了要求追悼龙光华烈士，并对所有犯人的态度要有所好转。但阴险的特务定然不同意，找了个借口，就将两个代表关了起来。

让特务意想不到的是，犯人团结一致，开始节食抗议。面对特务的怒吼，没有一个人去理会他们；面对特务阴险的诱惑，没有一个人放弃，他们不怕饥饿,坐在牢中嘲笑着特务的无能和愚笨。就这样,在犯人这种自残的压迫下,特务举行了龙光华的追悼会。

一束光照进了渣滓洞的犯人心中,那束光是团结。

警 惕

一束光照进了白公馆的牢房里,照进了那些囚犯的心里,发出了闪耀的光芒。

白公馆中,犯人看着窗外照进来的光,沉思着。他们为了完成任务,在这个大楼中进行着挺进报的书写工作。他们时时刻刻注意着细节——没有使用"挺进报"这个名字。面对困难,他们艰难地度过了;面对审问,他们没有向敌人透露一个字。

一日,一位犯人发现他贴在图书上的马克思图片被撕掉了,这让他惊讶不已。这时一旁的图书管理员说:"要警惕,才不会暴露,不然进行不了工作。"他在善意的提醒中谨慎行事,为了党为了祖国大业,他的警惕让任务顺利进行。

一束光照进了白宫犯人的心中,那束光是警惕。

革命之光

一束束光照进了无数革命烈士的心里,它们汇聚在一块,这万束光就形成了一道红色的光,照耀整片中华大地,驱散中国的黑暗,引领中国走向光明。

我以我血荐轩辕,且以丹心破长空

——读《红岩》

感想作品七

翻开红色的封面,没有花里胡哨的作者简介,甚至连作品概括也可以说是"惜字如金"。就这样,像爱丽丝跳入兔子洞一样,我直挺挺地跳入时间的长河,乘着一块红岩逆流而上,触摸着他们的红色岁月。41万字的旅程并不短暂,一位位英雄革命者用铮铮铁骨诠释着何为"人生自古谁无死?留取丹心照汗青"，用鲜血染红了将要升起于中华大地的五星红旗。

黑格尔曾说："历史是一堆灰烬，但灰烬深处有余温。"红岩的故事，即从1948年到1949年的中国起笔。书里的他们不如毛主席、周总理一样为人们所熟知，他们不容易被人记住，至少，在今时今日如若不是看了有关的资料与事件，他们的经历称得上不为人知。《红岩》描述的就是这样的一群人，在那个年代，带着共产党人的激情与信仰，用血肉之躯拥抱家与国。

共产党人是无畏的，红岩里的他们更是大无畏。不曾忘记，那个能笑得让国民党心里发凉的许云峰在最后仍拼着最后一口气给大家挖出了一条救命的隧道；不曾忘记，那个看见丈夫老彭的头颅被高挂于城门上而大哭一场的江姐被捕后忍下鞭打之痛，吞下竹签插入手指的剜心痛苦；不曾忘记，渣滓洞里皮开肉绽的身躯、横流的热血、不屈的共产党人……我读《红岩》时，心中满是震撼，难以言喻的震撼，手边是冰爽的饮料与可口的零食，抬头，月朗星稀，风从天穹穿过，回过神，我已泪流满面。泪光里是江姐和李青竹仔仔细细地梳着头，是小萝卜头踌躇满志地大喊革命，是成岗在渣滓洞里冒死出版《挺进报》……越是读，我越是走不出这信仰的洗礼。

共产党人的精神生生不息，共产党人的信仰永不磨灭。如果还有任何一个人对中国能在世界反法西斯的东方战场上大获全胜心存疑虑，那么他一定没有看过《红岩》，他也一定未曾在中国生活过。中国人的红色基因是与生俱来的，我们的国度里满是英雄的故事，处处是英烈的凯歌。共产党人舍生忘死、前仆后继的气概是其他任何一个国家都不具有的不竭精神动力，《红岩》中龙光华的死亡就是最好的证明。"班长！……部队……来了！""指导员……给我……一支枪！""龙光华，牺牲了！"龙光华一手扒着牢门，身子向着光亮的那一刻我永远不忘，永远镌刻在我心中。我们是一个英雄的国家，是一个英雄的民族，是由如此多像龙光华、江姐、许云峰一样的英雄用壮烈的片片刻刻组成了华夏民族的永恒。

百年前培根言："读史使人明智。"的确，历史是天然的教科书，是最有力的清醒剂。《红岩》一书不是历史却胜似历史，而那里头一个个故事又何曾不是真实的故事呢？华子良、胡浩……也许形象已经模糊，姓名已经更换，但不变的是他们每个人都是那段苦难岁月的亲历者。80年代改革风潮下的"四有青年",到如今被贴满标签的"新青年",无论如何,正如习主席于2019年4月30日在纪念五四运动100周年大会上所说"国家的希望在青年,民族的未来在青年。"我们这一代青年,也未曾忘记肩上的历史重任。"岂曰无衣?与子同袍",疫情阻击战中4.2万医护人员中1.2万多名是90后甚至相当一部分为95后、00后;"敢教日月换新天",曹原一日两篇Nature轰动科学界,90后的"天问一号"北京总调度员鲍硕;"丹青难写是精神",90后的冯炼秉着愚公精神为红军守墓……一代人有一代人的长征路,我想,红岩里,刘思扬、许云峰等人的长征路是新中国成立前长夜里的坚贞不屈,而于我们这一代人则是诡谲风云中的披荆斩棘。红岩的精神屹立不倒,其强大的思想内涵正是我们在森森白骨上哭泣后,经受无情寒风摧残后仍能在星辰下相拥,于骄阳里奔跑的内驱力。

抔抔黄土垒成九层高台,把把热血染就赤诚信仰。红岩里的他们已经出色地完成使命,把接力棒交于我们手上。我们只有保持"任尔东西南北风"的定力,怀有"我以我血荐轩辕"的忠心,才能凝丹心,破长空。

信念的力量

——读《红星照耀中国》

感想作品八

"怎么可能,这么远的路程最起码要三天!"皎平渡守卫的国民党被俘虏后只留下目瞪口呆和这句难以置信的呻吟。

渡长江时,红军就近的渡口全部为国民党占领,渡船被焚毁,要想渡河,只有去距此百公里外的渡口。猛浪翻腾,伴着国民党胜券在握的猖狂笑声,他们不相信红军能逃出自己的掌心。但红军好像不知道自己命运似的,只用了一天一夜,就调转方向整整行进了135公里,赶到了皎平渡,敌人在毫无防备的情况下束手就擒。

面对绝境，红军心中始终凝聚着对胜利的革命信念，正因为如此，才有奇迹的不断发生。不只是一日135公里的行军，枪林弹雨里飞渡过的泸定桥，寒风暴雪中鏖战过的岷山，饥饿混沌时挺过的大草地都是他们坚毅信念的见证者。共产党没有天时、没有地利，只单靠着顽强信念，却在最恶劣的条件里打赢一场场漂亮的仗。

相反，拥有优厚资源的国民党却没有这样的信念。在大渡河战役中，红军性能落后的马尾手榴弹却迫使手握先进机枪的守卫军仓皇而逃，不是没有希望，而是他们怕，他们不相信自己能赢。正因为如此，一切同红军的斗争都只是过程，他们失败的结果却早已注定。

有信念才有力量，个人心中也应常秉持着这种革命的信念，去尽力实现自我的价值。对梦想的信念，让没有双臂的彭超考上同济大学。纵使命运多舛，纵使质疑常伴，对法学的热爱矢志不渝，他相信自己能用脚撑着一叶扁舟直至梦想的彼岸。从学习用脚生活，到能自如地在书桌上刷过题海，弓腰看书的酸楚难以想象，双脚控制的困难非比寻常，信念的力量始终在身后推着他，不断向前，走过了自己的长征路。年少正当时，我们都应该像彭超一样，去勾勒一个看似天马行空的梦，再用奋斗和信念的力量为其渲染颜色，使人生的诗画缤纷多彩。

信念，让两万五千里只是一个数字，让天生残缺只是一抹底色，让未来的可能无限可期。

革命信念代代相传，革命力量生生不息。愿少年皆能心中有信念，脚下有力量。

坚持与放弃

——读《红岩》

感想作品九

人的一生会遇到许多困难与挫折，这时，你会选择坚持还是放弃？《红岩》中有许多战士在面对敌人折磨时做出了不同的选择。

成岗选择了坚持。当面对敌人的折磨与威逼利诱，他始终坚持自己的信仰，在狱中坚持出版《挺进报》。虽然最后他牺牲了，但他出版的《挺进报》却鼓舞了其他革命战士的斗志，传递了坚持革命的信心，让人们看到革命胜利的曙光。他对信仰的坚持让我明白，在"山重水复疑无路"时，只要坚持住，就能"柳岸花明又一村"，在光明的指引下，我们一定能走出黑暗。

华子良选择了坚持。作为长期隐忍潜伏的共产党员，即使历经敌人长达14年的折磨他也没有放弃心中的信仰，每日坚持在狱中跑圈，行事装疯卖傻，忍辱负重，只为麻痹敌人，最终借着买菜的机会成功越狱回到解放区。他对信仰的坚持让我明白，一旦有了坚定的信仰，且能做到"富贵不能淫，贫贱不能移，威武不能屈"，并坚持为信仰付诸行动，再大的困难也能克服，再高的险峰也能翻越。

许云峰选择了坚持。作为地下党的领导者，在狱中与徐鹏飞针锋相对，靠着顽强的毅力，赤手空拳挖通了监狱通向狱外的洞口，并把生的希望留给战友。他对信仰的坚持让我明白，一旦选择了革命的理想，他可以为了保护革命同志保护地下党组织献出自己的生命。新的时代，当我们将个人理想与国家发展、民族振兴和人类命运紧紧联系在一起时，我们也可以为实现中华民族的伟大复兴贡献无穷的力量。

相反，甫志高在面对敌人的严刑拷打时，选择了放弃，叛变了党组织。他选择供出了许云峰、江姐等革命党人，换来了一时的"生"，贪图享乐、放弃革命信仰的他，最终受到了应有的惩罚。

因此，成功是没有捷径的，中途选择放弃是绝不可能走向成功的。许云峰、华子良、成岗选择坚持，是因为他们有坚定的革命理想和忠诚的革命信仰，他们像暴风雨中的海燕，在迎接黎明前的黑暗中，勇敢地、坚定地飞翔。正是无数这样的革命志士，他们选择绝不妥协，抗争到底，至死不渝。他们不畏死亡，坚贞不屈。他们坚信革命一定能够成功，中国共产党一定能带领中国人民走出黑暗，走向光明。

看完《红岩》，我仿佛找到了我的人生信仰，那就是为了追求理想坚持不懈。当我遇到布满荆棘的小路、高耸入云的雄峰、翻滚着大浪的激流时，我会毫不犹豫地选择坚持，因为我坚信，学习革命志士选择坚持，坚定理想，奋斗不息，一定能够迎来美好的光明；如果像甫志高那样选择放弃，丧失斗志，一定会被命运桎梏得无法呼吸。所以我们要继承和发扬《红岩》里革命者的红色革命精神，即使面对挫折也永不言弃，为了实现心中的理想奋斗不息。

淬烈火而生，铸人生辉煌

——读《钢铁是怎样炼成的》

感想作品十

"人最宝贵的是生命，生命每个人只有一次。人的一生应当这样度过：当回忆往事的时候，他不会因为虚度年华而悔恨，也不会因为碌碌无为而羞愧……"这是我学习完苏联著名作家奥斯特洛夫斯基的《钢铁是怎样炼成的》这部鸿篇巨制后印象最深的话。

在保尔·柯察金的成长过程中，朱赫来这位人生导师，潜移默化地在他心里播下了革命的种子，使他具备了不可或缺的反抗精神与坚强意志，引领他走向革命的道路。此后，面对敌人的严刑拷打，保尔宁死不屈；置身于枪林弹雨，保尔勇往直前。奋斗者的初心源于自身的信仰，正是对信仰的坚持，使得保尔不可战胜。每每读到他在革命的道路上初心不改的章节时，我不禁为他忠于信仰的高尚节操而高呼：钢铁就是这样炼成的！

革命的道路并不是一帆风顺的，不幸的保尔在人生旅途中遇到的困难越来越多，现实变得越加残酷。病魔、瘫痪、失明、情伤……一系列的磨难向保尔袭来，可这何尝不是炼成钢铁的必经工序呢？多少人面对命运的打击时沉寂落寞，而保尔经受一次又一次的考验时，永远选择直面挫折和顽强站立。最后他躺在病床上时，是被击垮了吗？不，保尔·柯察金钢铁般的意志使他转而走上文学创作的道路。完成精彩的逆袭，开启璀璨的新历程，保尔实现了他所孜孜追求的人生价值。

　　这本书使我联想到那个谱写生命高昂之歌的瘫痪女孩——张海迪。张海迪生命中遇到的不幸同保尔类似，她5岁时因患脊髓血管瘤造成高位截瘫，此后的十六年间，4次大手术使得她三分之二的身躯失去知觉。即便如此，张海迪克服种种困难自学了小学、初中、高中的课程，并攻读了大学和硕士研究生的课程。有人称她为当代"保尔"，亦有人评价她"翅膀断了心也要飞翔"。是啊！张海迪失去了健康令人惋惜，但她凭借毅力奋斗获得的成功，又何尝不是一块淬火而炼成的钢铁呢？

　　有人总叫嚣着改变世界，或许是因为害怕世界改变我们，而无法主宰自己的命运。《钢铁是怎样炼成的》告诉我们，人生的道路总会有崎岖不平的阶段，总会有挫折难堪的时期，面对命运的挑战时，只要坚持为梦想而奋斗、为理想而拼搏，践行为责任而挺胸、为庄严而挺立，我们也能发现自己是块好钢铁。"艰难方显勇毅，磨砺始得玉成"，往后的征途上，我们要不忘初心，坚定信念，砥砺奋进，创造属于自己的精彩人生。

　　把自己铸造成一块于国家、于社会、于人民、于时代有用的真正的钢铁之材，这便是真正的人生辉煌！

志不求易者成，事不避难者成
——读《钢铁是怎样炼成的》

感想作品十一

　　白茫茫的星光，洒在长长的路上，月光照进窗里，映在字里行间，如同一艘船将我再次带进了那浴血奋战的战斗中。

　　眼前是一个青年，眼睛炯炯有神，怒吼："砍死这些野兽，砍死他们！"他狂怒地扬起马刀，不顾一切地朝敌人砍去，带着怒火，把敌人杀个精光——这青年正是保尔。保尔经历了革命奋战后，受了重伤，可他以钢铁般的意志力坚持了下来，重新参与革命。几个月之后去修建铁路，面对泥泞、暴风雨、严寒与疾病，与匪徒抗争，克服重重困难，他一直坚持参与工作，得了大叶性肺炎病倒后，又经历生死搏斗，最终又战胜病魔，重拾信心。

合上书本，我依旧心潮澎湃，保尔那钢铁般的意志与热情顽强的革命精神实在是让人钦佩。其实，像保尔一样的人在我们身边有很多，如23岁就立志解决水稻如何高产问题的袁隆平、22岁参与亚丁湾护航的北大退伍军人宋玺、24岁打破世界纪录的武大靖、14岁成为世界第一个跳出四周跳的花样滑冰女单特鲁索娃……他们像保尔一样，有着坚定的信念，远大的志向，跨过重重困难，一次次跌倒后爬起，因为他们坚信黑暗过后就是光明。有句话说得好："你若决定灿烂，山无遮，海无拦。"

当然，还有逆行的身影，医护人员、志愿者、人民警察……面对疫情，他们挺身而出，如同保尔修筑铁路时，忍着刺骨的寒风，一直用顽强的毅力坚守着。

保尔这种如钢铁般的革命精神深深地烙在了我的脑海里，我深刻地明白了什么是志向，什么是迎难而上，什么是英雄。如今，我们身处一个造梦、实现梦的时代，也应该拥有这种精神，这样，国家才有前途，民族才有希望。我们也要有理想，就像在这本书上说的"人的一生应该这样度过：当回忆往事的时候，他不会因虚度年华而悔恨，也不会因碌碌无为而羞愧。"只有当青年的理想与历史使命同频共振，才能奏响这个时代的最强音。

志不求易者成，事不避难者进。保尔在加入红军时立志要为人类的解放而奋斗，经过四次死里逃生，他不避困难险阻，坚持抗争，最终练就了钢铁般的意志。因此，我们应该立下鸿鹄之志，树立远大理想，把自身发展与国家发展相结合，在前行的征途中可能会风和日丽，但也有波谲云诡的考验，但是，我们不能被磨平棱角，不推诿、不逃避才是我们该做的，只有这样才能取得最终的胜利。

"信念是鸟，它在黎明仍然黑暗之际，找到了光明，唱出了歌。"愿我们都如一只青鸟，朝着远方，翻山越岭，找到心中的乌托邦。

只有淬炼过的铁，才能铸造最锋利的剑

——读《钢铁是怎样炼成的》

感想作品十二

人生就是铸铁成剑的过程。千锤百炼，沥尽心血，方成名器。

——题记

保尔在战斗中被炸伤，在筑路时病倒，在工作时积劳成疾，在休养的时候被轧断了双腿……生活的苦厄一次又一次地折磨着保尔的肉体，但同时磨炼着保尔的意志；随之而来的情场失意、自杀的念头萌生等也在捶打着保尔的精神。但在保尔坚定的意志面前，这些苦难、困厄只不过就是一线蚕丝，在保尔心灵的刀刃面前如同砍伐朽木一般，被势如破竹地斩断。

多病之厄、失明之苦、伤残之困……这些常人眼中无不使人失去信心、如临深渊的困苦，但保尔面对命运的枷锁，毅然摆脱思想的桎梏，打破苦难的藩篱，以勇气、信念为剑划破万丈长夜，为在黑夜中踽踽独行的寻找希望的旅者带来渴望的、阔别已久的光明。

袁隆平爷爷的一生不也是如此？袁爷爷从小便经历过饥荒，食不果腹，见过遍地尸殍，人们为了活着争结块的土地上的一株野草，袁爷爷便立志成材，下田亲耕，愿为田中一粒谷穗而奋斗。在多年的研究中，一次偶然的机遇，袁爷爷在田中发现了一株天然的杂交稻"野败"，它的产量远远大于普通的稻谷。成功的曙光已然到来，但是因一次疏忽导致种子被吃光。不仅如此，试验的失败、实验经费的不足，都成了袁爷爷面前的重重险阻，但他自始至终从不言弃，在一次次的失败中磨炼自己的毅力，铸成无往不利的剑，斩断贫穷与饥饿的铁锁，并将这把剑托付给下一代，愈加淬炼，愈加锋利。

回首祖国五千年历史，朝代更迭、疆土变化、闭关锁国、抵御外寇……我们华夏民族于苦难之中兴起，在死灰中涅槃，祖祖辈辈传承下来地对祖国无可分割的爱，将我们所有人融于一体，于变迁中不断淬炼，一次又一次捶打，在眼下的时代铸成大器——在争端中斡旋，斩断战争的绳索；在发展中共享，切破各国之间的隔膜，共筑人类命运共同体……剑指之处，披荆斩棘，如火炬一般屹立东方，焕发出千古未有的勃勃生机，引领世界前行。

身处中考前的我们更应该如此，倘若要突破丛生的荆棘，就需以知识铸剑。无论前方是如何困难，坚信知识可以为我们带来光明——即使初三的学习枯燥乏味，即使成绩一次次不遂人意，即使内心为目标不可触及而彷徨，但始终相信自己是能够铸成最锋利的剑的那块钢铁。"九年磨一剑，只为出鞘时。"待到盛夏蝉鸣，考场上白纸黑字，结出硕果之时，定能一展胸中鸿鹄之志！

红色的顽强

——读《红岩》

感想作品十三

"我们现在的幸福生活，是由无数先烈们的鲜血与生命换来的"

红岩，是红色的岩石，是红色的顽强。

《红岩》主要讲述了一批共产党员在受叛徒背叛被捕入狱后，进行狱中斗争的故事。作者罗广斌、杨益言是在国共内战期间被国民党反动派所囚禁的地下党员。他们把在"中美合作所集中营"里敌人的暴行以及他们在监狱里的斗争全部写在了《红岩》里。因此在阅读《红岩》时会有更多的真实感，也会被书中英雄人物的情感所感染，深刻体会那段时期的动荡和黑暗。

"千磨万击还坚劲，任尔东西南北风。"坚毅是坚定的、勇敢的。它是我们生活中，最刚强的品质。

书中有许多英雄人物，这些人物为党做出了巨大贡献。如江姐、许云峰、成岗等。他们坚定刚毅的品质，令我肃然起敬。在书中，面对敌人，江姐慷慨淋漓地说："毒刑拷打是太小的考验。"；被注射药物的成岗，为保护党组织，凭意志扛住药效；被逮捕后的许云峰，不失气节，识破了敌人的陷阱，稳定了民心。

　　我不禁被他们面对敌人时的坚毅所惊叹，也让我反思起自己的不足：自己从未坚毅地坚持过某事。之前，心血来潮的我毅然参加了围棋培训班。此后相当一段长的时间里，我十分努力地学棋，在老师的推荐下参加了比赛，并荣幸地获得了"业余九级"的段位。可好景不长，我的棋艺在比赛后便逐渐粗拙，进入了"瓶颈"。在此期间，我曾尝试突破，可多次未果重重打击了我的信心。在老师的劝说和同学的鼓励下，我进行了最后一次冲击。虽然有所进步，但多次的尝试已让我疲惫不堪，导致学业受其牵连。最终在学习和爱好的双重压力下，放弃了围棋，从此很少再执子。

　　现在再仔细思考一般，坚毅有多么重要。如果那时能够保持开始的坚毅，或许就会有不一样的结果，让自己不抱遗憾。可见坚毅对人们的影响是不容小觑的，是我们不可缺少的品质。

　　"有一分热，发一分光。"无私奉献是慷慨的、忘我的。它是我们生活中，最伟大的精神。

　　文中，许云峰在地牢里仍顽强不屈，势必与敌人斗争到底。为了给越狱计划提供通道，他开始徒手挖掘一堵墙。每天，他都在这个暗无天日的地牢里默默地挖掘。终于挖穿墙体后，他坦然地面对自己的死亡。

　　许云峰同志牺牲自己拯救他人的行为不禁让我想起了两年前的新冠疫情。疫情最严重的几个月里，也有那么一群人为了人民，挺身而出。这些人就是在平凡岗位上默默坚持的医护人员。平常，他们默默无闻，可到了国家危难时刻却挺身而出，自愿前往疫情的"灾区"。此程，有许多医护人员被感染，甚至牺牲。但尽管如此，增援"灾区"的人仍不断增多。这让我不禁想起一句诗："春蚕到死丝方尽，蜡炬成灰泪始干。"

　　医护人员弃小我、成大我的行为，不正是无私奉献的表现吗？这种无私奉献，给社会带去帮助与温暖，是生活中最宝贵的精神。

　　革命中的坚毅与无私，是可贵的、是伟大的。同时对于社会来说，两者缺一不可。作为祖国的新一代，我们要传承这种品质、精神，为社会做贡献、为国家造福祉！

以信仰铸就复兴

——读《钢铁是怎样炼成的》

感想作品十四

《钢铁是怎样炼成的》是一个钢铁战士的成长历程，其中主角保尔命运坎坷，他被命运的洪流裹挟着四次与死神擦身而过，最后甚至双目失明，全身瘫痪。可即便如此，他仍不改初心，一心为党，为人民服务，用笔重返战场。用坚毅写就一首流传后世的长歌。钢铁战士保尔用行动告诉了我，以利剑、以不惧一切艰险的坚定决心、以不屈的信仰去搏击命运，才能最终扼住命运的咽喉。

当今世界西方各国似乎都有着自己的信仰，有人不禁感慨"中国人的信仰到底是什么？新一代的中国青年是否有自己的信仰？"

可事实上，我们是有信仰的。我们信仰自己，信仰祖国。我们不去信仰所谓的虚无的神明。天塌了就撑着天，天破了就去补，山挡住了路，就想尽办法移山，洪水肆虐，百姓苦不堪言，就去疏通。

电影《哪吒之魔童降世》中有一句话让我至今记忆犹新——"我命由我不由天"。是的，当疫情虎视眈眈时，有人在教堂祈祷神明的庇佑，而中国人民却已经在十天内就建起了一座巨大的医院。

在西方的故事里，火是由上帝创造出来的；在希腊神话中，火是普罗米修斯从天上盗来的；可是在中国故事中，火是中国人民靠自己的双手"钻木取火"而来的。

中国近代历史中，西方列强以鸦片从精神上攻击中国人民，用武力胁迫中国人民。若中国人民真的没有自己的信仰，何来虎门销烟、甲午战争？若中国人民真的没有自己的信仰，我们能看到现在蒸蒸日上的新中国吗？

是的，中国人民不是没有信仰。我们信仰自己，信仰祖国。我们信仰自己的双手会为我们带来财富，我们信仰真理，我们信仰人定胜天！

再看武汉疫情，无数医护人员毅然从各地赶往支援，其中不乏当代青年，他们正处于人生最美好的阶段，他们难道不怕死吗？怕，为什么还去？百年前，谭嗣同为国赴死；抗美援朝时，无数志愿军战士们在恶劣的环境中，是什么支撑着他们以甚至可以称得上拙劣的武器去挑战当时几乎强大不可战胜的美军？我终于从他们一次又一次的行为中窥见了他们心中共同燃烧着的烈焰，那是他们共同的信仰，亦是他们前行的动力。

而现在同学们，让我们扪心自问，我们的信仰又是什么呢？无数先烈前辈胸膛中静静燃烧的烈焰现在是否已经被传递到了我们的胸膛中了呢？当今世界正处于百年未有之大变局，即便我们现在生活和平，可中国当真能够高枕无忧吗？

有人可能会说我们只是学生，做不了什么。这个观点是错误的，大错特错！吾辈青年，肩负着中华民族伟大复兴的重要任务，理应努力学习。我们从先烈身上汲取他们不屈的精神，不能故步自封，要从保尔身上学习他一往无前的勇气，坚定自己的信仰。试想一下，假如俄国并没有千千万万个如保尔一般，一心为了自己的信仰，百折不挠的钢铁战士们，又何来强大的苏联呢？

同学们！以信仰铸就复兴，绝不是空喊口号，让我们点燃心中的烈焰，一往无前吧！

光

感想作品十五

我穷尽一生只为追光逐焰，日复一日只为这星光点点。

——题记

如若世间没有火炬，他们便是不朽的光。

捧起《钢铁是怎么样炼成的》默默端详，如果不是老师要求，我是不会读这样一本红色小说的。苏联的事情虽不遥远但是于我却异常陌生，实在是提不起兴趣。但是当我耐着性子读完，却被这一页又一页的文字叩开了心扉。

保尔的一生屡经磨难，无论是筑路、战斗还是创作，他都坚持在自己的岗位上，刚毅坚忍、顽强奋斗。当读到他24岁时就罹患失明、瘫痪在床，却仍坚持在病榻上写作时，我不禁疑惑：是什么让保尔拥有如此坚毅的品格呢？

抚摸着这本书的书脊，一幅幅热血澎湃的镜头在我面前闪现。我看到了一个在篝火旁读《牛虻》的身影，一个个铿锵有力的文字敲打着他的内心，篝火照亮了他的脸，也照亮了他含着热泪的双眼。

"世界上真有这样的，明明是常人无法忍受的，但为了某种信念，他就什么都做得到。"正是这种信念让保尔在极大的痛苦中从不呻吟，赋予他远超常人的坚韧。正是这种信念，让无数革命先烈以身报国，英勇就义。

我顿悟《牛虻》不就是那时刻照亮保尔人生之路的光吗？不就是我们所说的"偶像"吗？

古语有云："取法乎上，仅得乎中"。当代青年的偶像又是谁呢？仅靠靓丽外表便获全民关注的明星？互联网平台里某些宣扬奇技淫巧的流量大号？不，我们的偶像应当是有如保尔精神的人。他们应该是为了国家筚路蓝缕的科学家；是为了救人勇闯火海的消防员；是在祖国大地的每一寸土地上默默付出、不求索取、发光发热的普通人。他们才是值得学习的人，才是指引我们向上、向善、向美的光。

合上书，情绪海洋泛起的波澜仍然无法平息。读了这本书让我在这个日新月异的时代里重新审视自己，找寻内心的力量，擦亮自己的灵魂。于书中遇见光、追寻光、成为光。

第三节　奋斗之旅，唯持之以恒方致初心

奋斗是最好的答案

——读《红星照耀中国》

感想作品一

读完《红星照耀中国》，学习了毛泽东的奋斗事迹，我深刻体会到：不管是学习还是革命，人都要奋斗。

当中国刚进入革命时期时，毛泽东还在读书。他接触到了《盛世危言》，以及《水浒传》之类的名著。这些知识如印章一样被印在他的血液里，使他从此走上革命道路。学习上，他手不释卷，笔不停歇，这就是奋斗的具体表现。这些因奋斗而获得的能量，使他有了成为领导者的基础。

其他领袖也在奋斗，如朱德。他先参加五卅运动，后不幸被捕。在狱中，面对刀枪威胁，严酷生存，终奋斗不止，还秘密加入了共产党。在党组织的照耀下，他主动戒烟，还积极读科学书籍。可见任何一个领袖人物都在努力。我发现奋斗真的能改变一个人。在往后的日子里，还有无数的苦，但领袖和我并肩同行。咬咬牙，奋斗下去。

战场上，普通战士也在奋斗。红色的血光，白色的横刀，战士们不怕苦，不怕死，冲到前线和敌人拼了。红军的精神，是奋斗不息。我曾设想如果我是一名战士，那我无论如何都会上去拼命。在那种情况下，热血和激情会让我充满动力。

在苏区，许多军民都是从零开始学习文化知识的。是什么把他们从文盲变成了能说几种语言，会计算的精英？是奋斗！有了这种奋斗的力量，他们如饥似渴地学习，一步一个台阶地往高处走。有了这种奋斗的精神，他们在游击战中鼓起勇气，在长征中敢于杀敌。革命道路，也因奋斗而越走越远。

我想，如果不会奋斗，那穷苦的人民，那些苏区的百姓还能干什么呢？也许"红小鬼"一辈子都是奴隶，朱德不会在柏林参加起义，没有新中国，也不会有我。与其等待别人来拯救自己，还不如自己杀出一条血路！革命时期，拿起枪，举起刀，轰轰烈烈地干一场革命，用自己的力量去赢得新生活，不就是奋斗吗？让我们回首外国名著，看看保尔——一位永不放弃，坚强不屈的钢铁战士，不就是我们的榜样吗？因伤病不得不卧床养病，他仍握着笔用文字来革命。虽然他没有流血流汗，但这就是奋斗的另一种形式啊！经历了生与死的搏斗，保尔告诉我们，每时每刻都可以奋斗，不论方式！

让我们把目光放在今天：红色精神需传承。在这种背景下，青少年怎么可以只是端着手机？他们应该起来战斗，用笔和纸来奋斗。书山有路勤为径，学海无涯苦作舟。青少年们，举起我们的笔，朝榜样看齐。

在我们遇到困难时，该怎么办？最好的答案是奋斗。看完了这部名著，我学到了这一点。如今，人们需要让自己忙起来。那么，请大家和红色先烈一样，用奋斗来谱写自己的乐章吧！用奋斗来书写人生的辉煌吧！

以准备点燃燎原之火
——读《红星照耀中国》

感想作品二

合上书，闭着双眼，任思绪翻腾，书中的一幕幕闪现。我看见周恩来为准备南昌起义而四处奔波；望见徐海东为准备建立"工农军队"而高喊口号；望见彭德怀为策划平江起义而苦苦思索；望见贺龙那神出鬼没的行军……而红军巧夺金沙江、飞夺泸定桥、爬雪山、过草地又何尝不是一种伟大的准备？最终，我望见他们以准备点燃燎原之火，火光照亮了中华大地。

准备，是未雨绸缪的智慧。

在斯诺看来，红军进军到西北是杰出的政治战略，是英勇长征得以胜利结束的原因。而正是因为共产党正确预见到西北会对中、日、苏的当前命运起决定性作用，才做出了这个重要抉择，而这也是在为红军夺取有利战机做准备。战国时期，燕破齐，齐民逃亡。田单让同族人把车轴两端的突出部位锯下，安上铁箍。众人不解，终因轴断车坏被俘虏，而田单得以逃脱，再看华为，正是因为有任正非在十多年前定下的"备胎"计划，华为才转危为安，获得重生。

"未雨绸缪早当先，居安思危谋长远"，唯有常备不懈，未雨绸缪，方能赢得持久的发展。

准备，是当机立断的果敢。

蒋介石得知红军主力已西移后，集中兵力，欲于云南包抄红军。共产党趁其四川兵力不足，抓准时机，在皎平渡悄悄消灭驻军武装后大举反方向进军，没损失一兵一卒，顺利渡江进入四川。再看陈胜、吴广抓住农民因雨误期重罪难逃将被惩罚，又对秦的暴政怀恨在心的大好时机，揭竿而起，领导了一场轰轰烈烈的农民起义。邓小平抓住世界和平的空档用"春风"吹开中国发展的大门，实现了改革开放富起来。

"来而不可失者，时也，蹈而不可失者，机也。"当机遇来时敢于实践，勇于挑战，才能有所成就。

准备，是持之以恒的奋斗。

从瑞金到延安，两万五千里长征。恶劣的环境、落后的条件、敌军的追击、军队内的矛盾、少数民族地区的民情……红军正是凭着一步步坚实的脚印，凭着百折不挠、不怕牺牲的精神，缓缓集结兵力，终会师成功。再看朱元璋"高筑墙，广积粮，缓称王"，终成就霸业，建立明朝。草婴耗时6年翻译《战争与和平》，一生追求像原著一样的艺术标准，翻译作品始终严格遵从六道工序，踏踏实实，毫不懈怠。

"积土成山，风雨兴焉；积水成渊，蛟龙生焉。"只有笃行致远，砥砺前行，才能走得稳健。

我们青年一代是国家的脊梁，肩负重任，应当传承和发扬革命文化，向先辈学习。携准备同行，踏过磕磕绊绊、沟沟坎坎；与准备并肩，登高台逾越长空，持锋芒划破九天！且看吾辈以准备延续燎原之火，风起东方旗正艳！

使黑暗者为光明

感想作品三

有一种神奇的力量，它使人在黑暗中不停止摸索，在失败中不放弃奋斗，在挫折中不忘却追求。在它面前，天灾人祸都可以战胜。

这神奇的力量，让林伟民在俄国十月革命的影响下意识到工人阶级的力量。与苏兆征一起从事香港海员工会的组织筹建工作。俄国迎来十月革命的全面胜利，让赤色思潮在亚欧大陆的另一头迅速蔓延。1924年，赤色职工国际运输工人代表大会在莫斯科召开，林伟民代表香港海员工会参加。期间，他到多地参观并结识各界人士。在俄国东方大学访问期间，他分享的罢工组织经验在俄国引起巨大反响。"我们有数千万的劳动群众，势力浩大，任何帝国资本主义的凶贼，百出其诡谋，亦不能再延其生存于世界了。"这是林伟民在《我到俄国一个月的感想》一文中的字句。现在人们可以在林伟民与中国早期工人运动史迹陈列馆中，一览这一实物风采。字里行间透露出的铿锵斗志，仍能震撼每位参观者。林伟民加入中国共产党，将自身托付给伟大的共产主义事业，游行示威，罢工抗争，武装抵抗……

"使黑暗者为光明，崎岖者为坦途，此吾人之所愿。"这是林伟民写在《痛悼廖仲恺先生》中的语句，也是他从事革命的初心与使命。

林伟民从小家境贫寒，他自幼就在各类行业中做帮工。在工作时遭遇严重烫伤反遭辞退，这让林伟民早早看清了资本主义的丑陋面目。面对力量强大的资本主义，林伟民并没有委曲求全，没有为了性命与资本主义同流合污，而为了从事革命的初心与使命，同资本主义抗战到底。"证之历史，革命事业常为鲜血所换成……乃牺牲其精神热血以开辟道路。"不幸的是，一语成谶，林伟民旧病复发，不得已住院治疗。"以海员罢工胜而复败之往事为鉴，共同努力促成工会统一运动进行，务期达到目的。"仍在病榻上的林伟民依旧心系工人运动，抱病写作《实际的经验与教训》一文，字字珠玑，力透纸背。这种信念的力量让他即使卧病在床仍心系祖国，心系人民。

青年是祖国的未来，我们是跨世纪的一代。我们这个时代正如恩格斯所说，是一个需要巨人又产生巨人的时代。我们要承担继往开来的重任，要使我们的民族巍然屹立于世界东方，需要我们这一代都有那种神奇的力量，都有自己坚定的信念。

没有一个冬天不会过去，没有一个春天不会来临。信念的力量终会引领你走到你想去的地方。时代的号角响在耳边，让我们用牢固信念的桅杆，高高挂起理想的风帆，借助神奇的力量，乘胜前行！

热血浸方岩，精神永长存

——读《红岩》

感想作品四

他仿佛看见了无数金星闪闪的红旗，在眼前招展回旋，渐渐融成一片光亮的鲜红……他的嘴角微微一动，朝着胜利的旗海，最后微笑了。彼时正群鸟啼鸣，天将破晓……《红岩》一书的结尾，作者以浓墨重彩的渲染与震撼人心的笔调，勾画出千万革命烈士为共产党、新中国的新生以身赴死、殊途同归的模样，激荡的热血在我的血管中奔腾，合书的那刻，我热泪盈眶。

与《红岩》这本革命巨作初次相遇时，我就被它的封面所震撼了。一棵苍劲而枝繁叶茂的巨树生长在一块浸满鲜血的方岩上，背景赤红，仿佛万丈霞光即将托起一轮炽烈的巨日。如同对革命事业与党的热忱，还有那些热烈激荡的、自豪坚定的情感。整本书讲述了被关押到渣滓洞、白公馆的共产党员们对国民党反动派的抵抗，歌颂着英雄们献给党与国家的一片赤子之心。字里行间仿佛是一个鲜活的心脏，通过细密的血管之中源源不断地涌动的血液，连着我的脉搏永不停息的共振，要将那些伟大而不朽的精神传承给一代又一代人。

每每阅读完这本书，在收获它给予我的革命与爱国教育的同时我不免于思考，为什么书名要称作《红岩》。仅仅是因为它的封面，或者一个奋发向上的意向，抑或是其他的精神内涵？从小，我们就明白，红色是革命的颜色，红领巾是国旗的一角，是由前仆后继的革命烈士们的鲜血染成的。然而那时的知识过于浅薄，并不能理解"革命"是一个意义多么重大的词语，更不能了解那些烈士们为了托起新中国的黎明，是如何抛头颅、洒热血，又是如何在与国民党反动派的斗争下，书写英雄的篇章。后来才明白了，所谓的"红"是烈士的血的颜色，是徐云锋为了全白公馆战友们的越狱行动顺利进行，挖得鲜血淋漓的手；是成岗被严刑拷打的血迹；是江姐赴死前的从容；是齐晓轩被流星般的子弹击中后血液染红碎石，依然眺望远方的眼眸……而"岩"，不仅仅是染红的方岩，更是英雄们坚定如磐石的信念，对生活的热爱，对国家汹涌澎湃的爱。

最让我印象深刻的便是江姐。她作为一介女流，没有被时代狭隘的观念束缚，相反，她至死不渝地忠于革命，受十指穿心之痛都没有出卖党和国家。她身上没有受封建思想影响的女性的软弱，相反，她傲然屹立风雪，不畏严刑拷打与折磨，一如他人评论的"红梅傲雪"，她殷红的血迹凝出坚定信念的梅花。在她赴死告别时，她不改从容，穿着素净而落落大方的旗袍，仿佛不是在走向刑场。"我们的光荣属于党啊！同志们！"巾帼不让须眉，她的振臂高呼，她的摇旗呐喊，无不印证了鲁迅所言："此后如竟没有炬火，我便是唯一的光！"

倘若没有共产党，倘若没有坚定的革命信念，倘若没有无数英勇的先辈们血的奠基，倘若没有挺身而出的革命勇气，或许《红岩》将不会出现，或许我们仍处黑暗。庆幸在这条漫漫长路上，唯有党一步一个脚印，带领着所有人民一同走向光荣的彼方。我为英雄们坚定不移的革命信念所震撼！我为英雄们誓死不渝的革命信仰所感动！

热血浸方岩，精神永长存。一如叶挺先生所说："我应该在烈火和热血中得到永生！"伟大的叶挺先生如此，千千万万的革命先辈如此，共产党如此，我们伟大的祖国如此。也正因为如此，《红岩》成为一个为我带来无声革命思想的教授，想起它教给我的一课又一课，在学习和生活中，哪怕再怎么困苦与劳累，也依然能滋生出无限的勇气。仿佛齐晓轩生前最后的微笑依然在空气中残留着跨世纪的余温，他眼中无限的期望成为我前行的动力一般。

我依然谨记在学校大礼堂"百年正青春，青春献给党！""请党放心，强国有我！"的誓言，牢记青年的使命。我们青年人肩负着复兴中华的重任，必将奋发图强，延续党的革命精神，托举起祖国更加美好的明天！

铭记历史

——读《红星照耀中国》

感想作品五

美国记者埃德加·斯诺的《红星照耀中国》第五篇讲述长征，读来令人惊心动魄。

文中最主要写了红军长征事件：突破乌江，四渡赤水，巧渡金沙江，强渡大渡河，飞夺泸定桥。这些看起来短短的几个句子背后，却有着一段长而残酷的路途。

红军走的不是现在的平坦大道，而是山上的崎岖小路，抬头是晴朗的天空，低头却是万丈深渊。看似平和舒适的草地，踩下去也许就是害人性命的沼泽。白天忍受高温煎熬，夜里却冷到抱团取暖。有时候晚上实在点不起火了，只能靠嚼口袋里剩的烟草沫子来驱赶寒冷。长时间这样让战士们饱受疾病折磨。吃不饱，睡不好，天灾让一些战士永远离开了队伍。过河走的不是宽阔的大桥，是临时搭的摇摇晃晃的绳索桥。战士们一边手脚并用地爬，一边还要提防从后面追来的敌人。当他们面对脚下奔腾咆哮的河水，也许感到过恐惧；当他们躺在黄土上看满天繁星时，也许会想起家人；当他们面对敌人黑森森的枪口时，也许会很绝望，但是他们不会放弃，因为从他们答应长征的那一刹那，就已经下定决心带着让中国崛起的愿望与世界告别。斯诺在文中评价说："长征是人类战争史上的奇迹，特有的魅力使它就像一部完美的神话，突破时代和国界，在世界上广为传扬。中国工农红军的长征是一部史无前例、雄伟壮丽的史诗。"

长征最终以胜利结束，可战争从未停歇，共产党不但要抵抗外来的敌人，还要注意难缠的国民党。1937年12月13日的南京大屠杀称得上是抗日战争中最恐怖的事件了，死亡了30多万人，日本人的肆意残杀引起了公愤，在东京审判时日本的一些帝国主义者还妄想推脱责任，把这种行为说成激励中国进步。这让中国人民明白了"落后就要挨打"这一句真理。

黑夜总归会过去，黎明早晚会到来。1949年10月1日，新中国成立了，中国人民站起来了！无数英雄前仆后继，用鲜血乃至生命为中国铺垫起复兴的道路。四周插的再也不是嚣张的旭日旗，而是迎风飘扬的五星红旗。四颗金黄的星星围绕着一颗大的星星点缀在旗帜鲜红的表面，代表着无产阶级、农民、小资产阶级和"爱国资本家"联合起来支持党。当今一些艺人把旭日旗穿在身上拍照，在纪念烈士的地方穿日本服装打卡。封杀他们不是因为封建思想，也不是搞国家歧视，而是因为他们不尊重为民族复兴而牺牲的烈士们。他们忘了现在的幸福生活是前辈们辛苦付出得来的，来之不易，应当珍惜。我们应该好好学习，争做国家新栋梁，让祖国更加强大！

牢记历史，勿忘国耻。

第四节 家国情怀，赓革命精神 铸时代之魂

塑造美好人生，续中华民族之魂

感想作品一

《为人民服务》这篇课文中，那红色的精神长河，深深地打动了我。党就像一位母亲，时刻关心着我们；党就像一位老师，教会了我们怎样做人；党就像一位朋友，在我们危难的时刻，向我们伸出援助之手。

曾记否，新民主主义革命期间遵义会议的召开，那是中国共产党历史上一个生死攸关的转折点；曾记否，新中国成立之后抗美援朝的爆发，那是中国共产党巩固新生人民政权所做出的保家卫国的举动；曾记否，改革开放初期社会主义现代化建设"三步走"发展战略的提出，那是党为实现强国目标所做的方向性计划。正如《为人民服务》所说："我们共产党和共产党所领导的八路军、新四军，是革命的队伍。我们这个队伍是完全为着解放人民的，是彻底地为人民的利益工作的。"

众志成城，凝国之信念。

"山和山不相遇，人和人要相逢"。在巴黎和会上，中国作为战胜国提出收复山东被驳回，面对其他国家的威胁和逼迫，青年们逐渐觉醒，把自己的命运和国家的命运紧紧相连，纷纷走上街头游行示威，高举爱国主义旗帜，为救亡图存奔走相告。在当代，作为"新青年"的我们，一定要塑造美好人生，树立爱国精神，万众一心，续中华民族之魂。

倾力奉献，树国之榜样。

"人固有一死，或重于泰山，或轻于鸿毛。"张思德迎接红军来家乡、长征途中艰难跋涉、奔赴抗日战场、给毛泽东当警卫战士、执行烧炭任务中不幸牺牲……他是彻底地、全心全意地为人民服务！我们要塑造美好人生，向为人民服务的榜样学习，汲取榜样力量，续中华民族之魂。

不忘初心，负国之使命。

1928年，数十万人因"共党""通共"的罪名被屠杀，可这丝毫不影响中国人革命的初心、胜利的决心。太平天国运动、抗日战争、解放战争……为了国家的未来，无数奋斗者不畏生死、迎难而上。而我们作为华夏儿女，必要塑造美好人生，肩负华夏之使命，续中华民族之魂。

站在新时代这个崭新的节点上，我们是时代的弄潮儿，应踏上红色之旅，探索红色世界，不忘初心跟党走。塑造美好人生，续中华民族之魂！

我们的使命，即将开始

感想作品二

我坐在书房里，桌上摆着一杯清茶，书架上参差错落地排列着书籍。月光照进来，照在书架上，给每一本书，都镶上了金边。手指划过一本本书的侧封，直到有一抹闪耀着光芒的红，映入我的眼帘，手指停留在了李大钊先生的《青春》上。

第一次听说"李大钊"这个名字，还是在六年级的课本上——《十六年前的回忆》，那是李大钊的女儿李星华回忆父亲被害的全过程。这样一篇细腻的课文，让我认识了革命先驱李大钊同志。最让我记忆深刻的是李大钊的妻子劝他离开北京，可李大钊却说"我是不能轻易离开北京的。"从他坚定的话语中，我感受到了他忠于革命事业和坚贞不屈的伟大精神，也激发了我对中国革命史的兴趣。

而后，我搜寻李大钊先生的事迹，被一张照片吸引了，那是李大钊先生就义前留下的遗照。照片上的李大钊先生穿着旧棉袍，坚定地站在那里，目光如炬，不见有半点惧色。此时的他，无只言片语，却胜似万语千言，之后他第一个走上绞刑架，第一个从容赴死，在奄奄一息时，刽子手两次把他从绞刑架上放下来劝他悔过，得到的回答只有四个字"力求速办！"从被捕到就义短短22天，他拒绝同仁劫狱请求。面对酷刑拷问，甚是从容、毫不惊慌。最后，为了换同仁平安，在"认罪书"中一肩担起全部罪责。顿时，眼泪将我困在了雾里，李大钊先生真正做到了"勇往奋进以赴之、痒精瘁力以成之、断头流血以从之"，红色江山，热血铸就。

于是，我购入了李大钊先生的《青春》。想看看如春雷般响彻大地，让沉睡的中国人觉醒的文章。翻开书本，一个个汉字宛如一条条细线在岁月中穿梭，织出了今日中国之盛况；一篇篇令人激昂的文章在我内心里种下了富有生机与活力的红色种子。我被《青春》这一文章深深触动。"以青春之我，创建青春之家庭，青春之国家，青春之民族，青春之人类，青春之地球，青春之宇宙，资以乐其无涯之生。"文中这句话，引起了我对未来的思考。这句话不仅贴在了我的书房里，更印刻在了我的骨髓里。

无论如何，青年都是一个国家的未来，这是李大钊先生对青年人的希望。如今我们是新时代的接班人，要弘扬好红色文化，传承好红色基因。红色，是中国共产党人的底色，是由先人们逐渐积淀而成的浓厚的红色文化。在传承红色基因的过程中，我们应不断追求创新，努力学习，圆少年梦、圆中国梦，让五星红旗永不褪色。

就像电影《1921》中，李大钊先生说的话——"我们的使命，将将开始。"今天，历史的接力棒传到了我们的手上，我们倍感光荣，我们会做好传承与创新。保持永不放弃的信仰和精神力量，保持永远的"青春"。我们的使命，即将开始！

圆革命先烈学习之梦，创国富民强中国之梦

感想作品三

风吹过窗帘，阳光透过窗户的缝隙落到房间木黄色的地板上，书架上的书

有些倒下了，洁白的书桌上摆着几本书籍，几支五颜六色的笔散落在书桌上。几本书和几个枕头都放在地毯上，这是我的书屋，我的书海。

而我坐在那，端着一本《红岩》，眼前仿佛浮现出了监狱的样子。

我仿佛看到小萝卜头，端着一碗热腾腾的面条。面的香味，葱的香味充满了整间牢房。小萝卜头将这碗面端给了刚接受完酷刑的胡春浦。胡春浦收下面后感激流涕。这碗面代表着的不仅是共产党员互相帮助、互相安慰的美好精神，还为当时的胡春浦增加了战胜敌人和与敌人斗争到底的决心。

我还仿佛听到，小萝卜头对自由的向往，对学习的渴望，想为共产党尽一份力、做出贡献的心声。他在狱中不顾一切困难，努力学习，想着报效祖国。他热爱学习，热爱祖国，他有着普通孩子没有的责任感和使命感，他坚信，肩上扛着的是祖国，是共产党，是明天的希望。

后来，他牺牲了。在他牺牲后，人们发现他的遗骸时，他的两只小手紧紧握在胸前，紧紧握着一小截老师送给他的铅笔。他将学习放在心里，放在最靠近自己的地方，放在自己对明天的期望中，放在光明的未来中。我希望，来世他能够无忧无虑地学习，无忧无虑地生活。

我放下书本，思绪回到充满温暖阳光的书屋里。我不禁感慨道：学习、读书，不仅是为了自己，也要报效祖国，为祖国的未来着想，为世界的未来着想。我们努力学习，好好读书，想必那些为国捐躯的革命先烈是会看到的吧，我们不也正帮他们圆梦吗？我们也好，革命先烈也好，不都是为了祖国的美好未来而奋斗，为了世界和平人民幸福而奋斗的吗？我们的使命，便是继承先烈们的愿望，传承红色基因，延续革命精神。

又一次，我翻开《红星照耀中国》的书页。

呈现在我眼前的是那些为了共产党革命事业而奋斗的"红小鬼"们。他们乐观地面对危险的处境，他们为自己是红军战士而自豪，他们尽职尽责地为共产党效力。仔细想来，"红小鬼"们也只不过是一群和我们年纪相仿的少年们罢了，但他们肩上承担着的却是重重的担子，他们为了共产党负重前行，肩负起艰难重大的责任。他们有时吃不饱穿不暖，有些双亲离开，但他们依然热衷于为共产党做事，热爱着共产党。

我的目光飘荡在窗外的蓝天中，我的思绪飘荡在远处的白云里。相比起他们，我们坐在温馨明亮的教室里，每个人都有条件接受教育，进行学习。我们有什么理由不努力呢？我们有什么理由不为祖国的未来着想呢？

我们是时候要拿起笔来了，那是我们保家卫国的武器。我们是时候要端起书本来了，那是我们振兴中华的底气。我们时刻准备着为共产主义事业而奋斗，时刻准备着创建一个国富民强的中国。为自己而奋斗吧！为祖国而奋斗吧！我们的梦，也是中国梦！

于革命文化中看中国力量

——读《红星照耀中国》

感想作品四

鲁迅说："能做事的做事，能发声的发声。有一分热，发一分光。就令萤火一般，也可以在黑暗里发一点光，不必等候炬火。此后如竟没有炬火我便是唯一的光。"

每一个中国人民都会在危难时挺身而出，中国力量便是人民的力量，是无穷无尽的。这就是我阅读红色书籍《红星照耀中国》的感悟。

书中，红军们长征万里，一路上爬雪山、过草地、渡大渡河，被五次围剿。但他们没有退缩，逆境中的每位战士都拿出了不同寻常的力量，坚持走完了两万五千里长征。

他们中的一位领袖朱德，即便担任着全军的统帅，生活穿着却跟普通士兵一样，把马让给累了的同志，不忙时帮助农民种庄稼，将与匪帮作战的经验与知识相结合，形成了对红色革命胜利做出巨大贡献的游击战术。这样一位平易近人、爱护部下的红军将领，充分展现了革命中战士的力量。

那些"红小鬼"，年纪不大，出身贫苦，却更有志气，他们无限地忠于红军。在西安府肮脏的监狱里，200多名这样的孩子无论受到怎样的拷问，仍不折不挠，忠心可鉴。这些中国的未来——"红小鬼"早已在祖国危难时担起了责任，无限地发掘着革命中青少年的力量。

革命的背后，是无数个普通老百姓的支持。他们爱戴红军，全力救治受伤的红军；饥荒时，忍饥挨饿也要把存粮留给红军，这就是革命中普通民众的力量。

每一个中国人民，无论是战士、青少年，还是老百姓，每个人都在国家危难时挺身而出，不惧困难，团结拼搏，这就是中国革命文化中体现出的中国力量。

时至今日，这样的中国力量并没有因为时间的延续而消失，它隐藏在中国的每个角落，只要国家需要，它就会号召起所有的中国人民共同奋斗。2008年，汶川大地震，温总理不到两个小时就出现在最危险的震中地带，他风尘仆仆，不畏艰难地穿梭在抗震救灾第一线；胡主席深入灾区嘘寒问暖；党中央动员了一切可以动员的力量；大批部队驰援灾区，更有15名军人在最恶劣的条件下，克服重重困难勇敢地从飞机上跳伞，只为救出信号受损地区的灾民；每一个老百姓都时刻关注着最新消息，学生、工人、农民、海外华侨，有钱的捐钱，没钱的出力，灾区出现了大量民众志愿者的身影。这是灾难之下中国特有的品质，中国是有韧性的，有凝聚力的，它的人民是忠诚的，有作为的！2020年，新冠肺炎席卷中国，明知道前方危险重重，可是一个又一个医护人员挥泪告别稚子、年迈的父母、新婚的丈夫或妻子，毅然奔赴抗疫前线；农民、工人、企业家，他们捐钱、捐物资，又或是捐自己种的蔬菜，免费为医护人员提供餐食；普通民众主动遵守防疫要求，即使生活受到不少的限制，但是为了国家，这点困难不算什么。这是一场没有硝烟的战争，取胜并不容易，但在困难面前中国人不畏惧、不退缩，我们终将胜利。

个人的力量或许是渺小的，但正是因为每个中国人都敢于在逆境中拿出自己的力量，这股中国力量才能让曾经脆弱动荡的中国迎来广阔而美好的前景。无论曾经、现在还是未来，中国力量一直存在，它鼓舞着中华民族不断前进，督促每一代中国人站在先辈们的肩膀上继续向上攀登，书写中华璀璨历史。作为中国新时代的青少年，我们更应该肩负独属于我们这一辈的责任与使命，不错过任何一次机遇，以革命前辈为榜样，传承革命优秀传统文化，发扬中国精神，贡献中国力量。

强大的中国背后是无穷无尽的中国力量！中国力量背后是14亿奋力拼搏的中华儿女！红星永远照耀中国！

传 承
感想作品五

"人只有一生一死，要死得有意义，死得有价值。"这是伟大的革命英雄邓中夏所说。

对于我们中国那几十年的革命战争而言，是我们中国人民铭记于心的几十年，那需要英雄革命的几十年。

英勇奋战的他们

读《谁是最可爱的人》有感而发。那时的朝鲜一度陷入黑暗中，他们无法强有劲地去抵御那来势汹汹的侵略，美国是有备而来，对侵略朝鲜地区势在必得。他们不会让美国危及我们的国家，有许多志愿军为此到达朝鲜战场，他们也有着这一去就回不来的想法，但他们还是去了，硝烟弥漫的朝鲜失去了以前的生气。侵略者的枪不留情，狠心地去杀害我们的同胞，他们确确实实没有侵略者那么的强劲，甚至武器都是拾取逝去侵略者的。侵略者哪会顾及人民的安危，年轻的革命英雄被子弹击中后，也不会忘记对侵略者的驱逐，他们宁愿牺牲，他们更宁愿拉着侵略者一同死去。他们的精神是可贵的，在他们的能力范围之内，对侵略者做到了最好的驱逐。

残暴不仁的侵略者放不过居住的人民，放不过那一寸寸的土地，他们只想着侵略。确实给我们造成了不可磨灭的伤害，革命精神尚存，他们就不会在我们国家侵占一寸土地。

英勇奋战的他们为我们创造了太多太多，而这个川流不息的中国需要我们去逐步复兴。万丈高楼平地起，少不了革命英雄为我们的贡献与付出。战场的硝烟里，他们也曾想过未来生活的美好。

勇担重任的我们

生在和平年代的我们似乎不需要再为战争提心吊胆，如此看来，革命精神是否在当下失去了存在的意义？

并非如此，革命精神常在常新。

听我为你娓娓道来。那天，我如往常一样走在放学的路上，抬头望见霓虹灯是如此的刺眼。夜色已晚，却见到有位迷失方向的老人无助地走在街头，或许是老人老了，记不清回家的方向了，我急忙地跑过去，轻轻搀扶着老人，他呆呆地望着我，扶他坐在一个暗淡的灯光下的长椅。询问着老人是否记得清亲人的电话或是地址，能够让他安全到家。老人支支吾吾地说不清，又或是有些着急了，眼角泛出阵阵泪花，我轻抚老人的后背，愿能让他不用这么着急。我仔细帮他回想往事，愿他能想起一点关于他亲人的信息，为了让老人能够开心，便和老人谈起了心，他背了一个小书包，我询问他是否能打开给我看看，他对我有些许的信任，大大方方地打开来了，里面放着亲人的联系方式……

后来，我们联系上了爷爷的亲属，他们道着谢，我慢慢走向红霞绚烂的前方。

仰望天空，环顾四周，让我不由得感到温暖，是革命先辈，是我们的祖辈，用血汗为我们拼出了幸福，用双手为我们建造了繁荣，灯火阑珊，我们给予他们的只不过是微不足道的温暖，点滴汇聚成海。

传承新时代的革命精神，不在于炮火轰鸣，不在于枪林弹雨，对于我们，一份为国为民之心，一份对社会的责任，一份温暖的传递，便是发扬传录。

传承那如火的光辉

感想作品六

"人事有代谢，往来成古今。江山留胜迹，我辈复登临。"历史的车轮滚滚向前，大浪淘沙给我们留下了无数财富，"红色文化"便是其中最宝贵的财富之一。

转眼间，建党102周年即将到来。而在近一个世纪栉风沐雨的沧桑洗礼过后，那些宝贵的"红色文化"仍如晶莹的琥珀般明亮，闪耀在华夏滚滚星河之中。之所以生命力如此强大，是因为"红色文化"是与中国发展一脉相承的。传承红色基因，让"红色"成为人格品行的底色，是我们的责任！

传承红色基因，传承的是一份责任，一份操守。

"红色"是中国血液的颜色，是中国脉搏的颜色。它始自那艘沉默安静的南湖游船上，潜藏在每一个中国人的心间。试问在战争年代，若没有"抗战救国，保卫人民"的红色口号，若没有鸭绿江边"抗美援朝，保家卫国"的信念，红军、解放军如何有出生入死的信念？

"红色文化"是中国精神的载体，从意向来看，它更像是一头"巨鲸"。承担起亿万人民追逐梦想的脚步并给予我们深深的前进力量。

改革开放四十年来，我们欣喜地看到，"红色文化"并没有如一些恶势力或消极分子预料一般，逐渐淡出现代人的视野。反而跟随时代的大发展不断注入着无穷的新的活力。随着《红岩》中的江姐一次次再版重现，我们得以知道抗战时期共产党人的坚贞不屈、拼搏勇敢；《地道战》《集结号》这些经典作品仍在源源不断的娱乐电影中保留其珍贵，并成为家喻户晓的老片，时常回味。井冈山、瑞金的许多山城依托红色文化发源地，开展特色旅游，满足大众的精神寄托的同时，实现了脱贫。

"红色文化"的传承，是对抗历史虚无主义的有力武器，是坚定理想信念的重要措施。习近平总书记曾在回答意大利众议长问题时说道："这么大一个国家，责任非常重、工作非常艰巨。我将无我，不负人民。"；杨善洲一头扎进大凉山22年，直至他去世时，曾经光秃秃的大凉山已经成为一片林海；黄文秀在服务人民精神的感召下，毅然回到家乡百色革命老区……这些红色精神应当被书写、被歌颂、被录入中华民族厚厚的红色文化书卷中！

红色文化承载红色精神，是中华民族的精神宝藏。瑞金漫山遍野的杜鹃花作证，嘉兴南湖的清波作证，井冈山挺拔的竹松作证，我们必将创造更多灿烂的红色文化，传承红色基因，在中国渲染如火的光辉！

东方地平线上的红光

——读《红岩》有感

感想作品七

"东方的地平线上，渐渐透出一派红光，闪烁在碧绿的嘉陵江上。"

2000多年前，西汉大臣苏子卿历尽艰辛抵抗匈奴；700多年前，抗元名将文天祥宁死不屈为国献身；90多年前，共产党员江姐坚贞不屈英勇就义，这一个个在危难面前的永不屈服的形象，一次又一次地诠释了什么是坚毅勇敢，什么是忧国忧民之责。

《红岩》一书描写了在人民解放军进军大西南的形势下，重庆的国民党当局疯狂镇压共产党领导的地下革命斗争。着重表现了以齐晓轩、许云峰、江姐等共产党人在狱中所进行的英勇战斗。书中有许多扣人心弦的情节，如江姐看着丈夫的头颅挂在城门上，忍住悲痛继续参与革命工作；许云峰为大家逃狱不顾疼痛以手指挖通道；齐晓轩为掩护他人不惜牺牲自己吸引火力等。大无畏精神里夹着无私，坚贞不屈里嵌着坚毅，这无疑是对他们最真实的写照。

坚强不屈的江姐、机智勇敢的许云峰、坚贞不屈的成岗、天真可爱的小萝卜头、一心抗日的双枪老太婆……这些共产主义精神可不止体现在革命者身上。

在疫情肆虐的当下，人人都被恐惧笼罩着，可总有一缕又一缕"白色的光"映在人民的眼前：日复一日兀兀穷年地工作的钟南山院士，坚强不屈绝不放弃的患者们；以及所有一心抗疫的人民。五星红旗因他们而更加鲜艳，他们的英雄事迹将会被人们所牢记，人们将会为他们而感到自豪。

面对这么多坚忍顽强、坚贞不屈的事例，我感到的却是无限内疚与惭愧。

记得初一那年，学校举行经典朗诵比赛，班主任与同学们准备了许久。出于腼腆，到了全班一起朗诵时，我全程低着头，并且不好意思地笑出了声，我以为我在最后一排应该不明显，其他同学不会注意到我的。直到看了录像回放才知道自己有多么的愚蠢，在所有同学昂首挺胸时只有一个低头的我显得那么突兀，就像在路旁一排坚挺的白杨树之间突然倒下了一棵，所有人都会把目光聚集到那棵倒下的树，班级自然也没有得到一个好的成绩，老师的惋惜与同学的责备一直萦绕在我的耳旁……我哭过通宵，捶过胸口，终究明白，是自己的懦弱，为什么我不能为了班级勇敢一次呢？

看完《红岩》，我认识了叛徒甫志高，我猛然觉得我在台上的那刻就像一个叛徒。既然我加入了一个集体，就应该履行集体交给我的职责，并将集体利益放于个人利益之上，不能背叛集体以及做损害集体利益的事。将个人主义至上的是我，在意别人眼光的是我，没有阳刚之气的是我，不坚强的还是我，不过这些都不重要了，你看许云峰英勇面对死亡，你再看小萝卜头对于未来的无限遐想与憧憬，你再看华子良装傻潜伏在敌人内部十几年，他们就像西方神话里的神，中国传说里的龙一样伟大，坚毅与勇敢。

我发现，内疚只是一种情绪罢了，我真正需要的是行动。

为了弥补我的过失，我主动当了英语课代表，在一次英文朗诵比赛中获得了优异的成绩，这无疑是江姐、许云峰等人"送"给我的最好的礼物。

"东方的地平线上，渐渐透出一派红光，闪烁在碧绿的嘉陵江上。"在中国的地平线上，一轮红日缓缓升起，照亮了整个中国，驱逐了黑暗与懦弱。这象征着革命的胜利，但不代表着革命的结束，处在和平时代的我们应该不负韶华，努力学习，不负前辈们打下的江山，为祖国的复兴而奋斗！

陪伴是最长情的告白
——读《钢铁是怎样炼成的》

感想作品八

有人从保尔身上感悟到了面对挫折的正确态度，有人从保尔身上感悟到了做人要有钢铁般的意志和顽强奋斗的精神，而我从保尔身上感悟到了人间真情。

　　在《钢铁是怎样炼成的》的结尾处，保尔在达雅的陪伴和帮助下，一次又一次的战胜自我，最终获得新生。保尔半身瘫痪后，曾提出要和达雅离婚，但达雅拒绝了。他们相互陪伴，互相成就。保尔帮助达雅，使她成为一名优秀的共产党员；达雅陪伴保尔，完成了《暴风雨所诞生的》写作。达雅和保尔对彼此最真挚的陪伴就是他们最长情的告白。

　　无独有偶，简·爱和罗切斯特之间起伏不断的爱情，也让我感悟到了陪伴是最长情的告白。经历重重磨难之后，他们还有彼此。开始时，纵使简·爱并不富裕，纵使简·爱并不美丽，但罗切斯特还是毅然地选择了简·爱。后来，纵使罗切斯特不再富有，纵使罗切斯特身有残缺，但简·爱还是毅然地选择了罗切斯特。重重磨难也不能阻挡他们对彼此的爱的坚守。简·爱甘愿陪伴在罗切斯特身边，做他的眼睛和拐杖，与他一起开启美好的新生活。他们对彼此的感情早已不能用单薄的"我爱你"三个字去倾诉。他们不离不弃的陪伴就是对对方最长情的告白。这份告白，要用心去体会，才能感受到这其中的深情。

　　其实在我们成长的道路上，也有很多人给予我们最长情的告白，就像我们的父母。他们陪我们一个脚印一个脚印的学走路，陪我们在祖国的大好河山中增长见识，每天在拥挤的人群中等待我们放学……在我们漫长的成长路上是他们一直牵着我们的手，站在我们身后，见证着我们一个个的第一次，鼓励我们进行一次又一次的尝试。父母从我们来到这个世界起，不求回报、默默付出的陪伴是他们对我们最长情的告白。老师从见到我们的第一面起，孜孜不倦、呕心沥血的陪伴是他们对我们最长情的告白。祖国母亲的各种保护、优良的教育资源也一直陪伴我们成长。这些都是对我们最长情的告白。

　　我们当然也要努力去回报那些给予我们最长情的告白的人。可以是为父母端的一杯茶水；是对老师的一声道谢和课堂听讲的认真；是好好学习，将个人理想与国家未来的紧密联系的远大抱负……

　　陪伴是最长情的告白。所以，我们一定要珍惜那些一直陪伴在我们身边的人，也要去陪伴他们，给予他们最长情的告白。

唤醒华夏的药

感想作品九

"药"是什么？

药本是用于救死扶伤的东西，可在鲁迅先生的小说《药》中，"药"却是一个沾满滚烫鲜血的人血馒头，是能治好华小栓痨病的荒诞之药。

初读文章我便觉得十分荒谬，人们为何会相信人血馒头是药？华老栓一贫如洗，但是他还是拿出全部身家去买那毫无作用的人血馒头。这一方面可以看出"三座大山"对百姓影响的根深蒂固，另一方面可以看出华老栓对儿子的疼爱、对生命的渴望以至于急病乱投医。华老栓抱着人血馒头，仿佛抱着一个十世单传的婴儿，这毫无疑问是一个巨大的讽刺，写出了底层老百姓的迷信、愚昧无知。

《药》全文的基调是紧张与阴沉的，鲁迅先生在文章中大量地运用黑、白、红三色进行环境描写，渲染了紧张神秘的氛围。从小说的开头华老栓去买"药"时偷偷摸摸的表现，我不由得想起《朝花夕拾》中幼年时"我"给父亲抓药时那些令人惊异又极难寻得的药引子。父亲是被这么害死的，华小栓也是被这么害死的，被庸医和封建迷信害死的。

革命者夏瑜为了祖国的复兴与发展抛头颅、洒热血，为了唤醒群众而牺牲，但无知愚昧的百姓却将沾着他一腔热血的馒头当作"包治百病的圣物"。这不禁令人感到不寒而栗，并陷入沉思。夏瑜的努力最终归于徒劳，把人血馒头当作药吃的华小栓也没得救，"华夏"的年轻一代就这么轻易、不着痕迹地逝去了。究其根源，是因为当时的社会满是病态的愚昧与麻木。

夏瑜之后是秋瑾，我想起了那个就义于绍兴轩亭口的爱国烈士秋瑾。秋瑾牺牲之后，当时社会上还有很多老百姓如华老栓、茶馆中的茶客一样，根本不知道秋瑾是谁，不知道她做出了怎样的牺牲，只是将她当作茶余饭后的谈资。于是鲁迅先生决定写这么一篇文章，向世人宣告，革命者是一群什么样的人。他用笔下的文章化为良药，试图医治那个病态的社会，这是唤醒民众的"药"。

"药"还是什么？

这篇文章创作于五四运动时期，当时辛亥革命刚刚结束，但是这场资产阶级革命没有彻底实现民主革命的任务，并没能从根本上改变中国。

文中夏瑜就是这样一个资产阶级的革命者形象，从华老栓购买人血馒头的行为、夏三爷为谋取私利而告发亲人夏瑜的行为，我们可以知道这场革命其实是不成功的。

夏瑜唤醒民众的努力产生作用了吗？答案是没有！为什么当时如此多的革命者去奋斗和斗争，但并没有造成太大的反响？是革命者意志不坚定吗？并不是，夏瑜是一个坚定的革命者，是燃烧着火焰的火炬。他代表着广大人民群众的利益，象征着中国的光明未来。可他却得不到人们的支持与拥护，他向人们宣传革命，人们感到愤怒并辱骂他；他受到红眼睛阿义的毒打，人们幸灾乐祸；他为人们的所作所为感到可怜，人们却说他疯了。如果说夏瑜的牺牲产生了什么作用？那只能说他的牺牲为刽子手康大叔提供了一笔"意外之财"；为愚昧的华老栓提供了沾血的馒头；为患病的华小栓提供了虚幻的希望；为麻木不仁的茶客提供了新的谈资……杀死夏瑜的不仅有刽子手，还有冷漠至极的人们。华老栓和夏瑜的姓拼在一起是"华夏"，代表着华夏大地，但"华"却在吃"夏"做的"药"。这真是可悲至极！

因此在鲁迅先生看来，夏瑜是毫无意义地牺牲了。他的牺牲不曾改变什么，麻木的看客依然麻木，愚昧的群众依旧愚昧，沾了血的馒头仍然没有治好华小栓，他自以为英勇的就义也没有唤醒群众。所以夏瑜的死是可悲的，革命者的鲜血并不是拯救中国的药，这是鲁迅先生在告诫后来的革命者：冲动鲁莽、脱离实际的革命，终究会失败。这是唤醒革命者的"药"，也是鲁迅先生对真正能够拯救华夏民族的"药"的深切探索。

虽然我们早已迈入了一个崭新的时代，但是我们的身旁依旧有黑暗。缉毒警察由于工作原因，他们常常需要隐姓埋名，而我们见到他们的真容时往往却是他们在人世间的最后一面。他们为了我们幸福与和平的生活甘于牺牲。他们继承了夏瑜的精神，但我们却不能让他们重蹈夏瑜的覆辙。我们不能成为那些麻木不仁的群众，使中国的"药"白白浪费。我们要勇于成为中国的"药"，不能像一百年前受到封建主义压迫的群众一样。

作为21世纪的学生，我们早已没有"三座大山"的压迫。但我们不能去做一个像华老栓一样麻木不仁的人，我们应学习夏瑜那永垂不朽的革命者精神。正如鲁迅先生所言"愿中国的青年都摆脱冷气，只是向上走，不必听自暴自弃者流的话。能做事的做事，能发声的发声。有一分热，发一分光，就令萤火一般，也可以在黑暗里发一点光，不必等候炬火。"我们应该努力成为鲁迅先生心中那摆脱冷气，只是向上走的青年，去建设我们美好的祖国！

以青春之我，成就青春之中国

——读《钢铁是怎样炼成的》

感想作品十

"我首先是属于党的，其次才是属于你和其他亲人的。"保尔平静而又坚定的话语，深深地打动了我。当保尔情义两难全时，他果断选择了党的事业，抛弃了个人幸福。

我想，这才是青春该有的模样。

党的百年征途在历史的岁月中格外耀眼。一百年前的中国，千疮百孔，风雨飘摇。无数中国人明哲保身，可仍有像保尔一样顽强的钢铁战士，摇着红船，从嘉兴南湖乘风破浪而来。这群爱国青年，用红船撑起了中国的希望。终于，在一百年以后的今天，中国正以新的姿态屹立于世界东方。今日之中国，不再是受人欺凌、任人宰割的"东亚病夫"，而是世界经济增长的主要动力源与稳定器。百年波澜壮阔，千年源远流长，其背后的涓涓细流，源于中国青年的前仆后继，砥砺前行。

中华上下五千年，中国也从不缺像保尔那样不忘初心、精忠报国的仁人志士。他们用自己美好的青春为国囊萤映雪，悬梁刺股，披肝沥胆。邓稼先把自己的青春洒在沙漠里，他是最美的蘑菇云。拉齐尼把自己的青春献给了祖国，他生动诠释了"花儿为什么这样红"。袁隆平先生用自己的青春照亮了世界，却只想在禾稻下乘凉……正如"天下兴亡，匹夫有责"的顾武炎所说"天地存肝胆，江山阅鬓华。"中国儿女传承中国精神，奋不顾身，用青春告白祖国。

如今，5G技术在时间上飞越、中老铁路在空间上跨越、西气东输、南水北调、亚投行、一带一路……这些把世界与中国紧密联系在一起。这一切，都源自中国青年的自主、创新、坚定、奋斗的品质。中国青年，不正是一个个真实的保尔吗？不正是一个个钢铁战士吗？

正值百年风华正茂之时，吾辈应认真学习，迸发青春的激情，种下梦想的种子。以青春之我，创建青春之家庭，成就青春之中国！

斧头劈翻旧世界，镰刀开出新乾坤

——读《红岩》

感想作品十一

"起来，不愿做奴隶的人们……"再次听到这熟悉的《义勇军进行曲》，我的脑海中不禁想到《红岩》书中对新中国成立后第一个黎明的描写：晨星闪闪，迎接黎明。林间，群鸟争鸣，天将破晓。东方的地平线上，渐渐透出一派红光，闪烁在碧绿的嘉陵江上，湛蓝的天空，万里无云，绚丽的朝霞，放射出万丈光芒……

《红岩》描写了在人民解放军进军大西南的形势下，重庆的国民党当局疯狂镇压共产党领导的地下革命斗争的故事。齐晓轩、许云峰、江雪琴等共产党人在狱中进行的英勇战斗，充分显示了共产党人视死如归的大无畏英雄气概。

其中有两个英雄人物令我感触颇深。

第一位，巾帼英雄江雪琴面对挚爱之人被悬首示众的坚毅刚强，经受竹签插指强忍疼痛的坚贞不屈，面对死亡整理仪表的从容淡定……她的事迹如一场经久不息的暴风雨，敲打着我心灵的窗棂。尤其是那铿锵的话语"毒刑拷打是太小的考验，竹签是竹子做的，共产党员的意志是钢铁做的。"久久回荡在我耳边……

江姐那"身不得，男儿列；心却比，男儿烈"的高尚品质，使我明白了：柔弱是女子，刚毅是女子，素衣裙摆同样可以为国献身，同样可以在冰冷的枷锁下展现出与男儿一般的坚强！

第二位，就是那牺牲时只有8岁的最小革命烈士——小萝卜头。在特务不准他学习的情况下，仍能背诵和默写30多首古诗词和难友们在监狱的诗作，对学习充满渴望与热爱，机灵聪明的他还是难友们在监狱中的重要情报传递员。他放飞小虫时说了一句信念坚定的话"解放了，我们也坐飞机回去！"他那朝气蓬勃的怒放的生命，为了崇高的革命理想，永远地停留在了8岁。每当读到小萝卜头的片段，心头升起一股无名的怒火，那心酸的泪水盈满眼眶……亲爱的小萝卜头，我该怎么表达对您的敬佩，对您的赞扬呢？是义愤填膺，还是高声歌颂？我想都不是的，唯有学习您那积极向上、热爱学习、坚定信念的高贵品质，才足以表达我对您崇高的敬意！

斯人已逝，精神永存，革命先辈们生如夏花灿烂的人格永远浸染着我的心。鲁迅先生曾说："愿中国的青年都摆脱冷气，只是向上走，不必听自暴自弃者流的话。能做事的做事，能发声的发声。有一分热，发一分光，就令萤火一般，也可以在黑暗里发一点光，不必等候炬火。"我作为一名中学生，享受着九年义务教育，过着衣食无忧的生活，理当清醒地认识到：如今的和平安定，是无数前仆后继的革命先辈用鲜血与生命换来的，我必珍惜且应当如《红岩》中的革命先辈一般，不怕苦，不畏难，不惧牺牲，用臂膀扛起如山的责任，使红岩精神薪火相传，永不灭！展现出青春激昂的风采！展现出中华民族的希望！

青春·革命·朝阳
——读《钢铁是怎样炼成的》

感想作品十二

时刻挂在我们心上，是一个平凡的愿望。

——《歌唱动荡的青春》

回顾初中名著，苏联左翼作家奥斯特洛夫斯基的《钢铁是怎样炼成的》无疑是最能体现青年传统革命精神且对我们当代青年最具有现实意义的书籍之一。

这本书讲述的是一位名叫保尔的少年不断反抗压迫剥削，参加无产阶级革命斗争的故事。书中的保尔是一个有着崇高理想的青年，他具有强烈的阶级意识，有着光辉的国际主义精神，这在如今仍是宝贵有意义的。

正如毛主席所说的，我们是八九点钟的太阳，未来在我们手上。因此我们要学习保尔的阶级意识，这不应该只表现在对中国共产党的热爱，更应该表现在对全世界无产者的同情。我们作为新时代的怀有共产主义理想的新青年，毫无疑问应该成为新时代为革命奋斗的主力军，实现李大钊先生"赤旗天下"的伟大梦想。

书中的保尔热爱学习，他热爱马克思列宁主义，将马克思、恩格斯、列宁视为革命导师。同样的，我们作为新一代共产主义青年也应该不负青春，积极学习进步的共产主义理论。我们将以马列主义理论、毛泽东思想为具体行动的指导，将马克思主义哲学作为批判的武器反对一切颠倒黑白的狭隘的唯心主义，正如党所说的"人民有信仰，国家有力量，民族有希望。"

英雄总是后代力量的源泉，从巴黎街垒前的公社战士到法国五月风暴中的青年学生；从朝鲜的湖畔到马德里街头的国际纵队……无数英雄献身于一项最伟大、最光辉的事业：为全人类的解放而斗争！他们的姓名随我们的凯歌，将世世代代活在亿万人心头，我们新青年应该学习英雄们的革命精神，将革命事业进行到底。

前途是光明的，道路是曲折的，中国共产党一直在这条路上探索着。在第一个发动农村革命的井冈山、在召开了七届二中全会的西柏坡、在遵义、在延安，曾有无数革命先辈为了共产主义而奋斗，他们是工农的孩子，他们漫山遍野地生长，为贫苦人在寒冬里温暖，赤脚走天下不怕路漫长……

请党放心，强国有我。回望历史，在党的领导下，一代代青年把青春奋斗融入党和人民的事业，成为实现中华民族伟大复兴的核心力量。今天，历史的接力棒交到我们这一代青年手中，我们应该不负时代，不负韶华，续写新时代中国青年运动新的光荣！

肩负时代使命，砥砺奋斗前行

——读《红星照耀中国》

感想作品十三

"号手们吹起冲锋号，所有武器一齐开火，枪炮声、喊杀声，霎时间震动山谷。二连担任突击队，二十二位英雄拿着冲锋枪、短刀，背着马刀，带着手榴弹，冒着敌人密集的枪弹，攀着铁链向对岸冲去……"合上书本，红军夺取泸定桥时一幕幕惊心动魄的画面，仍烙印在我的脑海中。那二十二名英雄战士如二十二颗红星，将舍生忘死的民族精神闪耀中国大地。我不禁问自己，他们的时代使命是保家卫国，我们的时代使命是什么？

"金沙水拍云崖暖，大渡桥横铁索寒。"正如诗中所言，渡桥的艰险难以想象，有多少红军掉进了惊涛骇浪中，又有多少红军倒在了血泊之中？他们是初出茅庐的青年人，也正是他们以坚韧不拔、自强不息的民族精神，用鲜血铸就了家国百年。他们深知自己的使命，并为之抛头颅、洒热血，我们又应该如何做呢？

肩负时代使命，当需坚定理想信念。"热爱""理想"，这是冬奥冠军谷爱凌在解释自己为什么选择滑雪并取得不菲成就时，最常用到的两个词。正是她对理想的执着追求与一往无前的选择，让她能不断获得各种滑雪赛事的冠军。

肩负时代使命，当需勇于担当。"我自愿报名参加医疗救助团队。"一句句铿锵有力的话语，一封封主动请缨的请战书，道出了医护工作者的责任与担当。危难时刻，他们是白衣天使，更是白衣战士。果断逆行、无畏奔赴的背后，是坚如磐石的初心和使命，更是视国家兴亡为己任的担当与责任。

肩负时代使命，当需用心实践。仰望星空，看那"天宫"空间站、"嫦娥"奔月、"祝融"探火、"羲和"探日。从远古神话梦想，到新中国成立后，航天事业飞速发展。中国人一步一个脚印地触摸更高更远的太空，中国航天事业让神话梦想变成现实。他们以实践为剑，披荆斩棘，向世界展现中国力量。

肩负时代使命，当需砥砺奋斗。红星从一代代人手中传过，一尘不染，光芒依旧，此刻传到了我的手中。我似乎明白了，我们的时代使命始终如一，唯坚定理想，勇于担当，用心实践，让时代的红星永远闪耀中国！

传承红岩精神，立志报效祖国

——读《红岩》

感想作品十四

"英雄非无泪，不洒敌人前。"作为中国人我们有责任传承红色基因，弘扬革命精神。读完《红岩》一书，我被共产党人的事迹深深感动了。无数先烈抛头颅、洒热血换来了如今繁荣昌盛的新中国，而如今的我们，理应铭记历史，自强不息，为实现中国梦而奋斗。

《红岩》这本书讲述了重庆解放前夕残酷的地下斗争，当时的重庆被国民党统治着。小说主要回忆了被关押在渣滓洞和白公馆的许云峰、齐晓轩、江雪琴、成岗等共产党员在监狱中坚强不屈，与敌人英勇斗争的故事。他们不畏严刑拷打，坚守信仰，英勇顽强，宁死不屈。"毒刑拷打算得了什么？死亡也无法叫我开口！对着死亡我放声大笑，魔鬼的宫殿在笑声中动摇；这就是我——一个共产党员的自白，高唱凯歌埋葬蒋家王朝！"成岗的《我的"自白书"》那燃烧的诗句，代表了无数共产党员的信念，至今仍沸腾着我的心。

书中令我印象最为深刻的人物是刘思扬。作为知识分子的他，虽然出生于大地主家庭，但他并非贪图享乐，他将自己全身心投入革命事业中。他相信重庆定会解放，他相信人民终将迎来自由幸福，他相信共产党领导的革命斗争终会胜利，他相信一个工农当家做主的新中国必将建立。他为信仰拼搏奋斗，忙碌奔波。他为《挺进报》记录素材、提供素材，为《挺进报》的发行做出了巨大贡献。在狱中，他热爱读书，善于学习，他珍惜读书的时光，不断精进自己，丰富思想和头脑。他不畏惧敌人的严刑拷打，不接受敌人的故意示好，心中一直揣着信仰的火焰，散发着革命精神的圣光。"我死了有党，等于没死；我如果背叛了组织，活着又有什么意义！"这便是刘思扬，为人正直诚恳，忠诚坦荡，傲骨嶙峋。他战胜了监狱恶劣的生存条件和敌人的威逼利诱，将磨难化成精神营养。他是青年的楷模，是党的骄傲，是人民英雄，是我学习的榜样！

岁寒，然后知松柏之后凋也。小说里记录的狱中斗争，艰苦卓绝。种种艰难困苦，考验着共产党人的意志，但是任何艰难困苦，也折磨不了共产党员的革命精神与团结之心！

狱中的同志们为给龙光华开追悼会与特务进行了不屈不挠的斗争，这些片段最令我难忘。敌人为摧残革命者的意志，不给革命者水喝，高温饥渴折磨着革命者。龙光华在放风之时找到了一个还未干涸的水坑，他舀起水奔向牢房。不料，途中他遇到穷凶极恶的监狱看守，水不仅被打翻了，还被捉去拷打，最后英勇牺牲。狱中的同志们气愤不已，执意要给龙光华同志开追悼会，而作为谈判代表的余新江与刘思扬却被敌人关押了起来。然而令敌人意想不到的是，狱中的所有人竟通过绝食的方式抗争，争取权益。敌人故意用丰盛的饭菜引诱之，但嗟来之食岂能动摇狱中同志们的决心？最终敌人们只能让步，斗争取得了胜利。狱中的所有同志排成整齐的长队，为壮烈牺牲的龙光华同志开了简朴庄重的追悼会。这胜利来之不易！监狱斗争是残酷的，更是团结和顽强的。这是信仰的力量，是团结的力量！

忘不了江姐临刑前对着镜子从容梳头发的情景，她是多么热爱生活啊；忘不了许云峰对敌人递过来的酒杯蔑视的冷笑，他是多么睿智镇定啊；忘不了小萝卜头放飞火柴盒里的小虫子时眼里的希冀，他是多么向往自由美好的世界啊；忘不了在监狱里成长起来的年轻人胡浩写下的入党申请书，入党申请书里的那些滚烫字句，那些发自肺腑的心声湿润了我的眼睛；忘不了小说最后一页齐晓轩背靠红岩被鲜血染红的衣襟，嘴边那抹微笑，那是无畏的笑、自信的笑、对新生活向往的笑、对敌人轻蔑地笑、胜利地笑……那一个个血肉丰满的人物形象，一个个鲜活的面容浮现在我眼前。英雄铸起一座座不朽的丰碑，这丰碑上必将刻着八个大字：爱国、奉献、团结、奋斗。因为这些就是红岩精神最集中的体现。

"天地英雄气，千秋尚凛然。"读完这本书，我的内心是复杂的。我为革命者的牺牲而伤心，为重庆的解放而欣喜，为共产党的强大而感到敬佩，为自己如今生活在这个时代而感到幸福！习总书记于2022年4月25日在中国人民大学师生代表座谈会上曾说过"新时代中国青年对先辈最好的告慰，对历史最大的负责，就是坚定走好新时代的长征路。"作为青少年，我们都应该传承红色基因，发扬红岩精神，树立远大理想，珍惜当下，刻苦学习，不断磨炼意志，积蓄成长力量，让自己成为德才兼备的人。只有这样，我们才有能力，用自己的智慧和双手为国家增光添彩！

黄昏时分，落日余晖洒向人间，火烧云将半边天染成了烈焰的火红，望向天空，我仿佛看到了为国家、为人民英勇牺牲的革命烈士们，仿佛看到他们微笑着，将光芒洒向大地，好似听见他们在告诉我们："勿志为达官贵人，而志为爱国志士。"是啊，立志为国，不为名利；立志报国，只为祖国的强大，人民的幸福！

合上书页，我抬起头望向从窗前映入的阳光，憧憬未来。那段不能忘却的历史，我将铭记于心。同学少年，风华正茂。今天的我们，就是新时代的接班人。继承先烈遗志，传承红岩精神，弘扬红色文化，我们责无旁贷。何其有幸,梦想开始的地方,有红色经典的浸润;何其有幸,成长路上,有家国情怀的陪伴;何其有幸,拼搏路上,有英雄精神的激励!我将以昂扬奋进的姿态,在青春的赛道上跑出最好的成绩,为建设一个更加富饶强大的中国而努力奋斗!不负时代,不负韶华,不负党和国家的重托!

每个时代都有最可爱的人

感想作品十五

前不久,我们学习了《谁是最可爱的人》这篇文章,一看到这篇文章的题目,我就不禁在想,究竟谁才是那最可爱的人?我带着这样的疑问,看完了这篇文章。看完后我得出了答案,原来最可爱的人是军人,你也许会问为什么,他们明明杀气凛冽,凶得很!不要着急,我这就把其中一个例子转述给你听。听完这个例子,你一定会觉得战士们是最可爱的人。

一个21岁的年轻战士——马玉祥,有一天,有一天他从阵地上下来做饭,突然看见有两架敌人的飞机朝这边冲了过来,打了一阵机关炮,紧接着就扔下了两个大燃烧弹,有几间房子被砸中了,着了火,浓烟滚滚,让人一看就腿脚发软。但这时,他正好听到一间燃烧的房子里传来了婴儿的哭啼声,他想无论是哪国人民都是一样的。于是他一脚踹开了门,往婴儿哭啼的方向冲去,他先是找到了一个大人,却发现她受了重伤,走不动,于是只好先救出婴儿,后面觉得大人还有存活的希望,于是又再次回到火场,发现她已经奄奄一息了,只好抱起这无父无母的孩子走了。

我认为这样无私奉献、具有高尚品质的英雄是最可爱的人,他们勇于担当,有勇有谋,乐于奉献。当然,像这种具有高尚品质的人,无论在哪一个时代都有。

2020年1月,湖北武汉暴发疫情,一个84岁的老人却不顾危险前往了那里,他是谁?他是钟南山院士,是我最敬佩的人。

在前往武汉前，他接受记者采访，并恳切地告诫全国百姓："没什么事，别去武汉。"说完就义无反顾地登上高铁。他忙得甚至只能在高铁上稍微休息一会。这幅画面被人拍照传到网络上，令众多网友泪目、感动。到了武汉后，钟南山院士多次通过媒体呼吁大家要注意安全，要隔离，要戴好口罩，自己却不顾个人的安危投入到这场没有硝烟的战斗中去。他无疑是新时代的榜样。

在疫情期间，还有一个令人佩服的歌手——韩红。吉林暴发疫情时，她迅速成立了"韩红爱心支援吉林"援助组，她带着500万的防疫物资与基金会的成员赶赴吉林。即使是累得倒下了，她第一时间关心的也是疫情物资分发到位没有。她曾经说过这样一句话"我死也要死在公益的路上。"但是就是这么好的一位歌手却被许多网友说是作秀，而韩红用自己的实际行动堵住了这些没有理智的网友的嘴。我想这才是值得我们崇拜的明星，她优秀的精神和高尚的品质值得我们去学习。

我认为，新时代最可爱的人无疑是我们奋不顾身的各路英雄们，他们有的为了国家，为了疫情而献身，也许我们不曾听闻他们的名字，也许我们会渐渐忘记他们，但他们会永远铭刻在历史的石碑上。

破茧而出，浴火而生

——读《红星照耀中国》

感想作品十六

我们历经磨难，我们历久弥新。

——题记

80年前，红色的中国布满层层谜团。美国记者埃德加·斯诺怀着对中国革命与战争的重重疑问，前往这被人刻意曲解、遭到铜墙铁壁般严密封锁的革命战略根据地。他探索红色的中国，将所见所闻一点一滴地真实记录，汇编成这本《红星照耀中国》。

此书以客观的姿态及翔实的文笔事无巨细地记录下了红军的方方面面。其中作者对于长征的记录尤为细致，细读此章，我不禁感怀共产党的众志成城与坚忍不拔。他们走过了两万五千里长征，从沉沦到荣光，入至暗奔光明，浴烈火获新生，历经磨难，历久弥新。

斯诺曾感叹道："历史是何等的戏剧性。"红军一边应付着国民党反动分子的围追堵截，一边纠正着党内思想的错误与矛盾；既要克服征途中恶劣的自然条件，又要平复少数民族地区的民情。这支属于人民的军队，紧咬着牙关，头破血流，伤痕累累，但它屹立不倒，战至终章。是什么让我们的党，让我们的红军能冲出重围，完成世界上史无前例的壮举？是不怕牺牲、勇往直前的长征精神，于烈火中铸就，于涅槃中永生。

合上书页，我思索着自己的人生，有多少次迎难而上，又有多少次畏难而退。一个人的价值如何体现？现在我有了答案：去经历生活中的磨难，只有体会挫折之涩，方知成功之甜，终显人生价值。实际上，不仅是个人，团队、政党甚至国家，皆是如此。利剑浴烈火，良铁出红炉；蝶破茧而出，凤涅槃而生。克服万难并不困难，需要的仅仅只是一颗伟大而坚毅的心。

尽管我们已不用再拿起武器，保家卫国。但是如今的社会以及生活，给予了我们新的挑战，学习上，烦琐难记的知识，毫无起色的成绩令人迷失志向；家庭里，年龄之间的代沟，层出不穷的矛盾冲突令人丧失信念；生活中，人际交往的复杂，物质潮流的冲击令人望而却步……种种压力多管齐下，如同锋利的锉刀，狠狠地落在我们身上。许多人在它们的冲刷下畏首畏尾，被磨平了棱角，变得世故圆滑，成为一块无用的滚刀肉。锉刀虽利，但所劈之石，皆出玉器。

苦不苦，想想红军两万五；累不累，想想革命老前辈。只有经过严冬才能迎来盛春，只有历经风雨才能看见彩虹，只有经受磨炼才有收获。我国残联主席，张海迪女士，5岁患脊髓病，胸部以下全部瘫痪。她虽然没有机会走进校门，却发愤学习，学完了小学、中学全部课程，并攻读了大学和硕士研究生的课程。迄今为止，她创作了诸多文学作品，得到了社会的认可，成为人们心中的英雄楷模。在残酷的命运挑战面前，张海迪没有沮丧和沉沦，她以顽强的毅力和恒心与疾病做斗争，经受了严峻的考验，对人生充满了信心。伟人之所以是伟人，是因为他们能够从困境与磨难中，重拾信心，不屈不挠，坚持不懈，吸取失败的教训，总结经验，踏上新的征程。

没有谁的人生是"也无风雨也无晴"，都是经历过痛苦、磨难、羁绊、坎坷才能取得辉煌成就。作为学生，我们更应当迎难而上，排除万难。挑灯夜读，勤能补拙，笔破万卷，以努力奋斗迎战学习之苦楚；设身处地，孝顺父母，将心比心，以善良感激直面家庭之矛盾；诚以待人，友好互助，广结益友，以友善朴实克服生活之挑战。我们是娇艳的花朵，是待哺的鸡雏，是上好的矿石。但种子需要破土而生，历经风吹雨打，才能开花；鸡雏要击碎巢壳，体验摸爬滚打，才能成长；矿石要打磨雕琢，掷入灼焰锤炼，方得美物。

斯诺把长征誉为"当今时代无与伦比的一次史诗般的远征"。如今的我们，也要踏上名为"成长"的漫漫长路。征途上遍布着荆棘，我们要么半道而弃，要么踽踽独行。作为学生，我们应当学习红军坚定的信念，继承百折不挠、排除万难的长征精神。正如冰心所说："成功的花，人们只惊羡她现时的明艳！然而当初她的芽儿，浸透了奋斗的泪泉洒遍了、牺牲的血雨。"迎难而上，自强不息，经过洗礼，我们将收获锲而不舍的恒心、百折不挠的意志和奋斗不息的精神。

毛虫蜷躯，破茧而出；凤凰涅槃，浴火而生。少年啊，莫畏惧，尽管征途遍布荆棘，但历经了磨难的熔铸，我们将毕露锋芒，烨然新生。天灾掠过荒原，红星照耀大地；烈火带来新生，磨炼铸就成功。

血泊中的黎明之花

感想作品十七

我们的中国是那么红又那么的耀眼，于我而言，它独一无二。

当空的烈日之下，有的只是那片鲜红，那飘扬在高空中的五星红旗深深地印在了我的心底；当蓝天褪去原有宁静的蓝剩下的就是那绚烂的橙红，朝霞漫过红旗，红旗与它相融时，我便知道这片鲜红将会伴随我的一生。我的祖国，又何尝不是我的母亲？它是一个千年古国，它的文化，它的精神一直都存在着，直到如今，我们的优秀传统文化也应以我们来传承弘扬，看着这片祖国大地，我的心底生出了一股力量。我们将传承并弘扬它，让它一直留存在心底，刻入灵魂深处，这也是我们的信念，它也终将开花，终将迎来属于它的时代。

我忽地想起江姐的那一句"毒刑拷打，那是太小的考验，竹签子是竹子做的，共产党员的意志是钢铁。"这句话深深地打动了我，也向我们证明了共产党员的意志是坚强的，是不惧一切困难的。这由革命回忆录所改编的《红岩》真实记录了那临近解放的种种，看着看着，我也不由得感叹起，共产党员正如书中那样，宁愿牺牲自己的性命也要保护党、保护战友们。我很敬佩江姐，江姐虽有着贫困的家境，虽遭受着敌人的毒刑拷打，虽面临死亡，但她依旧忠诚，依旧沉着，依旧那么坚强。在我看来，江姐确确实实是我们值得爱的人，而像江姐这般的存在，在那个年代有着更多，是数不清的数目，也是数不尽的赤胆忠心。我也更敬佩这些烈士们，他们把生命献给了胜利，献给了祖国。读完这本书后，留给我的是深深的感动和坚定信念的力量，这也使我不由得想到了更多。

我常常在想，我们这个时代和以前有什么不同，或许哪哪都不同，也或许我们所坚持的信念与理想是一致的。那个年代的人们，生活的环境，生活的习惯是多么的苦，想到这些我的心不由得发起酸来。他们大多数人都不识字，都过着艰苦的生活，没有好的环境，没有一个和平的年代，这一切切都成为他们的心酸与痛苦，也正因如此，"旧社会把人变成鬼，新社会把鬼变成人。"旧社会已过去，而新时代已经来临。

人民被压迫着，而那些所谓的正人君子又何尝不是罪魁祸首。"胜利的花朵，在烈士的血泊中蓬勃开放。"这句话真真实实地扎在了我的心上，于人民而言，我们需要一个太阳，一个可以给予我们温暖、给予我们力量的启航星，而我们的党正是那颗最耀眼的星，他们付之行动，付之献血，只为一个新中国，只为人民，所谓的红岩精神也正是我们的革命精神，是我们所要弘扬的精神，也是忠诚爱国爱民，无私奉献的象征。红岩精神，也应当将它刻入骨髓，随着血液的流动而更热血。而这些不正是我们的革命烈士所有的吗，他们在坚持些什么？他们只是在守卫着自己的祖国，就如"没有大家哪来的小家"一样，我们的红岩精神不会消散，而是永远传承，直至我们生命的尽头它也依旧存在，所谓的黎明之花，不过是烈士们用鲜血浇灌而成的，而这黎明则终会打败黑暗，它敌不过最鲜最艳的红！

鲜血、红旗、红岩精神，所有的一切都成为我们的力量，我们应当去努力，去为实现中华民族伟大复兴做出贡献，而这也是我们毕生的追求，我们的祖国是想象不出来的伟大坚强，是想象不出来的坚毅。因为祖国，因为新中国，我们得以解放，得以生活在一个和平的国家。对于我们来说，祖国就是希望，就是我们坚强的后盾。我想对祖国说的不仅仅是这些，而更多的爱则在心底，我们的祖国母亲，我们的革命烈士，我们将会爱你们直至永远。我们的红岩精神永垂不朽。

那片鲜红也越来越清晰，我凝望着那飘扬着的五星红旗，在阳光下依旧那么耀眼，甚至比盛夏的阳光更灿烂，我们的黎明之花就在心底，或许将来的某一天它将会开放出最美的花，它将会击溃黑暗，成为守护我们的守护之花，愿我们的战士都能迎着光明，冲散黑暗，得到他们所得的一切祝福。我的心，住着红色，我永远向光而行，向我的祖国靠得更近一点，让我们的祖国能更强盛，它的名字我们永不能忘——中国。

在可为时代，做有为青年

感想作品十八

青春如歌，激昂飞扬；青春如火，热烈沸腾。我们翻阅李大钊先生的《〈晨钟〉之使命》得到"青年者，人生之王，人生之春，人生之华也。"的答案。可在这风华正茂的年纪，仍然有不计其数的年轻人选择"躺平"。躬逢盛事，这是我们的时与势；万里路遥，这是赋予我们的担与责。凌空蹈虚，难成千秋之业，有做有为，正是每位青年的应有之义。

在可为时代，做惜时青年。

珠流璧转，韶华如驶，把握时间是做好一件事的必要前提。"地球即成白首，吾人尚在青春，以吾人之青春，柔化地球之白首，虽老犹未老。"温文尔雅的周恩来，年轻时却是书生意气，挥斥方遒。1924年，年仅26岁的他担任黄埔军校的政治部主任，令死气沉沉的风气变得热烈起来，次年，周恩来随黄埔军校东征。当时所有人都不看好这支队伍，因为他们年轻，没有实战经验，敌方可是骁勇善战的老兵。但他们创造了奇迹，仅仅用一个月的时间打赢了这场战。岁月鹜过，山陵浸远，我们唯有把握青春，奋勇拼搏，排除万难，方能实现人生的目标与理想。

在可为时代，做担当青年。

一代人有一代人的长征，一代人有一代人的使命。梁启超在《梁启超全集》中点明"人生最苦的事，莫苦于身上背负着一种未来的责任……责任完了，算是人生第一件乐事。"鲁迅也在《鲁迅随感录》中大力呼告："愿中国青年都摆脱冷气，只是向上走，不必听自暴自弃者流的话，能做事的做事，能发声的发声。"纵观历史长河，古有横空出世的热血青年霍去病，强大的敌人没有退却他的步伐，他为国愤然杀敌，成功的名利没有遮蔽他的双眼，汉武帝为他建造的金碧辉煌的府邸他未去看一眼，年仅18岁的他，因国家危亡，率八千精骑，直冲敌营，杀得匈奴人仰马翻，留下"匈奴未灭，何以为家？"的豪言壮志；今有陈延年、陈乔年为寻求救国救民真理，赴法勤工俭学，他们经过刻苦的学习和实际斗争的锻炼，逐步抛弃了原来所信仰的无政府主义，转而接受了无产阶级的革命真理——马克思主义，他们毅然决然地以此为信仰，投身革命事业。青年有担当，国家就有前途，民族才有希望。

在可为时代，做奋斗青年。

青春气贯长虹，勇锐盖过怯弱，进取压倒苟安。"奋斗"两个字写在每一代中国青年的基因里。时光轮转，梦回新文化运动时期，在那个乌烟瘴气的环境下，竟有一群出淤泥而不染的莲花。陈独秀，一个热血沸腾、慷慨淋漓的新文化领导者，他说："我们青年要立志，出了研究室就进监狱，出了监狱就进研究室。""我要看书"这是他进了监狱后唯一一个要求。他在暗无天日的牢房里奋笔疾书，不断学习，不断思考，不断推敲，只为寻找一个救济中国的文化药方；乱世中的一支笔，乱世中的一双眼，乱世中的一杆秤，历史的一扇窗口投射出周树人尖锐的双眸，犀利的笔尖，窗外是晦涩的世道，窗内的一点烛火，照亮那个时代黑暗的道路；五四运动，无数青年游行示威，诉说着命运的不公，维护着国家主权，在这峥嵘岁月里，他们穿越生死，经历不凡，掀起革命风暴，撑起光明未来。五四精魂，永刻心底，作为新时代的青年，我们更应不负时代重任，奋力奔跑。

先辈"以青春之我创建青春之中国"的践行，是给后辈青年铺路，以爱国为己任，发扬优秀的革命情怀和五四精神，向新征程走去，在历史中不忘初心，在奋斗中彰显无涯之生，在可为时代，做有为青年。

扣好人生的第一粒扣子

——读《总书记这样和大学生谈心》

感想作品十九

泱泱中华，巍巍华夏，它是东方巨龙，叱咤着时代的风云，他们是龙的传人，遍布在世界各个角落。

20世纪初，"东方巨龙"正遭受着敌人的挑衅和攻击，但它遇到了龙的传人——中国共产党。是中国共产党带领"巨龙"冲出层层包围，杀出属于自己的血路；是中国共产党，通过实力除掉一个个敌人，将那被别人践踏在脚底上的尊严，一个个拾了回来。中国共产党是那个时代的英雄，也是我们所有华夏子孙心里的英雄。

我们从被别人耻笑的"东亚病夫"到如今被别人仰慕的体育强国；我们从综合国力倒数到如今名列前茅；我们从物质匮乏只能拿着粮票去购买食物到如今在家随意网购各种商品。无不是中国共产党带领全体人民奋斗的成果！时代在进步，但中华民族的精神永不过时。今年恰好是英雄101岁的生辰，我们在这太平盛世为他们庆生。

看了《总书记这样和大学生谈心》此文，令我刻骨铭心的是习近平总书记曾在考察北京大学时说过："青年的价值取向决定了未来整个社会的价值取向，而青年又处在价值观形成和确立的时期，抓好这一时期的价值观养成十分重要。这就像穿衣服的扣扣子一样，如果第一粒扣子扣错了，剩余的扣子都会扣错。人生的扣子从一开始就要扣好。"所以正值青少年的我们应该扣好人生的第一粒扣子，树立正确的人生观、价值观，弘扬中国共产党精神。少年强则国强，少年志则国志，因此青少年的价值取向不仅关系着自己本身，还关系着国家。

那么身为青少年的我们又该如何扣好人生的第一粒扣子呢？爱国，敬业，诚信，友善就是我的答案。首先，"爱国"是最重要的。正如张伯苓校长于1935年南开大学的新学年开学典礼上，让新老同学自省的三个问题："你是中国人吗？你爱中国吗？你愿意中国好吗？"他的话振聋发聩，激发了师生的爱国斗志，我也深受鼓舞。我们是祖国的花朵，我们长在祖国这个大温室之下，它为我们遮挡了一切风雨，提供养分，所以人须有爱国之心，感恩之心，我们要努力茁壮成长，努力报效祖国，给它交出一份最满意的答卷。其次是"敬业"。作为莘莘学子中的一员，我认为"敬业"是指对学习敬业。如今的我们可能无法像以前的先烈那样抛头颅、洒热血，为祖国做出巨大贡献，但我们可以努力学习，沉淀自己，如周恩来总理所说"为中华之崛起而读书"。再次是"诚信"。鲁迅曾说过"诚信为人之本"，做人的根本便是诚信，所以我们理应以诚为信，以信为本。最后是"友善"。在家里，我们应该对父母兄弟姐妹友善；在学校里，我们应该对老师同学友善；在社会上，我们应该对别人友善，还要跟各族兄弟姐妹团结在一起。这样，各族人民便可像石榴籽一样紧紧围在一起，一起迎接属于我们的中国盛世。

习近平总书记对我们当代青年殷切的问候，无不激励着我们好好学习，争取做一名推"前浪"的"后浪"者。所以扣好人生的第一粒扣子，为党和国家奉献自己，让我们用青春当画笔，用人生当画纸，用理想画上那最壮丽的一幅画。最后，请党放心，强国有我！

书写美的故事

——读《习近平讲故事》

感想作品二十

最近读了《习近平讲故事》这本书，在阅读这本书的过程中，我从一个个通俗易懂的故事中受到了一次又一次美的熏陶。

互帮互助，团结友爱的人情之味是美的。村民们自发筹集数万元手术费为村支部书记治病，村民们的知恩图报，善良热心是美的；唯恐学生失学的老师们自掏腰包给学生买教学用具，老师们的人间大爱是美的。

廉洁奉公，刚正不阿的品格德行是美的。不论是东汉杨震四知拒金时的坚决与义正词严，还是焦裕禄听说儿子看戏未买票后教育儿子不能搞特殊的话语，这些故事源远流长是对他们的品行之美的褒奖。

勇敢无畏，无私奉献的信仰坚守是美的。革命战士英勇献身，为国捐躯，他们留下的身影美得悲壮而惊天动地；青年时期的毛泽东、周恩来、邓小平，投身革命大潮，挽救民族危亡，他们镌刻的印记美得青春而风华正茂。

平等尊重，守望相助的人道之光也是美的。汶川大地震时巴基斯坦向中国伸出的援手，巴基斯坦特大洪灾时中方为巴基斯坦筑起的后盾，国与国之间比山高比海深的友谊多美啊；美猴王来到捷克，小鼹鼠来到中国，中西文化的交汇融合多美啊！

而今天的美也有许多新的内涵。颓废的歌词？热辣的舞蹈？流行的妆容？这些或许是美，但美不仅仅是这些。如果说流行语言，明星文化，装扮外表是小美，那么人情之美，品行之美，信仰之美，人道之美则是中华文化之大美，世界文明之大美。如果说小美给人带来享受和欢愉，那么我们将在大美中得到精神的滋润。

《习近平讲故事》中处处渗透着对美的理解和美本身的解读，所以这些故事才能成为感动世界，改变世界的中国故事。

遥望着东方万丈霞光，今天的时代，今天的中国，我们每个人都手握马良的神笔，在祖国的土地上谱写着美的诗篇，演奏着美的乐章。

让我们跟随习爷爷的脚步，从历史里汲取经验，于未来中获得力量，让美的故事越写越厚，越写越长。